एक मत कयामत

[आत्मकथा]

एक मत कयामत

सुशील कालरा

राजकमल प्रकाशन

ISBN : 978-93-88753-54-8

मूल्य : ₹595

पहला संस्करण : 2019

प्रकाशक : राजकमल प्रकाशन प्रा. लि.
1-बी, नेताजी सुभाष मार्ग, दरियागंज
नई दिल्ली-110 002

शाखाएँ : अशोक राजपथ, साइंस कॉलेज के सामने, पटना-800 006
पहली मंजिल, दरबारी बिल्डिंग, महात्मा गांधी मार्ग, इलाहाबाद-211 001
36 ए, शेक्सपियर सरणी, कोलकाता-700 017

वेबसाइट : www.rajkamalprakashan.com
ई-मेल : info@rajkamalprakashan.com

मुद्रक : बी.के. ऑफसेट
नवीन शाहदरा, दिल्ली-110 032

EK MAT KAYAMAT
Autobiography by Sushil Kalra

1947

समर्पित शौकत सरीखे लोगों को
जिन्होंने हिन्दुओं को निकलने में सहायता की
तथा
डॉ. मार्शल जॉन (ऑनकोलॉजिस्ट) को
जिसने मुझे जीने का चन्द समय और दिलाया...

1

एक मत...

मेरी गर्दन लटकी थी, ठीक एक मुजरिम की तरह कि डॉ. मार्शल जॉन ने फैसला सुनाया, वह सीनियर मोस्ट हैं। फैसला सुनाकर होंठ पोंछ लेते हैं, मानो निब तोड़ दी हो।

'कबूल है!' मेरे मन में आया क्योंकि मेरे पास अपील का 'ऑप्शन' नहीं था, और जॉन ने उम्मीद का स्विच ऑफ कर दिया था।

एक मत कयामत, लेकिन डॉ. मार्शल और डॉ. कालरा, एक मत और सहमत थे कि सिर्फ तीन महीने, जिगर अपना काम बन्द कर देगा।

मैं मरीज नहीं, मुजरिम था, सिर्फ गर्दन लटकाए बैठा था। लटकता मांस मेरी ड्रेस थी, मन का अँधेरा मेरी काल कोठरी।

मन में था कि मेरे सारे काम पूरे हो चुके हैं, बस इसी मन के अँधेरे में चुपचाप बैठे रहो, कालरथ आएगा और बिठाकर ले जाएगा।

मन चंचल है, चुपचाप बैठने नहीं देता, लेकिन आगे की सोचने की बन्दिश। भविष्य की चिन्ता से कट चुका था, वर्तमान केवल पीड़ायुक्त, भूतकाल केवल चीखों से भरा, जिसमें बिम्मो और कम्मो की छटपटाहट और चीखें जब जुलाहों और धीमरों के लड़के उन्हें उठा ले गए थे। मैं सात साल का ही तो था, जब पाकिस्तान बना था। याददाश्त की नजर से विभाजन का आखिरी गवाह हूँ। अगर मैं जाने से पहले अपनी गवाही नहीं दे पाया तो दुनिया की दस बड़ी जास्तियों में एक के साथ नाइंसाफी होगी।

कैसे भूल जाऊँ गाड़ी की खिड़की से निकलते मदद को गुहारते सैकड़ों हाथ— जो मदद के लिए छटपटाते और अन्त में गिर जाते, शान्त, मानो सूखने के लिए डाले गए हों।

'अब निकल जाओ शाहणिए, मैं तुम्हारा जिम्मा और नहीं निभा पाऊँगा, मुझ पर भी कई दबाव हैं,' शौकत की लाचारी भरी आवाज आज भी मेरे कानों में गूँज रही है। 'मेरी तीन लड़कियाँ मेरा रिजक हैं, इनकी इज्जत बचाकर ले जाऊँ, और मुझे कुछ नहीं चाहिए,' मेरी माँ का रुदन था। यह सब मैंने न बताया तो मुझसे अच्छी तो बख्खी मेहतरानी ही रहती, जो पिंडी भट्ठिया में घटित हर दुर्घटना का

आँखों देखा हर ब्योरा बयाँ करती थी। जैसे : कबायिलियों ने भट्ठियों के बाहर वाले कोठों पर डेरा डाल लिया है। पिंडी से निकलते हर हिन्दू ट्रक से एक हजार रुपया और एक ब्राह्मण लड़की की माँग। उसी ने ही तो सतर्क किया था कि शाहणिए कि आज का जुम्मा भारी होगा। गई रात बड़ी मस्जिद की बात कि आगे की कार्यवाही पर ठोस फैसला लेना है, बेशक डरा गई थी, पर आगाह भी तो कर गई थी।

उसी रात को तो छत पर भगदड़ मची थी। किसी को धर दबोचने की भगदड़, किसी की बेबसी की भगदड़। सुबह एक छत से चार लाशें उतारी गई थीं, लोग उनकी लड़की भी ले गए थे। गली नौथां में एक सिख परिवार को वे काट गए थे। उस परिवार की एक लड़की मेरी माँ की सहेली थी। उस दिन माँ कितना रोई थी, और मुझे भी रुलाया था। बाद में जब भी माँ से मैं इसके बारे में कुछ पूछता, तो माँ चुप्पी साधे रहती...और कई बार मेरा ध्यान बँटाने के लिए मुझे पवन चक्की भी ले देती।

मैंने तो सारी उम्र कलम और कूची की कमाई खाई है। जब दूसरों की वेदनाओं की कलाकारी करता रहा, तो अब अपनों पर लिखने में हिचकिचाहट क्यूँ ? मैं लेटे-लेटे सोचता रहा लेकिन अब जर्जर शरीर, और डॉ. मार्शल जॉन की बताई डेड लाइन निकल चुकी थी। लेटे-लेटे लिखना शुरू किया, लेकिन लिख नहीं पाया। मैंने नोट्स लिखने की योजना बनाई, ताकि दिल्ली जाते-जाते उसे कलमबन्द कर लूँ। हाजिर है कलमबन्द की गई दास्तान राग जय-जयवन्ती में, इसकी दर्द की थाप इसी राग से मिलती है।

2

दक्षा मेरी पत्नी है

जमीन पर लेटा मैं छत के पंखे की गति देख रहा था। ठींचू-ठींचू...कभी तो लगता था, कहीं उलटा न चलने लगे। मेरी ही तरह रुकने वाला था, इस बार रुका तो कभी नहीं चलेगा मैं सोच रहा था, क्योंकि उसकी देखभाल मैं करता आया था, पिछले पचास साल से।

वैसे ए.सी. लग जाने के बाद उसकी जरूरत नहीं थी, पर जब भी खिड़की खोलकर ऋतु का आनन्द लेना चाहता था, उसे चला देता था।

उस दिन फिर उसकी जरूरत पड़ गई। खिड़की-दरवाजे खोल दिए थे, आने-जाने वालों का ताँता लगने वाला था। खुशी-गम में ही तो ऐसे अवसर मिलते हैं, वरना महानगरों में मेरे अलावा मरने की किसे फुर्सत थी।

एक-एक मानव बिम्ब प्रवेश कर रहा था। अगरबत्ती की पहली सुगन्ध-लहर मेरी नाक तक पहुँच चुकी थी। बेशक हड़बड़ी में खरीदी थी, फिर भी सुगन्ध बुरी नहीं थी। नजर घुमाकर देखा तो वे धुँधली आकृतियाँ पहचान में आने लगीं—कोई आकार से, कोई आवाज से। गुच्छों में खड़ी महिलाएँ मुझे टकटकी लगाकर देख रही थीं, और शायद सोच रही थीं कि बालों में चिड़िया बनाकर निकलता था, बेचारे का सब कुछ फुर्र हो गया। बिपासा भी आई थी। कभी-कभी रूमाल से आँखें पोंछ रही थी। उसके रूमाल का यही गीलापन ही मेरे जीवन की कमाई था।

'कानपुर फोन लगा दिया?' दक्षा ने भीड़ में प्रश्न उछाला। दक्षा मेरी पत्नी है।

'फोन नहीं लगा, जिम्मेदारी सौंप दी है,' पलटकर आवाज आई।

'गीता कहाँ रखी है?' एक महिला ने हवा को सम्बोधित करते पूछा।

'पिछले दिनों यही पढ़ते रहे हैं,' यह दक्षा की आवाज थी।

'गीता कहाँ रखी है?' एक महिला ने अपने गीले होंठ मेरे कान से छुआते हुए पूछा।

'पुस्त...कों में...,' हिम्मत न होने के बावजूद इतना तो कह पाया।

बिपासा की तरफ देखा, कोने में जमीन पर नजर टिकाए रखने की कोशिश में थी, लेकिन उसकी बेकाबू नजर कभी-कभी मुझे भी देख लेती थी। देखकर न देखने का अन्दाज पिछले कई सालों से वह निभा रही थी।

बिपासा को करीब पाकर मेरा खून धमनियों में अक्सर रास्ता भूल जाता था। कभी-कभी तो वह रुक जाता था और बैक मार लेता था। उसके निरन्तर आगे-पीछे होने से मेरी धमनियाँ साफ हो जाती थीं, मेरा डब्ल्यू.आर.सी. बढ़ जाता था, और हीमोग्लोबिन भी सुधर जाता था। अरसे से ब्लड-वर्क कराते शरीर में इनकी मात्रा का मुझे ठीक-ठीक अन्दाजा लगने लगा था।

ढोलक भी आ गई, महिलाएँ जमीन पर लगे मेरे बिस्तर के गिर्द गोलाकार में बैठ गईं, एक महिला ने ढोलक पर थाप दी, और सुर लगा दिया।

'मैं नहीं माखन खायो, मैया मोरी, मैं नहीं माखन खायो,' और इसी के साथ मेरा विदाई सत्संग शुरू हो गया। 'मैं नहीं माखन खायो' के बाद 'यशुमति मैया से पूछे नन्दलाला'। आवाज मधुर है, उर्मिला जी की लगती है। पिछले साल बगल वाले के साथ इनकी लुका-छिपी की अफवाहें फैलने से, इनके पति ने इन पर कुछ पाबन्दियाँ लगा दी थीं, पर मेरे यहाँ आने पर उन्होंने कोई आनाकानी नहीं की क्योंकि वह जानते थे कि खुद जाने वाला बेचारा उर्मिला जी का क्या बिगाड़ लेगा।

'लल्ला तूने बाँसुरी बजाई,' भजन के प्रथम शब्द से मैं समझ गया था कि ये मुझे विदा करने नहीं, बल्कि अंत्याक्षरी खेलने आई हैं।

'दो-तीन भजनों के बाद गीता पाठ शुरू किया जाए,' एक महिला का सुझाव था।

'कभी श्याम बन के, घनश्याम बन के चले आना, प्रभुजी चले आना' भजन ढोलक की थाप पर शुरू हुआ। कितना अपनापन और स्नेह झलकता है इस भजन

में। भगवान को एक अनौपचारिक न्योता और आग्रह भी। कितना मधुर गीत और कितनी सुन्दर गाने वालियाँ। गा-गाकर मुझे विदा कर रही हैं। यकीन नहीं हो रहा था, जो महिलाएँ मुझे देखते ही पतली गली से निकल लेती थीं, वे मेरे घर पर आकर मेरे करीब बैठी थीं। उन्हें मालूम था कि मैं डंक खो चुका था।

बिपासा अचानक ही उठकर चली गई। 'अभी लौट आएगी, दाल में कलछी चलाने गई है', एक महिला का अन्दाजा था।

कलछी चलाने गई थी या गीला रूमाल बदलने, मुझसे ज्यादा कौन जानता था।

'चाय और आलू-प्याज के पकौड़े आ गए,' ट्रे लाती एक महिला ने सबको सम्बोधित करते कहा।

'चीनी कटोरी में है, जितनी चाहो डाल लेना,' यह आवाज दक्षा की थी।

दरवाजे से निकल मेरी नजर पार्क के पार बिपासा की चौखट पर जा लगी। चाहता था कि जल्दी लौट आए, दो घूँट चाय की पी लेगी और दो-चार पकौड़े...आधार हो जाएगा। रुखसत तो तभी होना है जब वह सवारी भेजेगा।

ढोलक खामोश हो चुकी थी। गीता पाठ आरम्भ कौन करेगा? शारदा जी या स्नेहा जी? स्नेहा जी पर राधे रानी की असीम कृपा है। केवल चालीस व्रतों की एवज में उसकी नौकरी मल्टीनेशनल में लगा दी। उनकी कृपा तो कोढ़ी को भी चंगा कर सकती है, स्नेहा जी पर भी कृपा कर दी, तो उनकी मर्जी, उन दिनों ऐसा सुना जा रहा था।

अथ : श्रीभगवत्‌गीता
अथ : प्रथमोध्याय
अर्जुन विषाद योग

धर्मक्षेत्रे कुरुक्षेत्रे, समवेता युयुत्सव:।
मामका: पाण्डवाश्चैव, किमकुर्वत संजय॥

शारदा जी ने गीता पाठ आरम्भ किया। संस्कृत में विशारद कर रखा है। शादी से पहले निकट गाँवों में गीता प्रचार के लिए जाती थीं, पर शादी ने उन्हें इस पुण्य कार्य से दूर कर दिया। उनका समूचा ज्ञान अब तो मेरे जैसे तुच्छ प्राणियों की विदाई तक ही सीमित रह गया है। डॉक्टर मुखर्जी को फोन लगा कर पता लगा लेती हैं, जहाँ वह भेजते हैं, चली जाती हैं।

'शारदा जी, यदि आप क्लिष्ट संस्कृत की बजाय सरल हिन्दी में प्रभु की मुख वाणी सुनाएँ तो हम अनुगृहीत होंगे,' पास बैठी एक महिला ने सुझाव दिया।

'सुझाव उत्तम है। वैसे भी संस्कृत के उच्चारण में कहीं भूल-चूक हो जाए तो भागवत का मामला है। पाप का डर है। सरल हिन्दी में तो कवि के कहने की आड़ में अपनी अज्ञानता छिपाई जा सकती है, पर संस्कृत तो देवों की भाषा है।

'पिछले दिनों टंडन जी की अन्तिम भागवत कथा पर गए थे। पाठ पहले संस्कृत

में पढ़ा, फिर हिन्दी में अनुवाद, इतना समय लग गया व्याख्या में कि बेचारे दूसरे अध्याय में ही...गीता सार या गीता चालीसा पढ़ लेते हैं, यदि फिर भी समय बचा तो राम धुन कर लेंगे।' स्नेहा जी का यह सुझाव सबको पसन्द आया। सब शारदा की तरफ टकटकी लगाकर बैठ गईं। पर बिपासा मुझे निहार रही थी और आई कॉन्टैक्ट बनाने की कोशिश कर रही थी। मैं उससे आँख मिलाता, तो नजर नीचे फिसल जाती; इतना लो कट कुरता तो नहीं पहनकर आना था।

3

हे संजय...

शारदा जी ने गला साफ किया, गीता को उठाया और माथे पर लगाया, फिर शुरू हो गईं :

धृतराष्ट्र जी बोले—हे संजय, धर्मभूमि कुरुक्षेत्र में इकट्‌ठे हुए, युद्ध के इच्छुक मेरे और पांडव पुत्रों ने क्या किया ? संजय बोले—करुणा से व्याप्त, आँसू भरे, व्याकुल नेत्रों वाले, शोकायुक्त अर्जुन से भगवान श्रीकृष्ण ने कहा—हे अर्जुन, तुम ज्ञानियों की तरह बातें करते हो, लेकिन जिनके लिए शोक नहीं करना चाहिए, शोक करते हो। ज्ञानी जीवित या मृत किसी के लिए शोक नहीं करते।

जैसे इस जीवन में जीवात्मा बाल-युवा और वृद्ध शरीर को प्राप्त करती है, वैसे ही जीवात्मा मृत्यु के बाद पुराने शरीर को त्यागकर नया शरीर प्राप्त करती है। इसलिए धीर पुरुष को मृत्यु से घबराना नहीं चाहिए।

हे अर्जुन, जैसे मनुष्य पुराने वस्त्रों को उतारकर नए धारण करता है, वैसे ही जीवात्मा मृत्यु के बाद पुराने शरीर को त्यागकर नया शरीर प्राप्त करती है, शारदा जी रुक-रुक कर समझा-समझा कर पाठ को आगे बढ़ा रही थीं।

मैं सोचने लगा, हे प्रभु, वस्त्र त्यागने में मुझे कोई दिक्कत नहीं, लेकिन नए वस्त्र धारण करने में जरा दिक्कत है। कैसे होंगे, पृथ्वी के किस छोर में पड़े होंगे, अमेरिकन कॉन्टिनेंट में, या अफरीकन, पेरिस या युगांडा में ? आउटफिट हाथी का होगा या किसी मरियल श्वान का ?

शारदा जी ने आगे पढ़ा : दुख-सुख, लाभ-हानि, और हार-जीत की चिन्ता न करके मनुष्य को अपनी शक्ति अनुसार कर्म करना चाहिए, ऐसे भाव से कर्म करने पर मनुष्य को पाप या कर्म का बंधन नहीं लगता।

'प्रभु इस पाठ से मेरी कुछ शंकाएँ दूर हो गई हैं, और मुझे कुछ पापों से मुक्ति की उम्मीद लग गई है। लेकिन क्षमा चाहता हूँ। इस समय इस जर्जर शरीर में इतनी शक्ति नहीं कि मैं आपके चिन्तन को गहराई से समझ सकूँ। लेकिन जब तक आप

बटन नहीं दबाते, मैं शारदा जी के सहयोग से बचे समय का सदुपयोग करूँगा,' मैंने प्रभु को आश्वासन दिया।

नींद से आँखें बेशक कुछ भारी थीं, पर सोना नहीं चाहता था, जानता था, पता नहीं फिर जगने की हिम्मत जुटा पाऊँगा या नहीं। आँखें बन्द करता तो श्याम-सखियों को लगता इनका काम सम्पन्न होने वाला है और उनकी मेहनत सार्थक रही, लेकिन जब आँखें खोलता, तो माहौल में मायूसी-सी छा जाती थी कि इतनी भागवत सुनकर भी इन पर कुछ असर नहीं हुआ। अमल क्यों नहीं करते, चोला क्यों नहीं बदलते? बस एक बिपासा थी जो इन भावनाओं से परे थी, मेरी आँखें बन्द होने पर वह उदास हो जाती, और जब आँखें खुलतीं तो उसकी आँखों में चमक आ जाती।

मन की चंचलता मुझे भूतकाल में ले गई, कुछ याद किया और आँखों में पानी भर आया जिसे देख शारदा जी लगा कि अन्तिम समय आ गया। उन्होंने गीता पाठ की गति तेज कर दी।

आँख खोलने की कोशिश की तो आँख खुल गई। अभी मैं जिन्दा हूँ का एहसास होने लगा। सभी चीजों के रंग ठीक नजर आने लगे। खिड़की से आँगन में लगे चमेली के फूल बिलकुल वैसे दिख रहे थे जैसे मेरीलैंड के मेरे कमरे की खिड़की से चेरी ब्लाजम फूल नजर आते थे। खिड़की से नजर हटाकर शारदा जी पर नजर टिकाई, तो देखा कि वह बिलकुल वैसी ही लगन से भागवत पढ़ रही थीं, जैसे मेरी आँख लगने से पहले :

जो मनुष्य सब जगह, तथा सब में मुझे, परब्रह्म परमात्मा को ही देखता है, और सबको मुझमें ही देखता है, मैं उससे अलग नहीं रहता, तथा वह भी मुझसे दूर नहीं होता। शारदा जी ने पुस्तक से नजर ऊँची उठाकर सबको मुस्कराकर देखा।

शारदा जी और भजन मंडली की सभी महिलाएँ तरोताजा दिख रही थीं। भीड़ में बिपासा किसी महिला के पीछे छिप चुकी थी, पर जिधर से भी रुकावट हटती, वह वहीं से नजर चुराकर मुझे देख लेती। रज्जू की मम्मी शायद अभी-अभी आई है। हालाँकि गत कुछ सालों से उसकी मेरी पट नहीं रही थी, पर उसने सोचा होगा कि कौन सी बधाई देने जा रही हूँ, फिर उससे नजर क्या चुराना जिससे कभी नजर मिली ही न हो।

'दस मिनट आँख लगी थी, अभी-अभी जगे हैं,' शारदा ने पाठ रोककर रज्जू की मम्मी से कहा, दोनों में काफी प्यार था।

दक्षा ने पास आकर मेरी कलाई पकड़ी, कफ का बटन खोला, पिक-लाइन सीधी की, और उसके वॉल्व को अलकोहलयुक्त पेय से साफ किया, फिर सोडियम क्लोराइड की सिरिन्ज खोली और उसी पिक-लाइन द्वारा मेरी धमनियों में प्रवाहित कर दी। दक्षा मेरी पत्नी है। शायद पहले भी जिक्र किया था।

'अरे दक्षा जी, तुम तो डॉक्टर बन गईं,' एक महिला ने मेरी पत्नी को सम्बोधित करते हुए कहा।

'मैं यह सब पिछले साल से कर रही हूँ। डॉक्टर नहीं तो नर्स तो बना ही चुके हैं ये मुझे,' मेरी पत्नी के मुँह से निकल गया। 'मेरा मतलब है मुझे इस लायक तो कर ही दिया कि जहाँ-जहाँ जाएँ, मैं इनकी सेवा तो करती रहूँ,' मेरी पत्नी ने अपनी भूल सुधारने की कोशिश की।

'दक्षा जी, अब संकोच कैसा, जो है, सो है। अब नहीं ठीक बैठा, तो कुछ देर के बाद कहकर देख लेना, शायद भूल सुधारने की जरूरत न पड़े,' मैं मन ही मन बुदबुदा रहा था।

'क्यों न पाठ रोककर कुछ भजन गाए जाएँ, फुर्ती लौट आएगी,' सुझाव आया तो ढोलक पर थाप लग गई, और 'छाप तिलक सब छीनी मोसे नैना मिलाइके' गीत शुरू हो गया।

मुझे लगा कि अच्छा हुआ मैं यहाँ आ गया। यू.एस. में किसे फुर्सत थी ऐसी संगीतमय विदाई देने की। पत्नी से पड़ोसन बस इतना कह देती—'इन्फॉर्म मी वैन ही इज नो मोर, आई विल अरेंज मनी फॉर यू। यू हैव टू पे इन कैश, फॉर क्रिमेशन।' वहाँ तो अपने भी अपनों के मरने पर तबले नहीं बजाते, बस काला या सफेद सूट पहनकर आ जाते हैं। यहाँ फोटो पर दो फूल चढ़ा देते हैं, और मौका मिला तो एक पैकेट किशमिश, काजू और बादाम उठाकर चल देते हैं।

कुछ एक भजनों के बाद शारदा जी का पाठ फिर शुरू हुआ :

हे अर्जुन, केवल मुझ में चित्त लगाने वाले भक्तों का मैं शीघ्र ही मृत्युरूपी संसार सागर से उद्धार करने वाला होता हूँ। इसलिए हे अर्जुन, तू मुझमें मन लगा, मुझमें ही बुद्धि लगा। इसके उपरान्त तू मुझमें ही निवास करेगा, इसमें कोई संशय नहीं। यदि तू मन को मुझमें अचल स्थापित करने में समर्थ नहीं है, तो हे अर्जुन! योग के अभ्यास द्वारा मुझे प्राप्त करने की इच्छा कर। यदि तू अभ्यास में भी असमर्थ है, तो केवल मेरे लिए कर्म कर, अर्थात् आराधना करने में तत्पर हो जा।

'प्रभु, मृत्यु शैया पर पड़ा मैं निरन्तर अपना मन और बुद्धि आपके चरणों में स्थापित करने को प्रयासरत हूँ, परन्तु समय के अभाव के कारण मन व्याकुल हो रहा है। आगे की बजाय मन अतीत की ओर भाग रहा है। जीवन में हुई पराजयों को याद कर मन अधीर हो रहा है। मन शंकित है—कहीं मैं यूँ ही पिटा-पिटा अपनी कर्मभूमि से पराजित न लौटूँ,' मैंने मन में कहा।

प्रभु से साक्षात्कार होने को ही हुआ कि ढोलक बज उठी—गीत के बोल तो समझ में नहीं आ रहे, पर धुन—'इन्हीं लोगों ने ले लीना दुपट्टा मेरा' गीत की थी। अगर दुपट्टा इतना बड़ा मसला था, तो इतना लो-कट कुरता क्यों सिलवाया? मैं

साधारण इनसान हूँ, कोई विश्वामित्र तो नहीं, जो अन्त से एक क्षण पहले तक मन पर काबू बनाए रखूँ। उठ जा, कुरता बदलकर आ। मुझे इतना भी तृप्त न समझ कि प्लेट पर आई शै को छोड़ दूँ।

बच्चों के स्कूल से लौटने का समय हो गया, इसलिए कुछ महिलाएँ मेरी विदाई बीच में छोड़कर बस स्टॉप पर चली गई हैं। 'आज तो लंच पर उन्हें घर आना था,' कहती एक और महिला उठी और दरवाजे से बाहर निकल गई। बस गिनती में पाँच बची हैं, जिनमें से एक बिपासा है। बाकी चार में से दो को मैं नहीं जानता। इनमें से एक हैं हेमा जी, जो काले सिल्क का सफेद और पीले फूलों वाला सूट पहने हैं। ये पहले ई ब्लॉक में रहती थीं। रंग और रूप भगवान ने दोनों दे रखे थे। यौगिक शरीर, घुँघराले बाल, आँखें मस्त, गाल तरबूजी। ई ब्लाक में ही इनके दो रोमांस चल रहे थे। इनके कर्म तब फूट गए, जब कुल्फी वाले को ढूँढ़ते पाल साहब इनके मोहल्ले में जा पहुँचे। पाल साहब की नजर जैसे ही इन पर पड़ी, वह कुल्फी वाले को भूल गए, और इसी दीदार से उनकी जिन्दगी का नया अध्याय खुल गया। 'ये तो भिंडी मोहल्ले तक से लड़की पटा लाता है,' पाल साहब के बारे में ऐसा कहा जाना उनकी विशेषता थी। जबकि कहा यह भी जाता था कि वहाँ की औरतों के हाथ में झाड़ू और मर्दों की जेब में चाकू रहता है, मजाल है कि कोई उनकी इज्जत पर हाथ डालकर दिखाए। वहाँ की औरतें तो पवित्रों से पवित्र हैं।

एक दिन छपा कार्ड आया—पाल वेड्स हेमा। जबकि उनके दोनों प्रेमियों ने पाल साहब से इतना तक कह दिया था कि हेमा उनकी हो चुकी है, मन से और तन से भी। पर पाल साहब, 'जबानी कुछ नहीं होता, मेरी तरह कुछ कार्ड-वार्ड छपवाया हो तो बोलो', कहकर हेमा जी को डोली पर बिठा डी ब्लॉक ले आए। उन दोनों प्रेमियों में से एक तो सारी रात तकिया गीला करता रहा।

'आप लोग भी थोड़ा आराम कर लीजिए, श्वेता की फ्लाइट दो बजे पहुँचेगी, आप तीन बजे का समय रख लीजिए, तब तक वह भी पहुँच जाएगी,' दक्षा जी ने सुझाव दिया।

'अरे आग,' हेमा जी चिल्लाईं। दक्षा जी, मेरी पत्नी ने लपककर मेरे सिर के पास पड़े दीये को दूर हटा दिया। दरअसल जब दीये की बत्ती को माचिस दिखाई गई थी, तो उसकी लौ काफी छोटी थी, पर जैसे-जैसे आग ने मजबूती पकड़ी उसने बत्ती के पूरे आकार और खुले घी का सहारा लेकर अपनी तीव्रता बढ़ा ली। अचानक हवा का रुख बदलने से उसी आग की लौ मेरे सिर के बालों के करीब आ गई। नाक में सीधी आती अगरबत्ती की खुशबू भी मुझे परेशान कर रही थी। लेकिन कुछ बोल भी नहीं सकता था, यदि बोलूँ तो लोग यही कहेंगे कि मरने वाले के नखरे तो देखो, श्री हरि कृष्ण ब्रांड की अगरबत्ती की खुशबू भी इसे पसन्द नहीं।

सभी महिलाएँ चली गईं, और बिपासा भी...कब तीन बजेंगे, कब सभी लौटेंगी।

4

श्वेता का आगमन

टैक्सी रुकी, शायद श्वेता जी होंगी। सच, श्वेता जी ही हैं। चेहरा तो नहीं दिखा, पर लेटे-लेटे मैं उनका डील-डौल देख सकता था। उतरते ही उन्होंने पर्स से कुछ नोट निकाले, और टैक्सी वाले की तरफ उछाले, और स्ट्रोलर घसीटती वे भीतर आईं।

'क्या हुआ था?' उन्होंने हाँफते हुए पूछा।

'कँपकँपी बढ़ गई थी, और टेम्परेचर...' शब्दों को रोक-रोक कर मेरी पत्नी दक्षा जी ने मेरी तरफ देखते कहा।

'इनकी बहू कविता ने क्या कहा?'

'उसी की दी दवा असर कर रही है। दवा के अलावा उसने 'स्पिरिचुअल थैरेपी' की सलाह दी है।'

'किसी लोकल डॉक्टर की सलाह ली?'

'कविता को किसी देसी डॉक्टर पर विश्वास नहीं, फिर भी डॉ. मुखर्जी को बुलाया था। नब्ज डूब रही है, इसलिए वह ऊपर वाले की तरफ उँगली उठाकर चला गया।'

'मम्मी जी पलंग पर से चली गई थीं, आज तक अफसोस है, सोचा...' कहकर फिर उसने मेरी ओर देखा, और शब्दों को रोक लिया।

'गर्मी के दिन हैं, जमीन पर लेटकर सुख मिलता है', श्वेता स्थिति को सँभालने, और सबको सुख देने वाली बातें कहने की माहिर हैं।

'लंच का टाइम है,' पत्नी दक्षा जी ने उन्हें दोपहर के भोजन के लिए आमंत्रित किया।

'नहीं, जहाज में ही कर लिया था, दो बड़े-बड़े सैंडविच थे, पेट भर गया, अब तो कॉफी भी अच्छी देने लगे हैं।'

'कुछ बातचीत भी कर रहे हैं, क्या?'

'दो दिन से कुछ नहीं बोले, गीता कहाँ रखी है, पूछा था तो केवल पुस्त...कों में कहकर चुप हो गए।'

'गीता का पाठ कहाँ तक हो चुका है?'

'शारदा जी पढ़ रही थीं, पता नहीं बुक मार्क लगाकर गई हैं या नहीं।'

श्वेता जी ने मेरी ओर बढ़कर पहले मेरे सिर पर, फिर माथे पर हाथ फेरा, और मेरा माथा चूम लिया। 'ऐसे नहीं जाने दूँगी। जब भी कुछ तकलीफ महसूस करो, मुझे इशारा कर देना,' उन्होंने रुँधी आवाज में कहा, और पीछे हटकर बैठ गईं।

महिलाएँ झुंड बनाकर आ पहुँचीं। बिपासा नहीं दिखी, लेकिन थोड़ी देर में वह भी आ गई, चार-पाँच कदम पीछे रह गई थी।

'श्वेता है,' पत्नी ने शारदा जी को इशारे द्वारा बताया, तो पहले शारदा जी ने उन्हें नमस्ते की, फिर सभी ने।

'चलो शुरू करें,' शारदा जी बोलीं फिर उनका गीता पाठ शुरू हो गया :

अभी तक हमने पढ़ा कि आत्मा और शरीर अलग-अलग दो पहचानें हैं। एक को हम निराकार पहचानते हैं, दूसरे को संसारी। शरीर वस्त्र मात्र है, आत्मा उसमें प्रवेश कर उसे सजीव कर देती है। जब वह शरीर को त्याग देती है, हम समझते हैं कि मरण हो गया। आगे योगेश्वर श्रीकृष्ण जी कहते हैं, हे अर्जुन, जो पुरुष अन्तकाल में, अर्थात् मन के निरोध और विल्यकाल में मेरा ही स्मरण करते हुए शरीर के सम्बन्ध को छोड़ अलग हो जाता है, वह साक्षात् मेरे स्वरूप को प्राप्त होता है, इसमें संशय नहीं।

कौन्तेय! मृत्यु के समय मनुष्य जिस भाव को स्मरण करता हुआ शरीर को त्यागता है, बाद में वह उसी को प्राप्त होता है। तब तो बड़ा सस्ता सौदा है, आजीवन मौज करें, मरने लगेंगे तो भगवान को याद कर लेंगे। किन्तु श्रीकृष्ण कहते हैं, ऐसा होता नहीं, सदातद्भावभवित: मनुष्य उसी भाव का चिन्तन कर पाता है, जिसका जीवन भर अभ्यास किया है। वही विचार बरबस मन में आता है, जिसका जीवन भर अनुसरण किया गया हो, अन्यथा नहीं हो पाता। अत: हे अर्जुन! तू हर समय मेरा स्मरण और युद्ध कर। मुझमें अर्पित मन और बुद्धि से युक्त तू निस्सन्देह मुझे ही प्राप्त होगा।

शारदा जी एक स्वर में पढ़े जा रही हैं।

मेरी आँखें बन्द हो रही हैं। स्मरण के तौर पर हर पाँच-सात सैकंड में मन में अब श्रीकृष्ण का उच्चारण कर लेता हूँ, पर मैं युद्ध नहीं कर पाता। जो विचार मन में आता है, उसे तर्क की कसौटी पर भी नहीं बिठा पाता। जो है, सही है, जो होगा, सही होगा।

5

शशि को समोसे बहुत पसन्द हैं

मेरे पेट में दर्द की लहर अचानक उठी, और बिजली की गति से दाएँ से बाएँ निकल गई। शायद समय आ गया है। पहली के बाद दूसरी, फिर तीसरी। अब तो ढोलक की थाप के साथ पीड़ा की लहर का ताल जुड़ गया। ऐसी पीड़ा राग जय-जयवन्ती में तो कभी नहीं सुनी थी।

छुटकी और मझली बहन पहुँच गई हैं। कमरे में घुसते ही छुटकी वापस बाहर भागी। उसे धीरज बँधाने के लिए मझली भी उसके पीछे भागी। कुछ ही देर में दोनों लौट आईं।

'क्या हुआ था?' मझली ने दक्षा से पूछा।

'डॉक्टरों ने जवाब दे दिया था। हस्पताल से घर भेज दिया। कहा था कि कँपकँपी के साथ बुखार जब एक सौ दो से ऊपर चढ़ जाए, तो अपने फैमिली डॉक्टर को बुला लेना, वे आखिरी प्रक्रियाओं में सक्षम होते हैं।'

'किसी डॉक्टर को बुलाया था?'

'बुलाया था,' कहकर पत्नी रुक गई, उसका गला भर आया। रोने की प्रक्रिया जाहिर न हो इसलिए उसने आँसू रोक लिए।

'क्या कहा डॉक्टर ने?'

'उत्तर में सिर्फ ऊपर की ओर उँगली उठा दी,' पत्नी ने डॉक्टर की क्रिया को दोहराते उँगली ऊपर उठाकर दिखा दी।

'विपिन को फोन लगाया था?'

'लगाया था, लेकिन वह गुस्से में था। बोला कि मैं यहाँ डॉक्टरों के चक्कर काट रहा हूँ, और आपने जान-बूझकर बापू का सिर तलवार के नीचे रख दिया है। कँपकँपी हुई, तो बन्द हो गई। तापमान ऊपर चढ़ा, तो नीचे भी उतर गया। डॉ. मुखर्जी बड़ा है या डॉक्टर मार्शल जॉन? हटाओ दीये और अगरबत्तियाँ। किन दकियानूसी रिवाजों में आप पड़ी हैं। कीर्तन या भागवत पाठ कराना था तो कायदे से टेंट लगवाकर करातीं। बापू अभी ठीक-ठाक हैं, इन्हें फिल्मी गाने सुनवाओ।

'उसने तो कह दिया, पर इनकी हालत तो देखो, दो दिनों से भूखे-प्यासे लेटे हैं, गंगाजले के सिवा कुछ ले ही नहीं रहे। हर दस-पन्द्रह मिनट में दो-तीन गंगाजल की बूँदें जरूर ले लेते हैं। खुद ही इन्होंने सुझाया था कि मुझे जमीन पर...' कहते-कहते वह चुप हो गई। काफी देर रुककर वह फिर बोली, 'कह रहे थे कि मेरी मुक्ति के लिए कब तक कुरुक्षेत्र में भटकती रहोगी? याद है माताजी पलंग पर चली गई थीं, तो कितने लोगों का जत्था कुरुक्षेत्र गया था,' रुक-रुक कर पत्नी ने मेरी कही बात भी उसे पूरी की पूरी सुना दी।

'अभी भागवत चलने दो, चुपके से पहले अगरबत्तियाँ खिसका लेंगे, फिर देखेंगे कि दीये का क्या करना है,' मझली ने सुझाव दिया। दक्षा ने हामी भर दी। छुटकी अगरबत्तियों के आगे बैठ गई। उसने एक-एक कर सारी अगरबत्तियाँ बुझा दी, और दक्षा से उन्हें ले जाने का इशारा किया।

'गीता के आरम्भ में धर्मक्षेत्र कुरुक्षेत्र का नाम तो लिया गया, किन्तु वह क्षेत्र वस्तुतः है कहाँ? वह स्थान बताना श्रेष्ठ था,' शारदा ने कहा और गीता पढ़ने लगीं। वह एक-एक श्लोक के अर्थ पढ़ने के बाद छुटकी से आँख मिलातीं और वापस उसे गीता के खुले पन्नों पर टिका देती, और पढ़ने लगतीं :

कौन्तेय! यह शरीर एक क्षेत्र है, जो इसको जानता है क्षेत्रज्ञ है। वह इसमें फँसा नहीं, अपितु निर्लेप है। इसका संचालक है। अर्जुन! सम्पूर्ण क्षेत्रों में मैं क्षेत्रज्ञ हूँ, अर्थात् अन्य महापुरुषों की तरह मैं भी हूँ।

शरीर जो क्षेत्र है क्या इतना ही है, जितना दिखाई देता है? ये तो मूल प्रकृति, अव्यक्त प्रकृति, दस इन्द्रियों और मन, इन्द्रियों के पाँच विषय, आशा, तृष्णा और वासना—इन विकारों का सामूहिक मिश्रण है। जब तक ये रहेंगे, तब तक शरीर किसी-न-किसी रूप में रहेगा ही। यही क्षेत्र है, इसमें बोया भला-बुरा बीज संस्कार रूप में उगता है। जो इसको पार पा लेता है, वह क्षेत्रज्ञ है।

आगे शारदा जी ने बताया कि क्षत्रिय का स्वरूप बताते हुए उन्होंने ईश्वरीय गुण-धर्मों पर प्रकाश डाला है, और कहा है कि क्षेत्रज्ञ इस क्षेत्र का प्रकाशक है। साधना के पूर्तिकाल में परम तत्त्व परमात्मा का प्रत्यक्ष दर्शन ही ज्ञान है, ज्ञान का अर्थ है साक्षात्कार, इसके अतिरिक्त जो कुछ भी है अज्ञान है। जानने योग्य वस्तु है परात्पर ब्रह्म। वह न सत है, न असत। इन दोनों से परे है। इसे जानने के लिए लोग हृदय में ध्यान करते हैं, बाहर मूर्ति रखकर नहीं। बहुत लोग साख्य माध्यम से ध्यान करते हैं, तो शेष निष्काम कर्मयोग, समर्पण के साथ उसकी प्राप्ति के लिए उसी निर्धारित कर्म का आचरण करते हैं। वे भी परम कल्याण को प्राप्त हो जाते हैं। अत: कुछ भी समझ में न आए, तो उसके ज्ञाता महापुरुष का सत्संग आवश्यक है।

जब छुटकी हाथ जोड़कर उठी, तो उसके पीछे रखी जलती मोमबत्तियाँ गायब थीं। 'चाय तैयार है,' पत्नी ने रसोई से आवाज लगाई। मझली उठकर चाय लेने के लिए चली गई। सभी ने चाय के साथ समोसा खाया। 'शशि को समोसे बहुत पसन्द हैं, लेकिन बेचारा अब तो...' कहते-कहते मझली के मुँह से राम-राम निकलने लगा।

समोसे से अब मुझे बहुत लगाव नहीं रहा, सिर्फ मेरी पत्नी ही जानती है। मुझे डायबिटीज भी है, जिसे रोजाना दवाई खाने के डर से मैं प्री-डायबिटीज ही कहता रहा। आसपास जब भी कोई हेल्थ कैम्प लगता, मैं ग्लूकोज चेक करा लेता। अगर शुगर ज्यादा निकलती तो सैर करते वक्त पार्क के चक्कर बढ़ा लेता। मेरे आसपास बैठी महिलाओं ने मेरे डायबिटीज कंट्रोल में काफी मदद की है। पार्क में जो भी अच्छी शक्ल वाली महिला आती, मैं उसके पीछे-पीछे चक्कर लगाने शुरू कर देता। चार-पाँच चक्कर काटकर जब वह पार्क से बाहर हो जाती, तो मैं किसी दूसरी रूपवती के पीछे लगकर चक्कर काटने लगता। इस तरह एक ही दिन में मेरे पार्क के बीस-पचीस चक्कर हो जाते। ऐसे में 'तुम्हीं ने दर्द दिया है, तुम्हीं दवा देना' के अन्दाज में मेरी डायबिटीज की रीडिंग सौ से भी नीचे उतर जाती।

सच पूछिए तो बिपासा से मेरा पार्क के चक्करों के अलावा कोई चक्कर नहीं था। मध्य जीवन की कुंठाएँ वह भी भोग रही थी, और मैं भी। सुन्दरता की वह काफी सीढ़ियाँ चढ़ आई थी। अब उसे नीचे उतरने में डर लग रहा था। भद्दी होती तो बेफिकर होती। भद्दी थी, भद्दी है, और भद्दी रहेगी का एहसास लिए सुखी रहती। पर सुन्दरता जब भद्दी होने लगती है, तो असहनीय हो जाती है। न शीशा

देखा जाता है, न शीशा तोड़ा जाता है। चेहरे का व्यायाम, वक्ष का व्यायाम, चूतड़ों का व्यायाम, जीवन के असली रस से वंचित, मेरी तरह वह भी योग शिविरों और पार्क के चक्करों तक ही रह गई थी।

6

विलम्बता के लिए खेद है

ढोलक तेज हो गई, जिसके झटकों से मैं फिर अपने अतीत से कट गया, और वहीं आ गया, जहाँ मेरी दीया-बाती हो रही थी। महिलाओं को आए आठ घंटे हो चुके थे, पाँच-पाँच मिनट उनके लिए भारी हो रहे थे। दक्षा अलग शर्मिन्दा थी, कैसे कह दे कि हम तो तैयार थे, पर...एक-एक की आँखों में देख मानो वह कह रही थी कि जहाँ आठ घंटे आपने इंतजार किया है, बस एक-आध घंटा और रुक जाओ...विलम्बता के लिए खेद है, कृपया हमारे साथ बनी रहिए...। एक तरह से दक्षा सबको धीरज बँधा रही थी।

'देसी घी खत्म हो गया है, मूँगफली का पड़ा है, दीये में अब वही डाल दूँ?' मेरी बहन श्वेता ने दक्षा से पूछा। मझली उसके पास खड़ी थी, उसने श्वेता को चुटकी काटकर चुप रहने का इशारा किया।

'दाल रख दूँ?' छुटकी ने पत्नी से पूछा।

'उसकी आप फिक्र न करें, खाना हमारे यहाँ बन रहा है, बस आता ही होगा,' शारदा जी ने पत्नी को सम्बोधित करते कहा।

'नहीं, आप क्यों कष्ट करती हैं, मैंने भाई को फोन लगाया हुआ है, खाना बनने में देर लग रही होगी।'

'नहीं, अभी तो पड़ोसियों का हक है। पाँच बजे इंडिया वर्सेज ऑस्ट्रेलिया शुरू होने वाला है, कह रहे थे कि खाना पहुँचाकर ही मैच देखने बैठूँगा।'

'शशि तो हलका खाएगा?' छुटकी ने पत्नी से पूछा, पत्नी जवाब टाल गई।

'ओंकारा भाई साहब का पूरा पता नहीं चला। वैंकूवर से तो सभी फ्लाइटें क्लियर हैं, पर यूरोप बिजी है। जुगाड़ लगा रहे हैं। पहुँच जाते, तो सब सँभाल लेते,' पत्नी ने श्वेता से कहा।

'गर्मी बहुत है, बर्फ का इन्तजाम कर ही लो, दुकानें बन्द हो जाएँगी,' धीमी आवाज में एक महिला ने सुझाव दिया।

'ओबेराय स्टोर को फोन लगा देते हैं, हम सालों से उनसे सामान खरीद रहे हैं, अब भी काम नहीं आए तो कब आएँगे।'

मुझे लघुशंका के लिए जाने की जरूरत महसूस होने लगी, पर दीया-बाती की भी एक आचारसंहिता होती है, मुझे उस बारे में कुछ भी मालूम नहीं था। अगर मैंने

लघुशंका की बात कही तो सब महिलाओं के भागने की शंका थी, हाथ से दबाकर रखूँ, तो भी मेरी इस हरकत को तोड़–मरोड़कर बयान किया जा सकता है।

'भज्जी भाई आ गए,' सुनते ही पत्नी की जान में जा़न आ गई।

'सुबह से शान्त लेटे हैं, पता नहीं इन्हें भागवत सुनाई भी दे रही है या नहीं,' भज्जी भाई को सम्बोधित करके पत्नी बोली।

'समोसे मँगवाओ, उठ जाएगा। मेरे से ज्यादा इसे कौन जानता है?' जैसे ही भज्जी ने कहा, सब महिलाएँ खिलखिलाकर हँस पड़ीं।

'मँगाए थे, पर उठे नहीं,' एक महिला ने हँसते हुए कहा।

'पिछले पचास साल से ऐसा कभी नहीं हुआ कि सामने समोसे पड़े हों, और शशि झपटे नहीं।'

'बाहर मौसम खराब हो रहा है, इन पर एक चद्दर डाल दो,' एक बुढ़िया ने फरमाया।

'मौसी समझदार भी हैं और तजुर्बेकार भी, कुछ लक्षण दिखे होंगे, तभी तो बोली होंगी,' एक महिला की यही दलील थी।

भज्जी अन्दर से चद्दर निकालकर ले आया, और मेरे पर पाँव से सिर तक डालकर डरने लगा तो उसे कुछ खयाल आया। उसने चद्दर को सिर की तरफ खींचकर गर्दन से डेढ़ फुट मोड़ दी।

'यह समझदारी की,' फिर उसी बुढ़िया ने फरमाया।

'कुछ चाहिए क्या?' भज्जी ने मेरे कान तक झुककर मुझसे पूछा।

'लघुशंका से निवृत्त होना चाहता हूँ, यूँ औरतों के बीच लेटकर नहीं, बाथरूम ले चलो।'

'थोड़ा कंट्रोल करो, मैं कुछ–न–कुछ व्यवस्था करता हूँ।' हमारे यहाँ तीन सीटों की पहिए जड़ित एक सैटी थी, भज्जी उसे ढकेलते ले आया। महिलाओं ने थोड़ा रास्ता बनाया, और उसे मेरे समान्तर ठहरा दिया। भज्जी और छुटकी ने मिलकर मुझे उस सैटी पर लिटाया। सैटी को धक्का देकर चलाया, सैटी को बाथरूम में ढकेल दिया और दरवाजा भेड़ दिया। मैं खड़ा हुआ, टायलेट की सीट उठाकर लघुशंका से फारिग हो गया, और जैसी की तैसी जिप चढ़ा दी। भज्जी भीतर आया, मुझे लिटाया और सैटी को ढकेलकर मेरी निर्धारित जगह पर ले गया, और चार महिलाओं की मदद से वहीं लिटा दिया।

'चलो भजन शुरू करते हैं,' शारदा जी ने कहा।

'मैंने मोबाइल पर कुछ नए भजन डाउनलोड किए हैं,' भज्जी भाई ने अपना मोबाइल शारदा जी को देते कहा।

शारदा जी ने मोबाइल ऑन किया तो भजन से पहले एक श्लोक का पाठ शुरू हुआ। उसे सभी ने हाथ जोड़कर सुर से सुर मिलाकर पढ़ा। पत्नी रसोई में काम कर

रही थी, वह गैस को सिम करके वहीं आ गई, और पाठ के साथ पाठ करने लगी।

बाट निहारे घनश्याम, नैना नीर भरे,
आस करे दिन-रैन, नैना नीर भरे।

'यह जगजीत है न, पहले तो सिर्फ गजलें गाता था। अब तो भजन भी गाने लगा है। चित्रा तो अब नहीं गाती,' एक महिला ने कहा तो अपने मुँह पर उँगली रखकर शारदा जी ने उसे चुप रहने का संकेत दिया। आगे आया :

जय राधा माधव, जय श्री कुंज बिहारी,
जय गोपी बल्लभ, जय श्री गिरधारी

अगले भजन के लिए शारदा जी ने बटन दबाया तो भजन चला नहीं। फिर एक के बाद एक बटन दबाया पर आवाज नहीं आई। हैंडसेट ऐप्पल का हाई डेफिनेशन था, इसलिए कॉम्पिलकेटेड था, अगला बटन दबाया तो...

'ओवर द बाउंडरी, और एम्पायर ने दिए छह रन...इसी के साथ पौंटिंग का स्कोर हो गया, चौबीस...।'

'शारदा जी, शारदा जी, ऑस्ट्रेलिया का कुल स्कोर क्या है?'

'नहीं, जगह देखो, मौका देखो...,' उसी बुढ़िया ने फरमाया।

'चलने दो न, शशि जी भी क्रिकेट के शौकीन हैं,' इस बार बिपासा बोली।

'नहीं, यह ठीक नहीं है। देखो क्रिकेट का खेल एक्साइटिंग होता है, ऑस्ट्रेलिया के लगातार तीन-चार छक्के लग गए तो कुछ भी हो सकता है,' शारदा जी का इशारा सभी समझ गईं।

'मैं थोड़ी देर में आती हूँ, ये घर आए हुए हैं, जरा चाय वगैरह दे आऊँ,' पीले सूट वाली ने जाने की इजाजत चाही।

'चाय तो वह खुद भी बना लेते हैं,' बारह नम्बर वाली ने कहा।

'नहीं, चाय के साथ भी तो कुछ चाहिए,' पीले सूट वाली ने अपनी बात दोबारा रखी।

'चाय के साथ तुम मिल जाओ, तो और उन्हें क्या चाहिए,' बारह नम्बर वाली बोली।

'ऐसी बातें खूब भाती हैं, भगवत गीता में कई श्लोक हैं जिन पर प्रश्न किया जा सकता था, पर तब एक भी नहीं बोली,' गम्भीर शारदा जी ने भगवत गीता का पन्ना उलटते हुए कहा।

लगातार चम्मच की चोट करने वाली के हाथ में चम्मचनुमा गट्ठे पड़ चुके हैं। ढोलक बजाने वाली ढोलक की बजाय बार-बार अपने हाथों पर पाउडर मलने लगी है। एक मैं बेचारा टस से मस नहीं हो रहा। कैंसर से बड़ा कौन-सा कहर है, जो इस

पर टूटे लोग शायद यह सोच रहे हैं और मैं डर रहा हूँ कि इन्हीं में से कोई किसी ओझा को यह कहकर न बुला लाए कि किसी भूत-प्रेत ने इनके प्राण पकड़ रखे हैं, कृपया उससे छुड़वाकर इन्हें मोक्ष दिलवा दीजिए।

बेचारे उनके पति दरवाजे के बाहर चक्कर लगाने लगे हैं कि कब वह जाए, और कब यह घर आए। 'क्या बीमार चल रहे थे?' एक पति ने दूसरे पति से पूछा। 'इन्हें कैंसर है।' उसने उत्तर दिया। 'तब तो अभी तक चले जाना चाहिए था। डरता हूँ यहाँ भीड़ देखकर कहीं गोलगप्पे वाले, आलू की टिकिया वाले अपने ठेले इधर न मोड़ लें।' शर्मा जी भीतर आकर अपनी पत्नी से घर की चाबियाँ ले गए। बाहर निकलते उनसे किसी ने पूछा, 'ऐनी लक?'

मैंने अपने मन में कहा—माफ करना देवियो, ऊपर कम्प्यूटरों के डाउन हो जाने की वजह से विलम्ब हो रहा है। कृपया शान्त रहिए, जिससे आप मेरी आत्मा को शान्ति दिलवाने आई हैं, वह आपकी सहायता करेगा। गीता में जो भगवान कृष्ण ने अर्जुन से कहा, वह मैंने पहले कभी सुना नहीं था। मैं यश-अपयश की उलझनों में उलझ गया था, धर्म के द्वन्द्वों की याद में भटक गया था।

'भज्जी बिजली का बिल जमा करने चले गए थे। बिल आजकल रात नौ बजे तक लेते हैं,' हरजीत ने बिल को पंखे की तरह हिलाते बताया।

'कुछ खाने को मन हो रहा है?' पास बैठी जसबीर कौर ने पूछा।

मैंने 'न' में मुंडी हिला दी।

'प्यास लगी है, मैं गंगाजल लाई हूँ?' दूसरे कान की तरफ बैठी मिसेज सेठी ने पूछा।

'मैंने 'न' में मुंडी हिला दी।'

'कुछ सुनने का मन हो रहा है?' स्नेहा जी ने पूछा।

कहीं गाने न लगे, सोचकर मैंने 'न' में मुंडी हिला दी।

'खिड़की खुली रहने दूँ?'

'मैंने 'हाँ' में ऊपर से नीचे मुंडी हिलाई।

'जो पूछो, सभी बताने लगे हैं,' बिपासा खुशी-खुशी चिल्लाई।

एक महिला ने, जिसके कुरते पर बसन्ती फूल हैं, मेरे पास आकर कान में पूछा, 'क्या जसबीर पास हो जाएगी?'

बिना सोचे मैंने 'हाँ' में मुंडी हिला दी।

तब तो वहाँ बैठी महिलाओं ने लाइन बना ली, और प्रश्न पर प्रश्न पूछने लगीं। अच्छी कॉलोनी में रहती हैं, सभी सुन्दर हैं, किस का दिल तोड़ दूँ समझ नहीं पा रहा था। बात कमरे से बाहर चले जाने से लाइन भी कमरे से बाहर तक लग गई।

मैं थक चुका हूँ, पर शिष्टाचार के नाते आँखें बन्द नहीं कर रहा। थकान के कारण खुद-ब-खुद मेरी आँखें बन्द हो गईं।

7

कृपया हमारे साथ सहिए

मेरे शरीर को हिलाने-डुलाने के झटके लगने से मेरी चैतन्य कृति यथास्थान लौट आई। मेरी कमर के नीचे हाथ डालकर कोई मुझे उठाना चाहता था, वजन घटने के कारण उसे कुछ कामयाबी तो मिली, पर लपककर मेरे लटकते हाथ-पाँवों को सँभालने श्वेता और मझली को आना पड़ा। सबने सहयोग से मुझे पलंग पर लिटा दिया। श्वेता ने मेरे पाँव मसले, और चादर ओढ़ा दी। मझली संतरे का रस ले आई, और चम्मच-चम्मच मेरे मुँह में डालने लगी। तीन-चार चम्मच पीने के बाद मैंने मुँह बन्द कर लिया।

'रहने दो, थोड़ी देर के बाद फिर कोशिश करेंगे,' मझली से दक्षा ने कहा।

भज्जी पहुँच गया। मेरी कलाई पकड़ वह मेरी धड़कनें गिनने लगा। 'सत्तावन हैं,' कहकर उसने मेरी कलाई पलंग पर वापस रख दी। 'पल्स काउंट तो ठीक हो गया है। कमजोरी है। फ्रूट जूस तथा पौष्टिक आहार देंगे तो वह भी ठीक हो जाएगी। आज रात मैं यहीं रहूँगा। सोफे पर ही लेट जाऊँगा। रात ठीक निकली तो सुबह डॉक्टर से बात करते हैं।'

सभी ने, जो जहाँ था, भोजन खाया। मेरे लिए काले चने का सूप बनाया गया जिसके कुछ चम्मच मेरे मुँह में डाले गए। पत्नी ने कनाडा में ओंकारा भाई को फोन लगाया, और उसे फिलहाल रुकने को कहा। नाइट लैम्प जलाकर सभी लाइटें बन्द कर दी गईं। 'गुड नाइट' की एकाध आवाज आई, बाद में सन्नाटा छा गया।

कितना उत्साह था उनमें, सारा दिन ढोलक बजाई, पर क्या हाथ लगा उन्हें? देवियो, मैं शर्मिन्दा हूँ। यह शर्मिन्दगी मुझे और भी कमजोर किए जा रही है। अब मेरी पत्नी चाहे कितना भी बुलाए, मत आना, मेरे लिए कोई पीड़ा झेले, इससे बड़ी पीड़ा कोई नहीं। आप से पहले भी मैं कइयों को परेशान कर चुका हूँ। ऑफिस से छुट्टी लेकर, और साठ मील गाड़ी चलाकर मेरा बेटा मुझे ट्रीटमेंट दिलवाने ले जाता। मैं उसे भी काफी परेशान कर चुका हूँ। मुझे सुई लगाने के लिए मेरी धमनी ढूँढ़ते-ढूँढ़ते नर्सें परेशान हो जातीं।

'उल्टी आती है?'

'नहीं।'

'चक्कर आते हैं?'

'नहीं।'

'हाथ और उँगलियों में सूजन?'

'नहीं।'

'मुँह में छाले, या मुँह की लाइनिंग नर्म लगती है?'

'नहीं।'

'भूख लगने की शिकायत?'

'नहीं।'

'कब्जी?'

'नहीं।'

मेरे नहीं-नहीं से डॉक्टर मार्शल जॉन परेशान था, जबकि मैं और-और बीमारियाँ बताकर उन्हें परेशान नहीं करना चाहता था। जितना सह सको, सह लो। बीमारी आपको परेशान करने के लिए आई है, आप से परेशान होने नहीं। अगर उसके प्रतिद्वन्द्वी खड़े करके उसे परेशान करोगे, वह भी पलटवार करेगी। कैंसर बहुत ही जिद्दी बीमारी है। इसकी शक्ति को ललकारने का पंगा न लेना।

भला मैं क्यों ललकारूँगा? अगर कैंसर को बिगाड़ा, तो सबको परेशान करूँगा। कोई नर्स मुझे जब सुई चुभोती है, मैं मुड़कर सुई की लम्बाई और मोटाई भी नहीं देखता। यह सब मुझे मेरी 'हाय' बता देती है।

भज्जी ने मेरा रक्तचाप लिया। बासठ-एक सौ बीस। बहुत अच्छा है। मधुमेह टेस्ट किया। एक सौ पाँच, बिलकुल ठीक है। पल्स पैंसठ। सब ठीक है। 'स्कैनिंग कराए समय हो गया है?' भज्जी ने पूछा। 'तीन महीने से दस दिन ऊपर।' 'और सी.ए. नाइनटीन-नाइन?' 'उसे भी डेढ़ महीना हो चुका है।' 'हम दोनों के लिए अप्वाइंटमेंट ले लेते हैं, जितनी जल्दी हो सके करा लेंगे,' कहते वह ब्लड प्रेशर का यंत्र समेटने लगे। भज्जी के बड़े भाई भी इस स्थिति से गुजर चुके थे, इसलिए उसे इस मर्ज की तीमारदारी का पूरा तजुर्बा था।

पत्नी टोमैटो सूप बना लाई। मेरे शरीर के ऊपरी भाग को ऊपर उठाकर नीचे दो तकिए दे दिए। 'खुद पी सकते हो, या पिलाऊँ?' धीमी आवाज में पत्नी ने पूछा। 'नींद आ रही है, गिर जाएगा,' भरी आवाज में मैंने कहा। मुझे सोने की बीमारी लग गई थी। यह बीमारी थी या मैं भविष्य के बाद वर्तमान से भी विमुख हो चुका था, नहीं जानता। घंटों आँखें बन्द कर मैं जीवन में घटी भूल चुकी घटनाओं को याद करने की सोचता, और जब वे मस्तिष्क पटल पर आ जातीं, तो खुश हो जाता।

आँख लग गई थी। समय पर नींद का आ जाना भूली-बिसरी याद बनकर रह गया था, फिर भी यदा-कदा झपकी तो लग ही जाती थी। प्यास लग रही थी, पर सोचा माँगूँगा तो सबकी नींद टूट जाएगी। अगर कोशिश करके खुद ले लूँगा, तो सब अपने-अपने कामों में लग जाएँगे और कहेंगे कि 'उठकर खुद क्यों नहीं ले लेते, थोड़े हाथ-पाँव चलेंगे, तो शरीर में ताकत आएगी।' आम सोच है, व्यक्ति या तो बीमार है, नहीं तो स्वस्थ।

'डॉक्टर मार्शल जॉन का फोन अमरीका से है,' कहकर मझली ने फोन मुझे पकड़ा दिया।

उधर से आवाज आई, 'हाय शशि, हाऊ आर यू?'

'डॉक्टर, आई एम फाइन।'

'अगर अच्छे हो, तो यह नाटक कैसा? विपिन बता रहा है कि तुम डेथ-बेड पर जा लेटे हो?'

'डॉक्टर, हमारी कुछ मृत्यु परम्पराएँ हैं, मेरे परिवार वाले उन्हें निभा रहे हैं।'

'लेकिन तुम्हें कैसे पता चला..., लोकल डॉक्टरों से मशवरा लिया होगा। जो ब्लड सैम्पल तुमने भेजे हैं, उनके अनुसार तुम्हारा सी.ए. नाइनटीन-नाइन अब पचपन है। तुम्हारा हीमोग्लोबिन, डब्लू.आर.सी. सब कन्ट्रोल में है। जिलोटा लेते रहो, दो गोली सुबह, दो गोली शाम। हर छह हफ्ते के बाद स्कैनिंग कराते रहो। जब ट्यूमर लौटे, तो जल्दी से तुम भी लौट आना। लौटा हुआ ट्यूमर ज्यादा वक्त नहीं देता। अभी जो कुछ हुआ, वह जिलोटा का साइड इफेक्ट है। बेशक औरतों के स्तनों जैसे कोमल अंग के लिए इस दवा का आविष्कार हुआ है, पर यह दवा है बड़ी स्ट्रांग। मैं तो खुश हूँ कि तुम्हारा शरीर इसे बरदाश्त कर पाया। विपिन मेरा फैक्स नम्बर और ई-मेल का पता तुम्हें भेज देगा। मुझसे सम्पर्क रखना।'

'डॉक्टर, मेरे हैंड प्रिंट बिलकुल सपाट हो गए हैं। इमीग्रेशन वाले मुझे यू.एस. में घुसने नहीं देंगे।'

'पेपर बनाकर मैं विपिन को दे दूँगा या तुम्हें फैक्स कर दूँगा,' कहकर डॉ. मार्शल ने चोंगा विपिन को दे दिया।

'पापा, यह सब क्या हो रहा है? सुन ली अपनी बीमारी की असलियत, डॉ. मार्शल से। भज्जी अंकल का फोन आया था कि तुमने दीया-बाती भी करवा ली, भागवत भी सुन ली। हम इधर खुशियाँ मना रहे हैं कि तुम्हारा सी.ए. नाइनटीन-नाइन हैरतअंगेज रफ्तार से नीचे उतरा है। यहाँ तुम्हारा केस बाइलस कैंसर के ट्रीटमेंट में अजूबा बताया जा रहा है। उधर तुम अनपढ़ों की तरह...अपने आपको सँभालो पापा, नहीं तो मैं नौकरी छोड़कर आऊँ, मेरे पास छुट्टी बिलकुल नहीं है। आजकल रोजगार दोबारा मिलने मुश्किल हो रहे हैं, जरा माँ को देना।'

मैंने चोंगा पत्नी को पकड़ा दिया। 'माँ स्पीकर ऑन कर लो ताकि बापू भी सुन लें। माँ, तुम दकियानूसी परम्पराओं को निभा कर बापू को डिप्रेशन में क्यों ला रही हो? शुकर करो, तुम्हें ज्यादा तकलीफ नहीं दे रहे। कुछ फरमाइश नहीं करते, कुछ इच्छा नहीं रखते। अगर एक बार डिप्रेशन में चले गए, तो तुम ही दुखी हो जाओगी। रखता हूँ,' कहकर विपिन ने फोन बन्द कर दिया।

'मैंने नहीं, विपिन ने फोन का स्पीकर ऑन करने को कहा था,' अपराधबोध से पत्नी ने श्वेता से कहा।

श्वेता, मझली और छुटकी, सभी अपना-अपना ट्रॉली केस सँभाल रही थीं। 'कानपुर की चार बजे की फ्लाइट है,' बताकर श्वेता ने एक बजे के लिए टैक्सी

बुलाई। छुटकी और मझली भी घर से उसी के साथ चली जाएँगी, उनकी भी साढ़े पाँच बजे की फ्लाइट है। भज्जी सुबह ही निकल गया था, उसकी पत्नी का डॉक्टर से एक बजे का अपॉइंटमेंट था।

एक बजे घर खाली हो गया, और बिलकुल चुपचाप। मैं सीधा लेटा बेड रूम की छत पर लगे पंखे को देखने लगा।

8

इस बेचारे ने क्या देखा है

'**चाय** रखने लगी थी, पर पता चला लाजा मौसी आपका हाल जानने आ रही है। चाहे कम सही, पर उससे बात कर लेना,' दक्षा ने मुझसे कहा। लाजा मौसी, माँ की सहेली थी। करोलबाग में भी हमारी पड़ोसन थी, यहाँ नेशनल पार्क में भी है। लाजा मौसी ने आते ही मेरे सिर पर हाथ फेरा, 'सात साल का था, जब इसे पहली बार देखा था, ये तेईस नम्बर में था, हम चौबीस में। इसका एक-एक बाल मेरे सामने सफेद हुआ है, मेरे बालों पर हाथ फेरते वह कह रही थी।

'इस बेचारे ने क्या देखा है, पिता गया, उसकी बनाई सुरक्षा गई। अच्छा खाता-पीता परिवार था। पाँच-छह मकान थे, दुकानें थीं, जमीन-जायदाद थी, और किरायेदारी, सब कुछ छोड़ यहाँ एक छोटे से कमरे में। माँ भी गई, सहेली थी, सब कुछ बताती थी। जब फिर से सब कुछ खड़ा कर लिया, बेचारा खुद बीमार पड़ गया। मैं पंचानवे साल की चंगी-भली हूँ, और यह एक कमबख्त बीमारी के जाल में फँस गया। अपने घर आ गया तो अच्छा किया, वरना दूर देशों में किसके साथ क्या बीत रही है, कहाँ पता चलता है।'

यह 'बेचारा' शब्द, और 'इसने क्या देखा है,' मेरे साथ ऐसे चिपके हैं कि मेरे साथ ही जाएँगे, जैसे मेरे साथ लगी यह बीमारी। जिसने मुझे घुट्टी दी होगी, उसके मुँह से भी 'बेचारा' निकला होगा। माँ जिससे भी मिलती, यह 'बेचारा' उसके साथ होता था। कोई माँ से मिलने आता, तो भी सिर पर हाथ फिरवाते, यह 'बेचारा' वहाँ मौजूद होता था। मुझे जनमते ही 'बेचारे' की उपाधि मिल गई थी। विभाजन के बाद मैं बेचारा विस्थापित, स्कॉलरशिप लेकर यूरोप गया, तो भी 'बेचारा' ही रहा, थर्ड वर्ल्ड का। सब मुर्गमुसल्लम तोड़ते, तो मैं 'बेचारा' वेजिटेरियन। प्रेमिका ने किसी दूसरे से शादी कर ली, तो मैं 'बेचारा' धोखाजदा।

वाकई मैंने क्या देखा ? शुरू से पिता रहित होने के कारण बाप की सम्पन्नता न देख पाया, तो मुझे 'बेचारे' ने क्या देखा ? लेकिन जितना मैंने देखा, किसने देखा है ? आधे से ज्यादा यूरोप देखा, नॉर्थ पोल देखा, अमरीका के ठप्पों से भरे मेरे तीन पासपोर्ट

पड़े हैं। मैंने बाप के लालटेन वाले घर में बिजली देखी, कस्बे में तार के खम्भों से बढ़कर मैंने वायरलेस के टॉवर देखे, टेलीफोन आते देखा, मोबाइल से आई पॉड, मेरे सामने आए टिक...टिक...टिक तार में ई-मेल वायस मेल, स्काइप, फोटो सहित वायस। घोड़े बग्घी से कोयला चलित बस, डीजल, पेट्रोल चलित हाई टेक बसें, हाई ब्रिड बसें, मित्री मॉरिस कार से इम्पाला, मर्सडीज कारें। बिना पेंसलीन जिसका बाप मर गया, उसने जिलोटा और जेमजार दवाइयाँ देखीं, नब्ज गिनने से मार्कर गिनने तक, कैट स्कैन, पेट स्कैन, एम.आई.आर., सब कुछ देखा। इसके अलावा अन्तरिक्ष में जाते रॉकेट, चाँद और मंगल पर उतरते मानव को देखा। इतना कुछ कि किसी के बाप ने भी नहीं देखा। अब तक के हुए विभाजनों में इतना बड़ा विस्थापन, जिसके आँकड़े बताते हैं कि दुनिया में आज तक हुई दस त्रासदियों में से यह एक थी, और आज तक हुए विस्थापनों में से सबसे ऊपर।

अगले दिन छोटे लड़के का फोन था, 'पापा तुम तो पढ़े-लिखे बन्दे हो। तुम्हारे खयाल तो प्रगतिवादी थे, हमेशा हमें घिसे-पिटे दकियानूसी विचारों से परहेज करने को कहते रहे, फिर अब ऐसा क्यों?' मैं कमजोर था, विरोध करने की हालत में नहीं था। दो-दो, चार-चार मिनट की मोहलत पर जी रहा था, सिर्फ यही कह पाया, 'बेटा, ये प्रगतिवादी, मॉडर्न खयाल फैंसी शब्द हैं, जो केवल बहस करते प्रयोग में आते हैं। जब अपने पर आ बनती है, तो कोई भी किसी प्रकार का रिस्क नहीं लेता। अपनी विचारधारा से भी हटकर स्वार्थी हो जाता है। मैंने अपनी माँ की अन्त्येष्टि पर उसके लिए एक साल की जल व्यवस्था करते, तीन सौ पैंसठ लोटे पानी पेड़ की जड़ों को पिलाया है। इस भरोसे कि साल भर मेरी माँ प्यासी न रहे।

'मेरे प्रति तेरी माँ की भावना शुद्ध थी। नीबू रस सूर्य कविता, जिसका मैंने हिन्दी में अनुवाद किया, जानते हो, वह अंग्रेजी कविता अमेरिका के 'नासा' प्रोग्रामों में शरीक एक महिला की है, जिसके आठ साल के पुत्र को कैंसर निगल गया। ये बेटे एक माँ की भावना है, और हमें उसका आदर करना चाहिए। इन्हीं भावनाओं को पीड़ा रहित लोग दकियानूसी विचार कहने लगते हैं। प्यार विश्वास है बेटे, तर्क नहीं।'

'अच्छा बापू, डॉ. मार्शल की बात याद रखना, दो गोली सुबह, दो गोली शाम—जिलोटा—कैंसर लौटे तो घबराना नहीं। हम उसे रोक नहीं रहे, बल्कि उससे सतर्कता बरत रहे हैं। कैंसर एक निरन्तर युद्ध है, इसे पूरी ताकत से लड़कर मात देनी है। लड़ते रहोगे, तो बचते रहोगे...और कुछ?'

'सब कुछ बन्द है, अब तो जो है, उसी को सँभालना है।'

'बापू, आप तो सिंह साहब का उदाहरण दिया करते थे, जिसका टर्मिनेशन लेटर टाइप हो रहा था। वह टाइपिस्ट के कमरे में जा एक लाइन उस लेटर की पढ़कर

आता, और एक लाइन प्रेस को जाने वाली कॉपी की एडिट कर देता, जो कैंसर आपका कुछ नहीं बिगाड़ पाया, आप खुद बिगाड़ लोगे,' कहकर उसने फोन क्रेडल पर रख दिया।

फोन हो गया, अब कोई इन्तजार नहीं। क्या करूँ? मन में सोच उठने लगी। गुसलखाना क्लब के कॉल को याद करूँ या भज्जी को फोन लगाकर उसके कल के प्रोग्राम पूछूँ।

'मिल बैठने का अब मजा आएगा। कुछ दिनों के लिए हरजीत को उसका भाई सुरेन्द्र ले गया है, इसलिए घर से बेफिक्री है। बहुत कीर्तन करा लिए तुमने, सेहत भी पलट रही है,' भज्जी बेतकल्लुफ होता जा रहा था—आगे क्या कह दे, उसकी मुँहफट आदत से मैं हमेशा डरता था। दरअसल उससे मेरी दोस्ती का कारण भी उसका मुँहफट मिजाज था। स्कूल ऑफ आर्किटेक्चर में वह मेरा सहपाठी था, लेकिन था दूसरे सेक्शन में। उस दिन जब मैं उस सेक्शन में गया, तो कुछ लड़कियों ने इसे घेर रखा था। थोड़ी देर तक उनका झगड़ा सुनने पर पता चल गया कि गलती कहीं-न-कहीं भज्जी की थी, जिससे केवल एक लड़की को आपत्ति थी, बाकी तो कव्वों की तरह उसका साथ दे रही थीं, जिसे आपत्ति थी, वह भज्जी के ही ग्रुप की थी।

किसी कारण, मैं उस दिन पूरे लड़की समाज से खफा था, क्योंकि कुछ ही क्षण पहले मेरी तीन साल की शादी-योग्य प्रेमिका ने मुझे बुरी खबर सुनाकर अचम्भित कर दिया था।

'तुम चाहो तो मजाक की किसी भी हद तक चली जाओ, लेकिन भज्जी के मामूली मजाक से तुमने बवाल मचा रखा है, और बिना बात पूछे, तुम सबका एकजुट हमला कर देना...। सात साल एक साथ रहना है हमको, खुशी-खुशी, या लड़ते रहकर? च्वायस आपकी है, इधर आओ भज्जी, और चलो मेरे साथ।' एक सीधा-सादा आदमी, जिसके मुँह में जुबान तक नहीं, पता नहीं क्या कुछ कह गया। वह जब तक इस अचम्भे से उबर पाती, मैं भज्जी को वहाँ से निकाल अपनी क्लास में ले आया।

'भज्जी, तेरा पुर्नजन्म हुआ है, कुछ हो जाए', मैंने कहा तो हम दोनों ने शर्मा हलवाई की दुकान के भीतर बैठकर जलेबी डालकर दूध पिया। मेरी जिन्दगी में जो खालीपन बना था वह भर गया। भज्जी और मैं दुख-सुख के मित्र बन गए, और इस घटना को घटे आज पचास साल बाद भी हम दोस्त हैं। जिन्दगी में सभी नौकरियाँ एक साथ कीं। अपने आर्किटेक्चर स्टूडियो बनाए तो एक साथ और कोई प्रोजेक्ट किया वह भी एक साथ। मैं डरता था, अगर यह मुझसे दूर हो गया तो फिर मैं वहीं उस माहौल में लौट जाऊँगा, जहाँ मेरे प्यार की मौत हो चुकी थी, और हर तीज-त्योहार पर उस दफन प्यार पर कैक्टस के फूल उगाने के सिवा कुछ नहीं बचेगा।

‘हरजीत, सुरेन्द्र के साथ पटियाला गई है?’ पत्नी ने भज्जी से पूछा।

‘पटियाला गई होती, तो मैं भाँगड़ा डाल रहा होता। मेरे ससुराल वालों ने यहीं नारायणा में घर लेकर शिफ्ट कर लिया है। यह रहा उसका मोबाइल नम्बर, जब भी मुझसे तंग आ जाओ, हरजीत को फोन करके बुला लेना, उसके साथ मैं अपने घर चला जाऊँगा।’

दक्षा, तुमने मेरा कीर्तन करवा लिया, मुझे कुछ महीनों की मोहलत मिल गई। बाहर चिड़ियों का शोर है, मौसम खुल गया। अखबार में रिपोर्ट पढ़ी थी कि दिल्ली में सेलफोन टावरों की तरंगों से घबराकर चिड़ियाँ विस्थापित होकर पलायन कर गई हैं, कहीं वे अपने घोंसलों में लौटकर तो नहीं आ गईं? नहीं, बच्चों के खेलने का खिलौना बज रहा है, फेरी वाला उसे घुमा रहा है।

मन तो नहीं चाहता कि आँखें खोलूँ, लेकिन भज्जी मेरे लिए अपना घर-बार छोड़कर आया है। पीछे मुड़कर देखा तो भज्जी बेफिक्र खर्राटे भर रहा है। घोड़े बेचकर आया है, या कहिए कि पत्नी को मायके छोड़कर आया है, एक ही बात है।

रात के आठ बजे हैं, अमेरिका में सुबह के साढ़े दस बज चुके होंगे। डॉ. मार्शल जॉन, वार्ड का चक्कर लगाकर अपने केबिन में पहुँच गए होंगे।

फोन लगाता हूँ, उनकी मुख्य नर्स ने फोन उठाया, ‘शैली ब्राउन, सीनियर नर्स, सर डॉ. मार्शल जॉन्स वार्ड, कैन आई हेल्प यू?’

‘डॉ. मार्शल से बात करनी है।’

‘मे आई नो योर्स गुड नेम?’

‘शशि, डॉक्टर्स इंडियन पेशेंट, कुछ प्रश्न हैं।’ नर्स ने डॉक्टर को फोन ट्रांसफर कर दिया।

‘डॉ. मार्शल जॉन!’

‘डॉक्टर शशि दिस साइड। कुछ प्रश्न परेशान कर रहे हैं, समाधान चाहता हूँ।’

‘पहले बताओ नींद आती है?’

‘खूब सोता हूँ।’

‘जैसा मैंने कहा था, टेस्ट कराए हैं?’

‘जी, सभी कराए हैं।’

‘आँखें ठीक हैं?’

‘जी, बिलकुल।’

‘ब्लड प्रेशर?’

‘पैंसठ/एक सौ दस।’

‘डायबिटीज?’

‘कंट्रोल में।’

‘पल्स रेट?’

‘पैंसठ।’

‘डब्लू. बी. सी. ?’

‘छह प्वाइंट आठ।’

‘भूख ?’

‘खूब लगती है।’

‘वजन ?’

‘बढ़कर पचहत्तर हो गया है।’

‘हाथ-पाँव में सूजन ?’

‘सब ठीक है।’

‘बाल ?’

‘अब नहीं झड़ते।’

‘जानता हूँ, व्यायाम नहीं करते होंगे। ठीक सुबह नौ बजे, बूट के तसमों को गाँठ लग जानी चाहिए। सी.ए. नाइनटीन-नाइन ?’

‘बावन।’

‘अब बताओ तुम्हारी शंकाएँ क्या हैं ?’

‘मैं अपनी बीमारी का स्टेटस जानना चाहता हूँ। कोई भी काम शुरू करने से पहले मन पूछता है, कर पाओगे ? कितना समय है तेरे पास ? मैं दुनिया में उलझना तो नहीं चाहता, पर इतना तो कर लूँ कि मेरे जाने के बाद अगला प्रोग्राम सुनने के लिए लोग रुकें तो उन्हें यह न लगे कि जितना फुजूल आदमी था, उतना ही फुजूल में समय खराब कर रहा है।’

‘देखो, मैं तुमसे कुछ छिपाना नहीं चाहता। तुम्हारे स्टमक स्कैन की रिपोर्ट से बेशक लगता है कि ट्यूमर इतना छोटा हो गया है कि स्कैनर उसे पकड़ नहीं पाया, लेकिन वह गया नहीं, अपनी जड़ें जमाए हुए है। ऑपरेशन के सिवा ट्यूमर की कोई भी इलाज पद्धति ट्यूमर को जड़ से नहीं उखाड़ सकती, उसे सिकोड़कर छोटा कर सकती है। लेकिन तुम्हारी स्थिति में ऑपरेशन हो नहीं सकता। इसलिए यह जैसे चलता है, चलने देंगे। अभी सो गया है, जब जगेगा, तो फिर देखेंगे। इसके जगने की कोई समय सीमा नहीं। कैंसर में सिद्धान्तों ने काम बन्द कर दिया है, अब तो मरीज दर मरीज इलाज होता है। मानो ऑपरेशन हो भी जाए, तो इतनी नसें कटेंगी कि सब को रिकन्सट्रक्ट करना सिर्फ मुश्किल ही नहीं, बल्कि नामुमकिन है। रेडियोलॉजी के तुम केस नहीं, यह तुम्हें डॉ. लि. ने जिसके पास तुम्हें भेजा था उसने बता दिया था। तब मैंने एक रणयोजना तैयार की थी, जिसके तहत जेमजार की कीमो बन्द करा दी थी, ताकि लगातार जेमजार लेने से तुम्हारे शरीर पर वह बेअसर न हो जाए। ओरल कीमो जिलोटा दे रहा हूँ, और इन्तजार कर रहा हूँ कि अगर बीमारी आने वाली सर्दियों तक न उभरी तो इसे भी बन्द कर दूँगा। यह रणयोजना है कैंसर से लड़ने की।

चाहता हूँ, जब बीमारी लौटे, तो जो तीर हमारे तरकश में हैं वे बेअसर न हों।

'मुझे आपकी काबिलीयत पर पूरा भरोसा है। आपकी बदौलत कुछ कहने की हिम्मत आ गई है, वरना पूर्ण विराम तो लग ही चुका था।'

'याद रखना, दवा समय पर लेते रहना, और टेस्ट भी नियमित रूप से करवाना। ट्यूमर कब लौटा, इसका हमें पूर्ण ज्ञान होना चाहिए, क्योंकि जब यह लौटता है, तो वह भी एक रणयोजना बनाकर लौटता है, ऐसे फैलता है, जैसे कभी गया ही न हो।

लाजा मौसी आई थी, बेचारी रेलिंग को पकड़-पकड़ कर चल रही थी। 'चंगे-भले का दीया करवा दिया,' कहकर बड़ी फिकर कर रही थी, लेकिन बता रही थी कि कुरुक्षेत्र के साथ भैयों एक जगह है, जहाँ पूजा करा दो तो व्यक्ति दीया दोष से मुक्त हो जाता है। पत्नी इतनी बेचैन थी जैसे मेरा नहीं, बेचारी गलती से अपना दीया करा बैठी हो। भज्जी मेरी पत्नी को धीरज बँधा रहा था, 'रहने दो भाभी जी, जितने मुँह उतने मशवरे। अगर ऐसा ही है, तो एक बार मन्दिर जाकर अपने पंडित से बात करके देखो, फिर जैसे कहेगा वैसा करना।'

अगले दिन हमारे जगने से भी पहले वह मन्दिर चली गई। दीया हो जाने से आत्मा शरीर में विस्थापित तो हो जाती है, पर शरीर को छोड़ती नहीं। आत्मा को पुन: स्थापित करने कुरुक्षेत्र जाना होगा। महाभारत में जब एक ही जगह हजारों की मौत हो गई थी, तो उनकी मुक्ति के लिए महाकाल ने यमराज से कहकर उनकी मुक्ति की व्यवस्था करा दी थी।

पंडित जी ने कुरुक्षेत्र की एक जगह बताते हुए कहा, 'पंडित सीताराम गोस्वामी वहाँ मिल जाएँगे, उन्हें मेरा नाम बता देना, सारा कार्य कुशलता से कर देंगे। चला तो मैं भी चलता, पर बीमारी के कारण अब कहीं अकेला नहीं जाता, पत्नी साथ चलती हैं। सीताराम जी भले आदमी हैं। चिन्ता की कोई बात नहीं पर आत्मा से छेड़-छाड़ का मामला है। अगर वे असमर्थता दिखाएँ, तो फोन कर देना, मैं अगली बस से पहुँच जाऊँगा।'

'कार खाली जाए, और आप बस में धक्के खाएँ, ऐसा करना कहाँ उचित है? कृपया आप पत्नी समेत चलिए, दो सीटें खाली हैं।' पंडित जी मान गए और अगले ही दिन सुबह पाँच बजे चलने का प्रोग्राम बन गया। यह सब कुछ पत्नी ऐसे बता रही थी जैसे वह पंडित सीताराम से अप्वाइंटमेंट लेकर नहीं, बल्कि पाकिस्तान से युद्ध जीतकर आई हो।

'मुझे भी साथ चलना होगा, दीया बुझाने?'

'नहीं, तुम्हारी जरूरत नहीं। पंडित जी और उनकी पत्नी साथ होंगे। पूजा का सामान उन्होंने लिखवा दिया है, रास्ते में कहीं भी गाड़ी रोककर खरीद लेंगे।'

'आत्मा मेरी विस्थापित हुई है, इलाज तुम करवाने जा रही हो। यह कहीं रिमोट कंट्रोल वाले पंडित जी तो नहीं? देखो, कम्प्यूटर ने सभी उलझनें सुलझा दी हैं। शादी

के तुरन्त बाद तुमने पूछा था कि भगवान अरबों-खरबों लोगों का हिसाब-किताब कैसे रखते हैं? हर एक के कर्मों की एंट्रियाँ कैसे ढूँढ़ते हैं? सुपर कम्प्यूटर ने तुम्हारे प्रश्नों के उत्तर दे दिए। छींकों के रहस्य को ई-मेल ने सुलझा दिया। मैसेज सांकेतिक है, पर आधार तो एक ही है। दिमाग का रहस्य तो सबको समझ आने लगा है, पर आत्मा का पासवर्ड अभी सिर्फ पंडित सीताराम के पास है।'

'बस, जरा जान में जान आई, तो मजाक पर फिर उतर आए।'

'मजाक पर नहीं उतरा, तुम्हें नहीं मालूम कि मैं कितना आस्तिक हो चुका हूँ। ऊँ भूर्भुवः स्वः तत्सवितुर्वरेण्यम्...का अर्थ भी मैं ऑन लाइन देख चुका हूँ। इसके उच्चारण से उत्पन्न होती तरंगों का भी अर्थ जान चुका हूँ। घंटियाँ बजाने के रहस्य को समझ चुका हूँ। मौका लगे तो मेरी आत्मा से भी जरा पूछ तो लेना कि क्या वह पुनः स्थापित होकर सीमित दायरों में रहना चाहती है, या ब्रह्मांड में आजादी के साथ विचरण करना चाहती है?'

9

नीबू रस सूर्य

खाने के बर्तन उठाकर भज्जी मेरे साथ आकर बैठ गया और बोला, 'जब से आया हूँ, तुम काफी व्यस्त चल रहे हो। भीड़ इकट्ठी कर रखी थी। ई-ब्लॉक तक की महिलाएँ आई थीं। यहाँ की महिलाएँ तो अच्छा गाती हैं, हमारे यहाँ तो केवल चौरस हिला-हिला कर काम कर देती हैं। तुम तो उस बार लटक ही गए थे, अगर कोने वाली मुँह में गंगाजल न डाल देती...,' भज्जी बोले जा रहा था, और मैं तैयार था, कुछ खट्टा सुनने को।

'हुआ क्या था जो जान पर आन बनी?'

'चंगा-भला था, कुछ कमजोरी आने लगी। दिल्ली आने को सामान बँधा था, कि अचानक बेटा और बहू छुट्टी से एक दिन पहले ही लौट आए।'

'क्या हुआ?' मैंने पूछा।

'तूफान की आशंका हो गई थी इसलिए बीच बन्द हो गए,' बहू ने मुस्कराते हुए कहा।

'कल आपके कुछ टेस्ट हैं, हमारे साथ क्लीनिक चलना होगा,' बेटे ने शेखू की तरह कहा।

'लेकिन फ्लाइट?'

'बाद में देखी जाएगी, चालीस एयरलाइंस दिल्ली के लिए टिकटें लेकर बैठी हैं।'

'भज्जी, तुम्हें मालूम हैं, आजकल के टेस्ट और प्रोसीजर्स? दो-तीन दिन ऊपर

से कैमरे, नीचे से कैमरे, स्कैनिंग मशीनें, जिन्हें हम मौत का कुआँ कहते थे, उनमें गुजारो। और पहले तो नर्सें ही, फिर तो वार्ड ब्वॉय तक खून निकालने लगे। चार-चार शीशियाँ। भज्जी, मैं बेबस था, सोचता था कि इससे अच्छा तो कलमा पढ़ लूँ, खून खिंचवाने से तो बच जाऊँ।

'अपने मेरीलैंड के घर में मैं पलंग पर लेटा अपनी त्वचा को देख रहा था, जो इतनी ढीली हो चुकी थी मानो हड्डियों को छोड़ चुकी हो। मांस वस्त्र बन चुका था। मेरा बड़ा लड़का विपिन आया और मेरे साथ मेरे सिर के पीछे से बाजू घुमाकर लेट गया। उसकी आँखें लाल थीं।

'कैसा महसूस कर रहे हैं?' उसने मेरा हाल पूछा।

'ठीक हूँ,' मैंने संक्षिप्त सा उत्तर दिया।

'कुछ खाया क्या?'

'हाँ।'

'आपकी सभी लैब रिपोर्ट्स आ चुकी हैं। सेंट ऐग्नस में कल एक रिव्यू कमेटी बैठेगी जो आपकी रिपोर्ट्स पर विचार करेगी। आपका वहाँ रहना अनिवार्य है...,' कहते उसके होंठ काँपने लगे...उसने गर्दन घुमाई और दीवार की ओर देखने लगा...फिर बोला, आप...को...कैंसर है।'

'मैं तैयार हूँ, मेरे सभी काम पूरे हो चुके हैं,' झट से मेरे मुँह से निकला।

'तैयार हूँ...यह तो पलायनवाद है। मैं इस उत्तर से सन्तुष्ट नहीं,' मेरे चेहरे पर वह टकटकी बाँधे मेरी आँखों में देख रहा था।

'कोई आपको ललकारे, और आप मैदान छोड़कर भाग जाएँ, ऐसा तो मैंने कभी नहीं देखा,' वह रुक-रुक कर बोल रहा था, 'आपको इससे लड़ना होगा, हम सभी मिलकर लड़ेंगे। कविता का भी यही मानना है...उसके होते यह लड़ाई और भी आसान हो जाएगी,' कुछ क्षण रुककर उसने कहा।

'रो-रो कर लड़ोगे, क्या?'

'फिर ऐसा नहीं होगा,' कहकर आँखें पोंछता वह उठकर खड़ा हो गया, और दूसरे कमरे में चला गया।

'मैं जॉर्ज वाशिंगटन हस्पताल में डॉ. मार्शल जॉन के एग्जामिनेशन रूम में बैठा था, और मार्शल मुस्कराते मेरे स्टमक स्कैन की रिपोर्ट कम्प्यूटर पर देख रहे थे। थोड़ा देखते, तो थोड़ा-सा सिर दाएँ झटक देते, फिर नजर टिकाकर देखते, तो सिर बाएँ झटक देते। 'ट्यूमर पुराना है,' वह बोले। फिर थोड़ा गौर से देखा और बोले, 'इसका आकार भी हैरान करने वाला है...ट्यूमर के ढेर की ऊँचाई भी काफी है, और बाइल डक्ट्स भी घिरी हैं, शायद यहीं से शुरू होकर जिगर पर चढ़ा है। मेलिगेंट सेल भी मौजूद हैं, बीमारी शरीर में किसी स्थान में पहुँचकर फैल सकती है। बीमारी की इस

स्थिति को 'इन्ट्राहैप्टिक क्लोंजीकारसिनोम ऑफ द बाइल डक्ट्स' कहते हैं।' वह यह सब मेरे दोनों बेटों और पुत्रवधू को सम्बोधित करते कह रहे थे। मेरी पुत्रवधू खुद आन्कोलॉजिस्ट है, लेकिन मेरा इलाज शुरू करने से पहले दूसरे और तीसरे स्पेशलिस्ट की राय भी चाहती थी। 'तीन-साढ़े तीन महीने में लीवर अपना काम करना बन्द कर देगा। क्या तुम इलाज कराना चाहोगे? कई मरीज इलाज को मना कर देते हैं,' इस बार गम्भीरता से वह मुझे सम्बोधित कर रहे थे।'

'कितना पुराना है?' सूजी लाल आँखों को पोंछते मेरे बड़े लड़के ने पूछा। छोटा लड़का दीवार की तरफ मुँह करके सिसकियाँ भर रहा था।

'लगभग तीन साल...और अब स्टेज फोर बी...यानी कि लास्ट स्टेज...।'

छोटे लड़के ने बेबसी से डॉक्टर को देखा।

'अगर मेरे बस में होता, तो मैं अपनी पत्नी को न बचा लेता,' डॉक्टर मार्शल जॉन ने अपने चेहरे पर मुस्कान लाते बोले। मैं समझ गया कि यह मुस्कराहट मुस्काने की नहीं, बल्कि दर्द छिपाने की है। इसकी ओट में इन्होंने न जाने क्या-क्या छिपा रखा है।

'इलाज यहाँ भी हो सकता है...भारत में भी...कहाँ कराना चाहोगे?' उन्होंने रुककर पूछा। फिर, 'जो मैंने बताया है, वह फाइनल है, अब किसी और की सलाह की जरूरत नहीं,' उन्होंने मेरी पुत्रवधू से कहा।

'बताओ...बताओ, इलाज कहाँ कराना चाहोगे?' उसने मेरी अन्तिम राय चाही।

'यहाँ मेरा परिवार है, और वहाँ मेरे नजदीकी लोग और मित्र।'

'तो इलाज शुरू करें?' मार्शल ने मेरे पुत्रों और पुत्रवधू से सलाह चाही। फिर पुत्रवधू से बोले, 'आप चाहें तो खुद कर सकती हैं...जब भी मेरी सलाह की जरूरत हो तो बेफिक्र फोन, फैक्स या पेजर से सम्पर्क करें।'

'आप सीनियर मोस्ट हैं, दशकों का तजुर्बा है, रिसर्च में हैं, इसलिए आप कीजिए। बाकी आपकी गैरहाजिरी में तो मैं ही देखूँगी,' बड़ी नम्रता से पुत्रवधू ने कहा।

'इसे हब्बल ट्रीट कहते हैं, कीमो ओरल तथा कीमो इन्ट्रावेनिस। ओरल में जिलोटा पाँच सौ, दो गोली सुबह, दो गोली शाम। इन्फ्युजन में जेमजार,' उन्होंने बड़े विश्वास के साथ कहा। कम्प्यूटर की व्हीप दबाते, 'लो, सी.ए. नाइंटीन-नाइन की रिपोर्ट भी आ गई है, मार्कर 1,50,000 है,' असमर्थता में सिर हिलाते वह बोले।

'तुम ठीक हो जाओगे, अगर मुझे सहयोग देते रहे। ढीले नहीं बैठना। विश्वास तुम्हारा कवच होना चाहिए। दिन में एक-दो बार तसमे कसो और घर से निकल जाओ, कैंसर से तुम्हें लड़ना है, मैं तो तुम्हें सिर्फ शस्त्र दे सकता हूँ,' मार्शल ने उत्साह भरते कहा।

'पूरे पाँच महीने का बच्चा मैं पेट में लिए घूमता रहा, न मुझे पता चला, न किसी और को।

'भज्जी उस रात मेरा सोने को मन नहीं कर रहा था। मैं इतना कमजोर हो चुका

था कि लगता था एक बार सो गया तो इस बैटरी के इतने से चार्ज से फिर इंजन स्टार्ट कर भी पाऊँगा या नहीं। खाना-पीना लगभग बन्द था। रोटी को देखते ही फेंकने लगता था। एक जगह पढ़ा था : जो चीज खानी हो, यदि मरीज उसे पहले सूँघ ले तो वह उसे पचा सकता है। भज्जी, मुझे शर्मिन्दा न करना, मैं खाने को सूँघने लगा, लगता था कि मैं वस्त्र बदल चुका हूँ, और किसी के पप्पी की तरह हरकतें करने लगा था।

'आँख खोलने की कोशिश की तो आँख खुल गई। अभी मैं जिन्दा हूँ का एहसास होने लगा, सभी चीजों के रंग भी ठीक नजर आ रहे थे। खिड़की से आँगन में लगे चमेली के फूलों के रंग बिलकुल वैसे दिख रहे थे, जैसे येरीलेंड में मेरे कमरे की खिड़की से चेरी ब्लॉजम के फूल नजर आते थे। इस बार फूलों ने बड़ा इन्तजार कराया था। खिड़की खोलते ही मैं चेरी ब्लॉजम के पेड़ को देखता। जिस दिन फूल खिलने शुरू हुए थे, उसी दिन मेरे ब्लड-वर्क की पहली रिपोर्ट आई थी। सी.ए. उन्नीस-नौ पूरे डेढ़ लाख...घर में मातम-सा छा गया। कोई किसी से बात नहीं कर रहा था। अगर बात हो रही थी तो सिर्फ इशारों में। रविवार था। तैयार होकर सभी गुरुद्वारे पहुँचे। अरदास की अर्जियाँ पाठी जी के पास पहुँच चुकी थीं। दक्षा ने कुछ सेवादार को अरदास के डॉलर देते कहा—जल्दी जाओ, यह अरदास जरूरी है।

'मैं अपने आपको बहुत कमजोर महसूस कर रहा था। मत्था टेकने के लिए झुका तो आँसू निकल आए। 'कृपा करो बाबाजी। अब आप ही सँभालो,' मैं बुदबुदाया लेकिन मैं मानसिक तौर पर भी टूट चुका था। चुपचाप पीछे जाकर 'डिसएबल्ड्स' की सीटों पर जा बैठा। गुरुद्वारे में, दरबार साहिब के साथ बड़े पर्दे पर पंजाबी में पढ़ी जा रही बाबा की बानी का अंग्रेजी में रूपान्तर आ रहा था।

दुइ कर जोड़ि इकु विनत करीजे। करि किरपा डुबदा पत्थर लीजै॥
नानक कऊ प्रभ भय कृपाला। प्रभ नानक मनि भाणा जीऊ मोहला॥

'मन को सन्तोष मिला। जॉन्स हॉप्किन्स में कैंसर की इलाज पद्धतियों में अध्यात्म भी एक कुशल पद्धति मानी जाती है। हॉस्पिटल ने खुद आध्यात्मिक ग्रुप बना रखे हैं, जिनकी बैठकें शनि और रविवार को लगती हैं।

'भज्जी, तुमने तो कैंसर मरीज की तीमारदारी कर रखी है। कैंसर को ढूँढ़ लेना डॉक्टरों की उपलब्धि है। डेढ़ सौ से ज्यादा कैंसरों का किताबों में ही जिक्र है। जब तक बीमारी पहचानी जाती है तब तक मरीज रुखसत हो चुका होता है, लेकिन अब तो जितने मरीज, उतने ही कैंसर। कैंसर लाइलाज इसलिए माना जाता था, क्योंकि इस मर्ज और इसके उपचार की विधि सही तरह से कलमबन्द नहीं थी। जो कीमियोथैरेपी मुझे ओरल दी जा रही थी, सोचता हूँ तो शर्म सी लगती है, उस दवा का आविष्कार महिलाओं के स्तन कैंसर के लिए किया गया था, और अमेरिका की

फूड एंड ड्रग्स ऐडमिनिस्ट्रेशन से भी उस दवा को स्तन कैंसर के लिए स्वीकृति मिली थी। डॉक्टर मार्शल जॉन उस महिला स्तनों की दवा से मेरा जिगर ठीक करना चाहते थे। महिला स्तनों और मेरे जिगर में पता नहीं उन्हें क्या समानताएँ मिलीं कि सचमुच मेरे कैंसर मार्कर की पहाड़ जैसी रीडिंग नीचे गिरने लगी। उस स्तनों की दवा से मेरी इतनी निकटता हो गई कि जब मैं दवा लेने बाथरूम सिंक से पानी लेता तो सामने लगे शीशे में मैं अपनी स्तनयुक्त छवि पाता। शीशे में मेरे दोनों गाल निप्पल से लगने लगे। अस्पताल में नर्सें मुझे देखकर जब मुस्कातीं, तो मुझे लगता कि मेरे चेहरे पर उभरी 'ब्रेस्ट' देखकर मुस्करा रही हैं।

'डॉ. मार्शल जॉन खुश थे। मुझे देखते ही वह पूरी मुस्कान बिखेर देते, लेकिन मुझे हमेशा शक होता कि अपने चेहरे को जैसा मैं महसूस करता हूँ, कहीं मार्शल जॉन को भी तो वैसा नहीं दिखता।

'मुझे लगा कि शायद मैं ठीक हो रहा हूँ, पर सुन रखा था कैंसर तब तक नहीं जाता, जब तक मरीज नहीं जाता। हर डॉक्टर की बातों का एक ही लुब्बेलुबाब था, कि लाइल डक्ट्स से या लिम्फ नोड्स से कैंसर निकालना बिरले के ही बस की बात है। ऑपरेशन करने की गरज से उसके साथ मशक्कत करना, मानो पंडोरा बॉक्स खोलने की तरह है।

'जब मैंने डॉक्टर मार्शल जॉन से आगे की रणनीति जाननी चाही, तो उनका कहना था कि आगे जाकर वह कीमो बन्द कर देंगे और मुझे जेरोटा, स्तनों का कैंसर ठीक करने की दवा की मैराथन दौड़ पर छोड़ देंगे।

'भज्जी, डॉ. मार्शल के यहाँ भी सुन्दर बालाएँ थीं, लेकिन किसी को देखकर दोस्ती करने की इच्छा पैदा नहीं होती थी, मैं दया पात्र बनकर रह गया था, सिर्फ उनसे दया की उम्मीद करता था। मुझे देख-परख कर डॉक्टर कम्प्यूटर के बटन दबाने में जुट जाते। उस दिन वह झटके से उठे और एक पुस्तिका मुझे थमा दी। पुस्तक में कैंसर की लड़ाई से जूझते मरीजों और विजेताओं के अपने-अपने तजुर्बे अंकित थे काव्य, कविता और चित्रकला के माध्यम से, पर इन सबका लुब्बेलुबाब यह था कि कैंसर ने सबको आस्तिक बना दिया है। जितनी भी बाकी जीवन की 'लीज' मिली थी, वे सभी उसे प्रभु भक्ति में काटना चाहते थे। जैसे ही उन मरीजों की प्रभु पर उम्मीद बनी, प्रभु की हर रचना में उन्हें उम्मीद दिखने लगी। साइंस ने जैसे मनुष्य की आस्था प्रभु से हटाई थी, वैसे ही कैंसर ने फिर उसे प्रभु चरणों में खड़ा कर दिया था। पहली मुलाकात में ही डॉ. मार्शल जॉन ने मुझे समझा दिया था कि कैंसर के विरुद्ध तुम युद्ध भूमि में उतरे हो, विजय की उम्मीद से लड़ोगे तो जीत पाओगे। अगर पलंग या सोफे पर लुढ़क गए तो जीवन से भी लुढ़क जाओगे। जो भी तुम्हारा इष्ट है, उस पर भरोसा करके उसकी आराधना करो, अगर भरोसा है तो उम्मीद है।

'डॉ. मार्शल जॉन मानो कह रहे थे, हे अर्जुन, मुझमें मन लगा। जब तुम युद्ध भूमि में उतरोगे, तो तुम्हें सेनापति भी मिल जाएँगे, और हथियार, रथ भी मिल जाएँगे, और सारथी भी। इस युद्ध में अपने बूट के तसमे बाँधकर रखो, तुम्हारी बीमारी आधी हो जाएगी। सैर करो। सैर ही मरीज का कर्म है, सैर ही मरीज का धर्म है।

'सैर से लौटा तो थका था, लेट गया, लेटे-लेटे खिड़की के बाहर देखता रहा। भज्जी, अमरीकी जीवन फ्रेम-फ्रीज का जीवन है। जहाँ भी चाहो दृष्टि का फ्रेम बना लो। वहाँ घंटों फ्रीज ही रहता है, भले ही कोई चिड़िया उसे पार कर जाए, पर ऐसा कम ही होता है। वहाँ चिड़ियों का घोंसलों से निकलने का भी टाइम और नियम होता है।

'आगे सोचने को कुछ बचा नहीं था। मेरी गाड़ी वहीं रुक गई थी। आगे जाने वाली लाइन में गाड़ी के लिए जगह नहीं थी। औरों की भी रुकी होंगी, पर अमरीका में दूसरों के घरों में कोई ताक-झाँक नहीं करता।

'डॉ. मार्शल द्वारा दी गई पुस्तक मैंने तकिए के नीचे से निकाली, और पन्ने पलटने लगा। पुस्तक दर्द और विश्वास का संकलन थी, अब तक मैं पत्थर बना बैठा था, पर इस पुस्तक ने तो रुला दिया। पुस्तक 'होप' या आशाओं का संकलन थी, सिसकती हुई आशाओं का, और टूटी हुई आशाओं का। उसमें एक माँ द्वारा अपने पुत्र-शोक में लिखी एक कविता थी :

नीबू रस सूर्य
अस्त नहीं होना अभी
तुम्हारी किरणों की है जरूरत
राह रोशन करने के लिए
क्यों सूर्य
रुकना नहीं चाहिए था उसे
आठ साल की अल्प आयु
क्या कम नहीं है अस्त होने के लिए

नीबू रस सूर्य
आओ, मेरे साथ नृत्य करो
बसा है जो हमारे दिलों में
अपना वजूद लिये
अपने सपने समेटे
आजाद हो जा रहा है वहाँ
जहाँ वह कैंसर-मुक्त था

नीबू रस सूर्य
ओझल हो जाओगे जब तुम
समेट लूँगा मन में तुम्हें
सदा के लिए
श्रद्धा सहित उस बच्चे के वास्ते
कमजोर था जो लड़ने के लिए
तुम हमारी आँखों के तारे हो प्यारे ऐंड्रूज
गुड नाइट।

'मुसीबत का दूसरा पहलू है हास्य! 'ह्यूमर इन यूनिफॉर्म।' जब मौत सिर पर मँडराती है, तो हास्य के सिवा कोई सच्चा सहारा नहीं दिखता। 'डर लगे तो गाना गा।' कैंसर जब हद से बढ़ जाता है तो मनुष्य की हास्य चेतना को जगा देता है।

'बात न्यूयार्क की एक कैंसर पीड़ित महिला की है, जिसे ब्रेस्ट कैंसर है। एक बार तो वह कैंसर युद्ध में विजयी घोषित हो गई, परन्तु कुछ सालों में उसका कैंसर फिर लौट आया। ऑपरेशन करके उसका बायाँ स्तन हटाना पड़ा। उस द्वारा बनाई पेंटिंग में एक महिला का चित्रण है, जिसमें उसके दो स्तनों की बजाय एक स्तन का चित्रण किया गया, दाएँ स्तन की जगह सपाट थी। अपनी पेंटिंग के साथ उसका लेख भी था :

मैं अक्सर सुनती थी, जब महिलाएँ अपने स्तनों का जिक्र करती हैं, तो उन्हें 'माई गर्ल्स' नाम देकर सम्बोधित करती हैं और जब उन स्तनों का जोड़ा खुशी के मारे उछल-उछल कर एक-दूसरे से टकराता है, तो उसे 'लव-टाक' कहती हैं। इन उपनामों का खयाल आते ही मुझे हँसी आती थी, और उस हँसी को मैं दूसरों के साथ भी बाँटती थी। मेरी ब्रेस्ट सर्जरी के बाद जब पट्टियाँ खुलीं, तो जहाँ मेरा दायाँ स्तन था वहाँ मैदान साफ पाया, और जहाँ मेरा बायाँ स्तन हिलोरें लेता था वहाँ उस दिन उदासी छाई थी। मेरे मुँह से निकल पड़ा, 'मैं तुम्हें बहुत मिस करूँगी, मेरे दाएँ स्तन।' 'मैं भी तुम्हारे बगैर कैसे रह पाऊँगा' झट से उसके बाएँ स्तन के मुँह से टपक पड़ा।

'भज्जी, कीमो के ग्यारह सैट, यानी कि बाईस थ्रेपीस। एक नर्स को मुझसे प्यार हो गया था। पिक लाइन साफ करके वह हमेशा यही कहती थी, 'आई हैव टू साइन माई मास्टरपीस।' और कहकर वह ड्रेसिंग पर साइन और तारीख लिख देती। भज्जी, मरीज या तो ऊपर चला जाएगा, या गेट से बाहर वह जानती थी।

'भज्जी, बेशक मैं मौत से नहीं डर रहा था, परन्तु मन स्थिर जरूर था। मैंने बच्चों से भी कह दिया था कि मन में ऐसी कोई फैंटेसी न उत्पन्न करें, जिसके पात्र तुम्हें रुला दें। रोना बड़ा रोमांचक होता है, इसे छोड़ने का मन ही नहीं करता, व्यक्ति सारी जिन्दगी उसे अपने साथ चिपकाए रखता है, और वही उसकी पहचान बन जाता है। जबकि मैं खुद ऐसी कई कहानियाँ सीने से चिपकाए घूम रहा था।

'दो शुक्रवार के बाद कीमोथैरैपी की एक शुक्रवार की छुट्टी होती थी। दवा सख्त थी। हर एक को रास नहीं आती थी। डॉक्टरों का कहना था कि यह एशियन होने के नाते शायद यह बरदाश्त कर रहा है। दवा के साइड इफेक्ट बड़े भयावह थे, पर मैं डॉक्टर से यही कहता था कि काबिले-बरदाश्त है। कँपकँपी की एक लहर उठती, उसी के साथ शरीर का ताप बढ़ जाता। डॉ. कविता की सख्त हिदायत थी कि जब भी पारा एक सौ ढाई से ऊपर चढ़े, ऐम्बुलेंस को फोन कर देना। एक दिन तो ऐम्बुलेंस के शोर ने मुझे जगा ही दिया। उसकी जलती-बुझती लाइट से पूरी कम्यूनिटी जगमगा उठी थी। भज्जी, मैंने हनुमान चालीसा पढ़ना शुरू कर दिया। उन दिनों वही एक सहारा था। काफी इन्तजार के बाद पता चला कि पड़ोसी को उठाकर ले गए हैं। ये उठाकर ले जाने की कहानियाँ पाकिस्तान से मेरे साथ जुड़ी थीं।

'भज्जी, तीन कीमो के बाद बिस्तर में लेटे-लेटे मैंने अपनी राम कथा लिखनी शुरू कर दी थी, समय जो कम था। समय के साथ मेरी कलम मैराथन दौड़ में थी' : मैं पित्र-सुख से वंचित बालक था। सुबह के चूल्हे-चौके से निवृत्त होकर मेरी माँ खुले आँगन में बैठकर चर्खा कातती थी। चर्खे की धुन के साथ वह पति विरह में शोक गीत गाती थी। गीत के बीच वह मलमल के सफेद दुपट्टे से अपनी आँखें पोंछ लेती थी। मैं, उसकी गोद में बैठा, उसकी आँख से टपकते आँसू कभी-कभी पोंछ देता। मेरी इस हरकत से वह इतनी खुश होती कि गोदी में ही वह मुझे कस लेती और मेरा मुँह चूम लेती। सफेद नील लगे कपड़ों में मेरी माँ बहुत सुन्दर लगती थी। तीस वर्ष की उम्र में पाँच बच्चों का भार वह अकेली बखूबी निभा लेती थी। माँ की छवि मेरे मस्तिष्क पटल पर उभरने से मेरी आँखें भर आईं, जिन्हें देख पत्नी ने समझा कि अन्तिम प्रक्रिया की पीड़ा शुरू हो गई है। मेरे घर में सभी उस पीड़ा का इन्तजार कर रहे थे, वहाँ मेरा ध्यान अपने स्कूल की तरफ चला गया, जहाँ मैंने प्रथम कक्षा में दाखिला लिया था। स्कूल की बगल में मीठे पानी का कुआँ था, जहाँ से हम पानी पीते थे। सुना जाता था कि उसी कुएँ का पानी कभी राजा रंजीत सिंह के लिए भी ले जाया जाता था, जब वह पंजाब से डेरा गाजी खाँ तक राज करते थे। लाहौर उनकी राजधानी थी, और वह मेरे स्कूल से पैंसठ मील की दूरी पर थी।

मुझे याद आ रहा है वह समय, जब मेरे बड़े भइया ओंकारा, मुझे उस स्कूल में दाखिल करा के घर लौट गए। मौलवी जी ने मुझे बच्चों की कतार में बिठा दिया और बच्चों को पीटने लगे। मुझे कतार में मेरे पीछे बैठे बच्चे से दोस्ती करने में देर नहीं लगी। लेकिन मैं उससे वहीं बैठा बातचीत करने लगा तो स्कूल में पहला दिन होने के कारण मौलवी जी ने मुझे पीटा तो नहीं, पर बाहर धूप में बिठा दिया। वह मेरे जीवन की पहली सजा थी, और उसे भुगतने के बाद मुझे स्कूल से डर लगने लगा।

गुब्बारे के लैटेक्स की खुशबू मेरे मन को झँझोड़ देती थी। पतंगों के रंग बड़े सुहाते थे। मैं जिद करके एक पैसे वाली पतंग ले आता था, और धागे डालते-डालते

उसे फाड़ देता था। बड़े लड़कों की पतंगें बड़ी होती थीं, एक आने वाली—उनके गिर्द धागा चिपका होता था, ताकि वे फटें नहीं। उस दिन तेज हवा थी, मेरी एक पैसे वाली पतंग भी उड़ पड़ी। मैं खुश था कि मैं अपनी पतंग खुद उड़ा रहा हूँ। पर वह खुशी ज्यादा देर नहीं टिकी, मेरी पतंग सड़क पार एक छत पर जाकर अटक गई। यह छत मेरे चाचा के घर की थी। मैं उसे लेने उस घर में पहुँचा। सीढ़ी के पास बैठी सब्जी काटते चाची ने मेरे वहाँ आने का कारण पूछा। 'पतंग छत पर अटक गई है,' मैंने मिमियाती आवाज में कहा। 'तो जाकर ले लो,' उन्होंने मुझे छत पर जाने की इजाजत दे दी। पतंग मेरी पहुँच से ऊँची अटकी थी। उसे खींचकर उतारने की कोशिश में वह फट गई। मैं मायूस हो गया। मैंने बरसाती कमरे का दरवाजा खोला। दरवाजा खुलते ही मेरी बाछें खिल गईं। वहाँ एक आने वाली कई पतंगें पड़ी थीं, और उनके साथ पड़े थे, माँझे के कई उलझे गुच्छे। मैंने एक गुच्छे की उलझन को छुड़ाकर लम्बी डोर बना ली, और उसके साथ पतंग को बाँध दिया। चाचा का घर टूटकर दुबारा बना था, इसलिए वहाँ लकड़ियों के कई टुकड़े पड़े थे। डोर के एक सिरे से मैंने एक लकड़ी का टुकड़ा बाँध दिया, और बाजू के पूरे जोर से उसे सड़क के पार अपनी छत पर फेंक दिया। सड़क सँकरी थी, इसलिए पहले ही प्रयास से डोर सहित वह लकड़ी हमारी छत पर जा गिरी।

'पतंग फट गई, कहकर हाथ मलता मैं सीढ़ी से नीचे उतर आया। फिर भागता हुआ मैं अपनी छत पर पहुँचा और पतंग को खींच लिया। डोर से बाँधी और पतंग को मैंने हवा में उछाल दिया, तो पतंग उड़ निकली, मैं ढील देता गया। पतंग मेरे कद, वजन और आकार के अनुपात में बड़ी थी, इसलिए अपने खिंचाव से मुझे डराती रही थी, पर सुध होने की वजह से सँभाली जा रही थी। बाद की जिन्दगी में उतनी सधी हुई पतंग मैंने कभी नहीं उड़ाई। तब मैं साढ़े छह साल का था।

सुबह-सुबह उठते ही उस पतंग को हवा के हवाले कर देता, या यूँ समझिए कि उस पतंग के मोह के कारण से जल्दी उठ जाता और चर्खी पर जितनी भी डोर होती बढ़ा देता। स्कूल जाने का समय जब आता, तो छत पर आकर माँ बादलों से पतंग को उतारकर डोर सँभाल देती। उन दिनों स्कूल जाने को मन नहीं करता था। मौलवी साहब बच्चों को पीटने के शौकीन थे। स्कूल न जाओ तो दो लड़कों को घर भेज देते थे, जो घसीटकर बच्चों को पिटने के लिए मास्टर जी के आगे डाल देते थे।

'स्कूल नहीं जाना? शशि, स्कूल नहीं जाना? आवाज मैं सुन रहा था। उस दिन सुबह उठते ही मैंने पतंग हवा में उड़ा दी थी, और पतंग में इतनी लगन लगी हुई थी कि मैं जो सुन रहा था, उसे समझ नहीं पा रहा था। हवा तेज होने के कारण पतंग काफी भारी हो रही थी, इसलिए मैं उसे उतारने में असमर्थ था। माँ छत पर आई, और उसने माँझे और पतंग को समेटा लेकिन तब तक स्कूल जाने को काफी देर हो चुकी थी।

'मौलवी दूत घर पर आए और मुझे स्कूल चलने को कहा।'

'स्कूल मैं नहीं जाऊँगा, मौलवी जी सजा देंगे,' मैं चिल्लाया।

'आज सजा नहीं देंगे, कह देना कि गाय ने दूध नहीं दिया। चाची के घर से दूध लेने जाना पड़ा, इसलिए देर हो गई,' मौलवी दूत ने मुझे प्यार से समझाया।

मैं स्कूल जाने को राजी हो गया।

स्कूल पहुँचते ही मौलवी जी ने पहले से बनी बच्चों की लाइन में डंडे के इशारे से खड़ा होने को कहा, तो लड़के आते गए और उसी लाइन में लगते गए। जब लाइन पूरी हो गई तो मौलवी जी ने डंडा घुमाया और घुमाते-घुमाते कहा, 'जिनकी गाय ने दूध नहीं दिया, वे इधर लाइन बना लें, और जिनका दही नहीं जमा, वे उधर लाइन बना लें।' और फिर दोनों लाइनों के बच्चों को एक के बाद एक इस कदर पीटा, जैसे उन्होंने कभी अपने बच्चों को भी न पीटा होगा।

मेरी याददाश्त मित्रों से पूर्व नहीं जा पा रही। चार साल की उम्र रही होगी जब हमने छिप्पन-छिपाई खेलना आरम्भ किया। पकड़न-पकड़ाई भी खेल लेते थे। बाद में तो दो टापू भी खेलने लगे। हम इकट्ठे बड़े हो रहे थे। समय साथ देता तो फिल्मी अन्दाज में जवान भी हो सकते थे। पर ऐसा नहीं हुआ। देश का विभाजन हो गया। घर खाली करके जाना होगा, गली-गली मुनादी होने लगी। एक दिन मैंने देखा कि छोटी-सी गठरी पकड़े मेरे एक दोस्त को सबसे पहले ताँगे पर बिठाया गया, और बाद में उसकी माँ और बापू, अपनी-अपनी गठरी सँभाले बैठे। ताँगे में बैठने से पहले उसकी माँ, मेरी माँ से गले मिलने आई। 'जहाँ दाना वहीं जाना' मेरी माँ ने उसे ढाढ़स देते कहा, और दुपट्टे से अपनी आँखें पोंछती वह ताँगे में बैठ गई। ताँगा चल पड़ा, लेकिन उधर से 'बचपन की मोहब्बत को, दिल से न जुदा करना' के न तो बोल आए, और न ही उसकी धुन बजी।

उस जून मैं उम्र के सात साल पूरे कर चुका था, पर देश क्या है, विभाजन क्या है, नहीं जानता था। स्वतंत्रता क्या है, और विभाजन हो जाने के बाद क्या होता है, यह भी नहीं जानता था। मुल्क के बारे में हमें स्कूल में नज्में पढ़ाई और गवाई जाती थीं, पर उनमें कहीं नहीं था कि देश से बिछड़ जाना भी कोई चीज है। सामान्य ज्ञान सीमित था, न टी. वी. थे, न रेडियो, शादी में ग्रामोफोन बजाए जाते थे। जब ग्रामोफोन की सुई घिस जाती थी, फेंक दी जाती थी। हम उसे उठा लेते थे, यही मानकर कि गाने इसी में हैं। ज्यादातर कस्बों में बिजली अभी नहीं आई थी। सोलह बल्ब का फार्म भरा था, कहते लोग इतराते थे। तब 'ट्विंकल, ट्विंकल लिटल स्टार' नहीं होता था, बल्कि 'सुबह हुआ जब नूर का तड़का, सोकर उठा अच्छा लड़का,' होता था। यही स्कूल में रटा जाता था, और बाद में घर आए मेहमानों को सुनाया जाता था।

लोहड़ी पर गाए जाने वाले लोकगीत 'सुन्दर मुन्द्रिए तेरा कौन बेचारा, दुल्ला भट्टी वाला' की शुरुआत हमारे कस्बे से ही हुई थी। दुल्ला भट्टी पंजाब का मशहूर

विद्रोही, जिस पर फिल्में भी बनी हैं, मेरे ही कस्बे की देन था। या यूँ कहिए कि मेरा कस्बा ही दुल्ला भट्टी की देन था। अमीरों को लूटकर गरीबों में बाँट देनेवाला, वह उस समय का 'रॉबिन हुड' था। उसी को नायक जान, हमारे कस्बे का नाम पिंडी भट्टियाँ या भट्टी डाकुओं की पिंडी पड़ गया। उसका घर मेरी गली के टी-शेप में था। पिंडी भट्टियाँ में खासी आबादी थी। घी मंडी, गेहूँ मंडी और सब्जी मंडी, वहाँ तीन मंडियाँ थीं। घोड़ों की काठियाँ बनाना, लकड़ी पर रंगीन खराद-रँगाई का काम, यहाँ के लघु उद्योगों की पहचान था। सरकारी हस्पताल था, मरीज जो लाहौर की चकाचौंध से घबराते थे, वहीं आ जाते थे। प्राइमरी और हाई स्कूल भी था। बोर्डिंग होने की वजह से यह बाहर के विद्यार्थियों को भी आकर्षित करता था।

चमकीले खिलौने नहीं होते थे, कुम्हारिन मिट्टी के खिलौने टोकरी में रखकर लाती थी, डमरू, घोड़े, बग्घी मुख्य खिलौने थे। बग्घी को धागा बाँधकर हम गाड़ी-गाड़ी खेलते थे। आटे की कटोरी के एवज में खिलौना मिल जाता था। यदि कुम्हारन कुछ हील-हुज्जत करे तो उस आटे के ऊपर एक टुकड़ा गुड़ का रख दिया जाता था। अगर उसके कटोरे में छाछ भी डाल दी जाती तो 'शाहनिए, रब तेनू बरकत पाए, तेरी गोद भरी रखे,' इत्यादि आशीषें देती चली जाती थी। इन शब्दों में उस समय का थैंक्यू भी छिपा होता था।

बरात के लिए लोग नए कपड़े सिलवाते थे। बरात तीन से पाँच दिन की होती थी। मिल की मोहर लगे कपड़ों में सजे बरातियों की खूब आवभगत होती थी।

पंजाब का तीर्थ स्थान अमृतसर था, लेकिन मुंडन, अस्थि प्रवाह इत्यादि के लिए लोग हरिद्वार जाते थे। तीर्थयात्रियों को लोग बस अड्डे तक छोड़ने जाते थे, और फूलमालाएँ पहनाकर उनकी विदाई करते थे। मर्द गले में बाँहें डालकर मिलते थे, जबकि महिलाएँ गले लगकर दो-चार आँसू भी बहा लेती थीं, इस वजह से कि शायद फिर मिलना हो या नहीं।

शाम पाँच बजे थाने से कैदियों को बाहर खुले में पेट के बल लिटा दिया जाता था, और धोती हटाकर उनके नंगे चूतड़ों पर चमड़े से बने बड़े-बड़े पलावों के आकार के छित्तर मारे जाते थे। हम बच्चों के लिए वे बड़े मनोरंजन के दृश्य थे। छित्तर पड़ते जब चोर की हाय निकलती थी, तो उसी के साथ हम बच्चों की हँसी भी निकल जाती थी, और 'और करो चोरी' कहते हम खिलखिलाते थे।

घर की बागडोर घर के मुखिया लालाजी के हाथ में होती थी। उनसे प्रश्न करने का अधिकार किसी को नहीं होता था। हाँ, घर का बड़ा लड़का उनसे कुछ गुजारिश जरूर कर लेता था। लालाजी की बात मानना केवल सामाजिक जिम्मेदारी ही नहीं थी, बल्कि धार्मिक कर्म भी था, जो रघुकुल से चला आ रहा था।

औरतें घरों में पुरुषों से अलग सोती थीं, लेकिन सुविधानुसार पुरुष छत पर आँगन में, भीतर कोठरी में अलग सो जाते थे। रात के कामों से निपटकर उनकी

पत्नियाँ उनके पाँव दबाने या दूध देने उनके पास चली जाती थीं। कुछ तो जल्दी ही अपने बिस्तर पर लौट आती थीं, कुछ एक को थोड़ी देर लग जाती थी। इतनी पाबन्दियों के बावजूद भी सात-आठ बच्चों का हो जाना आम बात थी।

सभी तीज-त्योहार धूमधाम से मनाए जाते थे। रामलीला की झाँकियाँ निकलती थीं, और रामलीला का मंचन भी होता था। घरों मैं भगवत गीता, या रामायण रखना धार्मिक परम्परा थी। कुछ परिवारों में बड़े लड़के को सिख बनाया जाता था, ताकि वह धर्म की रक्षा करे। औरतें धर्मशाला जाती थीं, जहाँ उन्हें रामायण, भगवत्गीता, जपजी, और सुखमणि साहब का ज्ञान मिलता था।

पिंडी मुस्लिम बहुसंख्यक क्षेत्र था, इसलिए ईद और मोहर्रम दिलोजान से मनाए जाते थे। रंगारंग ताजिए निकलते थे। सड़कें सँकरी होने की वजह से वे अक्सर ऊपरी मंजिलों की खिड़कियों से टकरा जाते थे। हमें खिड़की खोलने की इजाजत नहीं थी, क्योंकि कोई भी बेअदबी का शक दंगे-फसाद करा सकता था। हम ताजियों को खिड़की के शीशों में से देखते थे।

कमोबेश वहाँ की अर्थव्यवस्था हिन्दुओं के हाथ थी। सूद का लेन-देन वहाँ आपसी सद्भाव को बनाए हुए था। सड़कों पर सुबह झाड़ू लगता था। माशकी शाम को पानी का छिड़काव करता था।

एक जुलूस द्वारा 'पाकिस्तान बन गया है, घर छोड़ना होगा, कस्बा खाली करना होगा,' की घोषणा अक्सर होती रहती थी। आजादी मिल गई थी लेकिन उसी आजादी की वजह से उन दिनों घर में उदासी रहने लगी थी। कहाँ जाएँ बातचीत का विषय रहता था। लाहौर पर जो मामला अटका हुआ था, उसका फैसला नेताओं ने रजामन्दी से कर लिया। फैसला पाकिस्तान के हक में था। लाहौर ग्रेटर पंजाब की सांस्कृतिक राजधानी, एक बड़ा व्यावसायिक केन्द्र था। वहाँ कई सरकारी दफ्तर तथा शिक्षा संस्थान भी थे। लाहौर का हाथ लग जाना, सचमुच एक बड़ी उपलब्धि थी। इस लम्बे समय से लटके मामले ने लाहौर का शामली इलाका खाक के सुपुर्द कर दिया था। लाहौर का काफी इलाका इस फैसले से पहले ही खाली हो चुका था, कई परिवार अपनी औरतों, बच्चों को पहले ही अमृतसर छोड़कर खुद वापस चले आए थे। लाहौर के हाथ से चले जाने के बाद सबने सरहद पार करने की तैयारी कर ली।

पिंडी में इस जुलूस ने दहशत को और हवा दी। रात को कस्बे के मगर्बी इलाके में धुआँ निकलते देखा गया, जो जल्दी ही लपटों में तबदील हो गया। गलियों से हिन्दू-मुसलमान, दोनों बाल्टियाँ और मटके लेकर उधर भागे, और क्योंकि वह मुसलमानों तथा हिन्दुओं की मिली-जुली आबादी थी, इसलिए लगभग आधी रात तक आग पर काबू पा लिया गया।

अगली रात छतों पर दौड़ लगती रही। एक तरफ से भागते पाँव आते, और दूसरी ओर चले जाते। थोड़ी देर बाद वे फिर छतें पार करते आते, और छतें पार करते

वापस चले जाते। एक बार तो औरतों की चीखों की आवाज भी आई। लड़कियाँ माँ से चिपक गईं। मैं कभी छत को देखता, कभी टिमटिमाती लालटेन को। माँ ने लालटेन बुझा दी। ओंकार दरवाजों के छेदों से बाहर झाँकने की कोशिश में लग गया, तभी माँ ने उसे दबी आवाज में झिड़क दिया। 'जोर से मूत आया है तो वहाँ उस कोने में कर ले, मैं सुबह साफ कर दूँगी,' माँ ने गुस्से से कहा।

लेकिन उसे पेशाब कहाँ लगी थी। उसका तो खून उबल रहा था, जवान जो था। वह उस भाग-दौड़ का हिस्सा बनना चाहता था। 'कोई ऐसा काम न करना कि बाद में पछताना पड़े। तेनूं कुछ हो गया, तो सब कुछ लुट जाएगा, मैं अकेली इस टब्बर को कैसे सँभालूँगी,' वह दबी आवाज में गिड़गिड़ाती रही, और थोड़ी-थोड़ी देर बाद पास पड़े कपड़े से नाक पोंछती रही। लड़कियाँ डरी हुई थीं। अँधेरे में उनकी डरी आँखों की सफेदी धुँधली-धुँधली नजर आती थी। वे जहाँ भी नजर टिका लेतीं, देर तक उनकी नजर वहीं टिकी रहती। राम-राम जपते रात कटी। सूर्य की रोशनी दरवाजों के छेदों से दिखने लगी। थोड़ी सी खिड़की खोल ओंकार ने नीचे सड़क को देखा। रोज की अपेक्षा सड़क पर उस दिन आदमियों और मवेशियों की आवाजाही कम थी, पर माशकी सुबह ही आकर सड़क पर छिड़काव करने लगा।

सूर्य पूरा निकलने तक सभी लोग बाहर छत पर आ गए। हमारे घर की पीठ से जुड़े घर से गिनो तो चौथे घर में काफी लोगों की भीड़ थी। मकान की छत पर कोई चढ़ रहा था, कोई उतर रहा था। थोड़ी देर बाद तीन-चार आदमी कन्धों पर उठाकर छत से एक लाश उतारते दिखे। थोड़ी देर बाद उन्हीं आदमियों ने उस कच्ची सीढ़ी से एक और लाश नीचे उतारी। माँ मुँह-नाक पर दुपट्टा रखकर काफी देर तक ठहरी नजर से उधर ही देखती रही, पता नहीं उसके दिमाग में क्या चल रहा था।

'किसका घर है?' माँ ने ओंकारे से पूछा। 'है किसी बदनसीब का,' ओंकारे ने मुख्तसर सा जवाब दिया। राम...राम...करती माँ ने पास पड़ी चटाई को अपनी ओर खींचा और बिछाकर बैठ गई। फिर पास पड़े चरखे को उसने खींचा और उसके तकले की नोक पर पूनी रखकर चरखे का हत्था घुमाने लगी। जैसे ही तार निकलने लगा, वह लालाजी को सम्बोधित करते विरह गीत गाने लगी। पहले माँ दोपहर के भोजन के बाद चरखा कातती थी, उस दिन नाश्ते से पहले ही वह शुरू हो गई, जबकि उसे मालूम था कि वह कता हुआ सूत अब उनके किसी काम का नहीं था। शायद चरखे के साथ उसकी सुरक्षा बँध गई थी।

'अब किसके लिए सूत कात रही हो?' माँ से ओंकारा ने थोड़ी कड़क आवाज में पूछा।

'सूत नहीं पुत्तर, उम्मीद कात रही हूँ। उन्हें याद करके मेरा मन हलका हो जाता है। कई बार वह राह दिखा जाते हैं। रब को याद करूँ या उनको, कोई फर्क नहीं लगता,' कहते माँ ने आँखें पोंछ लीं।

सूरज सिर पर आ गया, पर उस दिन बख्खी नहीं आई।

अचानक दरवाजा खड़का, माँ काँप गई। मैंने खिड़की से झाँका, तो बख्खी ही थी। नीचे जाने लगा, तो घसीटकर माँ ने मुझे परे कर दिया, और उसे ऊपर ले आई। छत की सीढ़ी चढ़ने लगी तो वह थोड़ी देर रुकी, और कहने लगी, 'रात को तो कहर ढह गया, कुछ सुना है शाहनी, लाम्भयों के चारों पुत्तर कत्ल हो गए, और उनकी कुड़ी को भी लोग उठाकर ले गए। आगे-पीछे तो सुनते थे, पर पिंडी में ऐसा कभी नहीं हुआ था। टुर जाओ शाहणिए, अब तुम्हारे इत्थे रहने का कोई हाल नहीं,' कहते वह ऊपर छत पर मैला उठाने चली गई। 'संस्कार के लिए लोग इकट्ठे हो रहे हैं, संस्कार वेहड़े में ही करेंगे, जरा शक्ल दिखा आना, मुसीबतजदा को तसल्ली मिलती है,' कहकर वह तेजी से नीचे उतर गई।

'मैं चला जाता हूँ,' ओंकारे ने कहा।

'कहीं नहीं जाना, घर बैठ,' बड़ी बहन चीखी।

'नहीं, आसमान गिर पड़ा है, बेचारों पर। नीचे तबेले में सूखी लकड़ियाँ पड़ी हैं, साइकिल के पीछे रख ले जा। ज्यादा रुकना नहीं, कोई बहाना बनाकर नीचे उतर आना,' माँ ने कहा।

देर शाम शौकत अली घर पर आया। शौकत का हमारे परिवार से पुराना सम्बन्ध था। पहले हमारे यहाँ चाकरी करता था, बाद में यहाँ-वहाँ से कर्ज लेकर ट्रक ले लिया।

'शाहणी बहन, सब ठीक है न?'

'ठीक कहाँ है शौक्तया, जान की धुक-धुक लगी है, छोटे-छोटे तेरे भतीजे-भतीजियाँ...' रात जगने के कारण माँ ने भीगी हुई लाल आँखों से उसे देखते हुए कहा।

'ठीक कहती है, भैन। आज भाईजान की कमी खटक रही है। जीदार थे, मुसीबत से घबराते नहीं थे, ठीक फैसले लेते थे।'

'हाँ शौक्तया,' कहकर माँ ने जमीन पर नजर गाड़ ली।

'भैन, मैं दुविधा में हूँ, अल्लाह के वास्ते कोई जाने का इंतजाम कर लो। मैं इस कौल को ज्यादा देर नहीं निभा पाऊँगा, मेरे ऊपर भी कई दबाव हैं। अल्लाह करे कोई अनहोनी न हो जाए।'

'कोशिश कर रहे हैं, शौक्तया। घड़ी-घड़ी तुहाड़े और ऊपर वाले के भरोसे कट रही है।'

'मुंडे को कहो, संगियों के साथ ज्यादा उठना-बैठना छोड़ दे, सबकी नजरों में आने लगा है। उतना वजूद नहीं, जितनी बैठकें मारने लगा है। है तो मेरा भतीजा, मेरे पर ही जाएगा। मरहूम भाईजान मुझे सगों से भी ज्यादा मान बख्शते थे। अब चलता हूँ, पर मेरी बात याद रखना।'

शौकत चला गया। माँ दरवाजा बन्द करके आई तो फूट-फूट कर रोने लगी और उसने हम चारों को छाती से जकड़ लिया।

हमें छोड़ उसने मशीन रख ली, और एक पुरानी चद्दर फाड़कर कई जेब काट–काट कर सीने लगी। थोड़ी–थोड़ी देर बाद वह अपनी कमर नापती, और फिर पट्टियाँ सीने लगती। बाद में उसने उस कपड़े से दो कच्छे काटकर सिए, और उन पर भी जेबें लगा दीं। रात को उसने कुछ पराँठे बनाए और हमें आम के अचार के साथ दे दिए।

अभी ओंकारा लौटा नहीं था, मेरी बगल में लेटी माँ, सारी रात करवटें बदलती रही। देर रात में माँ की गुस्से भरी आवाज सुनाई दी। वह उस पर बिना बताए निकल जाने से खफा थी। जब शान्त हुई तो ओंकारे से पूछा, 'क्या फैसला हुआ?'

'औरतों और बच्चों को किसी तरह निकाल दो,' यही सबकी राय थी, कहकर ओंकारा खर्राटे मारने लगा, जैसे उसे कुछ चिन्ता ही नहीं।

10

लैम्प की सिगरेट

सुबह–सुबह माँ ने ओंकारा को गिरधारी सुनार के घर भेजा, यह कहकर कि पिघलाई का सामान ले आए, काम ज्यादा है। घर में बताकर आए कि शाम हो सकती है। गिरधारी आया तो उसने तबेले वाली दीवार के साथ कच्चे कोयले की भट्टी बनाई। एक–एक कर पाँच चाँदी के कट्टे गोदाम से घसीटता ओंकार वहाँ तक ले गया, और चाँदी पिघलाने का काम शुरू कर दिया। गिरधारी ने माँ से कुछ कटोरियाँ मँगवाईं। आग पर जेवरों को पिघलाकर वह उन कटोरियों में डाल देता था, और ठंडी हो जाने पर ठोंक–ठोंक कर निकाल लेता था। गिरधारी की सिगरेट खत्म हो गईं। उसने माँ से एक डिब्बी सिगरेट मँगवाने के लिए कहा। क्योंकि कोई बहाना बना ओंकारा घर से निकल गया था, इसलिए माँ ने मुझे दुअन्नी देकर सिगरेट लाने को कहा। गली के नुक्कड़ पर ही थी मद्दी की पान–सिगरेट की दुकान इसलिए माँ ने मुझे भेजते कुछ ज्यादा नहीं सोचा था। 'लैम्प सिगरेटों की एक डिब्बी,' मैंने मद्दी की तरफ दुअन्नी बढ़ाते कहा। मद्दी दुकान के भीतरी सिरे पर कंचे वाली सोडे की बोतलें भर रहा था, जल्दी से वह बाहर आया, मेरे हाथ से दुअन्नी पकड़ते बोला, 'ओए, आपके घर सिगरेट कौन पीता है?'

'घर में मेहमान आ गए हैं,' मैंने उत्तर दिया।

'मेहमान, झूठा, यह क्यों नहीं कहता कि घर पर सुनार लगा रखे हैं।'

नीची नजर करके मैंने डिब्बी पकड़ी और अपने घर के दरवाजे की तरफ भागा। मुझे उससे कुछ पैसा वापस लेना था, जो मैंने शाम को जाकर लिया।

उस रात मकान को ताला लगाकर हम अपने सब्जी मंडी वाले मकान में चले गए, जो अर्से से खाली पड़ा था। उसी रात वहाँ चाचे का लड़का आया, और अपने खाली पड़े नए मकान की चाबी दे गया। वह मेरे दादा का भतीजा था। उस रात न तो हमने बिस्तर लगाया न सोए। माँ कुछ पंजीरी बनाकर लाई थी, वही कटोरियों में परोसी गई।

अभी अँधेरा था, माँ ने हमें जगाते हुए कहा, 'चलो...चलो, यहाँ से निकलना है।' सब बहनों ने अपनी-अपनी मैली चद्दर लपेट ली, उसी तरह माँ ने मुझे भी मैली चद्दर के टुकड़े से लपेट दिया और हमें चाचा के मकान की तरफ लेकर चल दी। किसी को आता देख, एक-दो बार सड़क से निकलती गली में भीतर जाना पड़ा, लेकिन इसके अलावा कोई दिक्कत नहीं आई।

यह मकान नया था, इसलिए काफी आरामदायक था। फर्श मारबल चिप्स के थे, खिड़कियाँ शीशम की थीं, तथा अर्ल और कब्जे पीतल के। यह सामान हमारी दुकान से नहीं, बल्कि चाचा खुद लाहौर जाकर लाया था। हमारे यहाँ तो गेल्वेनाइज़्ड लोहे का या रँगा हुआ सामान बिकता था। पिंडी भट्टियाँ में तब पीतल के डिजाइनदार हैंडल और फूलनुमा सजावट खरीदने की किसी की औकात नहीं थी। यहाँ सिंगर की पैरों वाली नई मशीन भी थी। अलमारी में नाजुक पिर्च प्याले सजे थे, तथा एक फूलदान में बिलोरी कंचे भी थे, जिनमें अनेक रंग दिखते थे। सब भाइयों से कम उम्र के होने के कारण चाचा के बेटे काफी शौकीन थे। दीवार पर उनकी सफेद निक्कर और टी शर्ट पहने तसवीरें भी टँगी थीं, उनके हाथ में छिक्का था।

तीन दिन यहाँ ऐसे कटे, जैसे कुछ हुआ ही नहीं। लेकिन अगली सुबह जब मैं शौच के लिए छत पर गया, तो वहाँ पतंगें देखते रुक गया। दूर क्षितिज पर मुझे सफेद-सफेद कपड़े हिलते नहीं नजर आए, वे अपनी तरफ बढ़ रहे थे। भागा-भागा मैं नीचे गया और माँ को बताया। माँ ने झिंझोड़कर ओंकारे को जगाया और उसे छत पर जाकर तफतीश करने को कहा। उसने खिड़की खोली और सड़क पर आते-जाते हिन्दुओं को खबरदार होने को कहा। थोड़ी ही देर में हमारा दरवाजा खटका और आवाज आई : तेल गर्म कर लो, छत की मुँडेर तोड़कर ईंट-पत्थर इकट्ठे कर लो। किसी को टिकने नहीं देना।

चाचा की घी-तेल की आढ़त की दुकान थी, तेल के पीपे घर में पड़े थे। माँ ने अँगीठी सुलगाई और एक पीपे से तेल निकालकर कड़ाही में डाल दिया। चाचे के पिछले सहन में अभी ईंटों के टुकड़े बचे पड़े थे, उन्हें हम सब मिलकर छत पर ले गए।

'नारा-ए-तकबीर'...'अल्लाह हो अकबर' की आवाजों के साथ कई जूतों के भागने की आवाज आई, उन्हीं आवाजों में तेरी माँ...तेरी बहन की अश्लील गालियों की आवाजें भी थीं। माँ ने थोड़ी खिड़की खोली, तो खून से लथपथ एक लड़का भागता नजर आया। 'वह कहाँ गया? ओंकारे, तेरे जिम्मे तो सारा टब्बर है,' कहकर

रोती माँ वहीं बैठ गई। आज वह फिर वैसे ही रोई, जैसे वह कभी-कभी चरखा कातते रोती थी।

'माँ ओंकारा आ गया!' मैं चिल्लाया। जब तक माँ उठकर खिड़की तक गई, वह दरवाजे के भीतर आ चुका था। उसके पास आठ इंच लम्बी चाबी थी, जिससे गुप्त ताला खुलता था।

'कित्थे गया था, मर जानया?' कहकर माँ ने अपनी उँगली काट ली।

'यहाँ सब ठीक है, माँ। वे ठट्टे के मुसलमान थे, यहाँ से निकल कोट सारवर जा रहे थे। उन्हीं का एक लड़का ताँगे के नीचे आ गया था। खून से लथपथ हमारे घर के नीचे वाले डॉक्टर के पास जा रहा था। उनका हिन्दू नम्बरदार के खिलाफ मोर्चा लग गया है। ये उन फसादियों के हिमायती थे, जो यहाँ से निकलकर गए हैं।'

'निकलने का क्या बताया?'

'उन्हें लड़कियों की ज्यादा फिक्र है, पर अभी कोई हल नजर नहीं आ रहा।'

'अब आँखों के सामने रह, बाहर न निकलना। तेनूं रब दी सोहं, मेरा दिल बैठा जा रहा है।'

'सच तो यह है माँ, कि हम फँस चुके हैं। आँखें खोलकर रखो, तो बिल्ली, आँखें बन्द कर लो, तो भी बिल्ली।'

दरवाजे पर खट-खट हुई। 'तू बैठ मैं देखती हूँ,' कहकर माँ दरवाजा खोलने गई। 'चाचा शौकत अली आया है,' माँ ने आगाह करने के लिए आवाज दी। फिर माँ के साथ शौकत अली ऊपर आ गया।

'शाहणिए, क्या सोचा है?'

'तू ही बता शौकत्या, हम तो घिर गए हैं।'

'कबायलियों से पिछले तीन दिनों से बातचीत चल रही थी, उनका खाना यहीं से जाता है।'

'ताजिर हुसैन के यहाँ से,' भाई बीच में बोल पड़ा।

'तू चुप रह, बेवकूफ। मैं सिरफिरों से बात नहीं करता,' शौकत ने भाई को डाँटते कहा।

'यहाँ-वहाँ मुँह मारने से अच्छा है कि एक जगह बैठकर खा रहे हैं। उनका खाना मेरे जिम्मे है, तेरी चाची अब भी उन्हीं का खाना बना रही है,' शौकत ने गुस्सा पीते कहा।

'भैन, वे यहाँ से एक ट्रक निकालने का एक हजार रुपया और एक लड़की माँग रहे थे। प्यार-मुहब्बत से तोड़ लिया है। अरजू उनका लीडर बना हुआ है। उसने बताया कि वह अपने लड़के का घर बसाना चाहता है, इसलिए एक ब्राह्मण या सिख लड़की की माँग कर रहा था। ताजिर हुसैन ने ही उसे समझाया कि घर बसाना है तो किसी मुसलमान लड़की को रख। लड़के का मुँह-मोहरा ठीक लग रहा था, तो ताजीरे

ने लड़की के इन्तजाम की हामी भर दी। उसी ने उसे छीम्बों की लड़की नूरां दिखाई।'

'उनके ठिकाने पर ले गए, या छीम्बों के घर?' माँ ने आतुरता से पूछा।

'आप तो जानती ही हैं कि नूरां का पहले दो दफा तलाक हो चुका है, और एक आँख से भी...। छीम्बों को अरजू की माली हालत समझाई, और आने वाले दिनों में उसकी होने वाली आमदनी का भी अन्दाजा बताया। छीम्बों भी मान गए। बात को मुख्तसर करता हूँ, नूरां को भी वह लड़का पसन्द आ गया। कल सवेरे बड़ी मस्जिद में उसका निकाह है। बाकी रही हजार रुपए की बात, उसे तरले-मित्तरें कर पाँच सौ पर मना लिया है। छह सवारियाँ आपकी लिखवा दी हैं। पन्द्रह रुपए एक सवारी के तय हुए हैं। मैं ट्रक का भाड़ा नहीं ले रहा।'

'छह नहीं सात शौक्तया, अपनी माँ को भूल गया है।'

'ओह बेबे वी जाएगी।'

'वह सबसे पहले, अभी तक उसे कुछ नहीं बताया, ताकि उलटे-सीधे सवाल न पूछे। वह अपनी सलाह देगी, फिर उसे मनवाने की भी जिद करेगी। यहाँ हालात हमारे वश में नहीं, हम हालात के वश में हैं। किसी जिद की गुंजाइश नहीं।'

'अच्छा छह से सात करा दूँगा। आकलशाह दरवाजे से निकलते उन्हें पाँच सौ रुपए पकड़ाने हैं। जब ट्रक पर बैठोगे, तो जो भी वहाँ होगा, उसे दे देना। पन्द्रह सत्ते...एक सौ पाँच', ओंकारे ने हिसाब लगाकर उसे बताया।

'सात के ऊपर तीन संदूक, दो गठरी, और एक बिस्तर बँधा हुआ बनता है। ट्रक परसों तकरीबन चार बजे लग जाएगा। मेरी सलाह है, रोशनी होने से पहले निकल जाओ। अल्लाह जानता है, हालात किसी के बस में नहीं। मेरे ठाकुरगली वाले मकान पर पहुँच जाना, वहीं सब इकट्ठे होंगे। ओंकारे को अब घर से न निकलने देना। ओए ओंकारे, गल बाहर चला गया तो इसकी कीमत तेरी माँ ते भैना नू भुगतनी पड़ेगी। मेरी गर्दन नीची न करीं,' शौकत की आँखों में ओंकार के लिए गुस्सा था।

'पर सामान तो अभी अपने घर है, और बेबे (दादी) भी वहीं, अपने कमरे में।'

'यह काम आज रात को कर लेना, मैली सी चद्दरें लपेटकर जाना, और एक-एक करके, ताकि किसी को शक न हो,' जाते-जाते शौकत कह गया।

तीन चक्कर साइकिल पर लगा कर रातोंरात ओंकारे ने यह काम पूरा कर लिया। अब तीनों ट्रंकें, दो बिस्तर, दो गठरी और एक बिस्तरबंद चाचे के घर था, और बेबे भी।

'कित्थे चले हाँ?' दादी बार-बार पूछ रही थी।

'अम्बरसर, दुर्ग थाने...' सुनते ही दादी राधे-राधे, राधे-राधे गाने लगीं और बोलीं, 'रोटी बना ली हो तो दे दो, जाते वक्त मुझे घर से ले लेना। दादी शिव के घर नहीं रहना चाहती थीं। उस रात भी चूल्हा नहीं जला। माँ ने सिर्फ बेसन की पंजीरी बना ली, खाने के लिए, और साथ ले जाने के लिए भी। वही पंजीरी फिर कटोरियों में परोसी गई।

सुबह होते ही माँ ने घी डालकर ढेर सारे परांठे बना लिए, और घर पर जितना भी अचार था, सारा एक डिब्बे में डाल लिया। हम सारा दिन तैयार होकर बैठे रहे कि कब रात आए, कब हम निकलें। ओंकारा भी उस दिन घर से नहीं निकला, वह ताश के पत्तों से अपने आप कुछ खेलता रहा।

11

अब निकल चलो

जय सियाराम, जय सियाराम की धुन को रोककर माँ ने चचेरी बहू से पूछा, 'कब निकलना है?'

'देखो, जब राम को मंजूर होगा। मायके से संदेश आया था, वे अपनी घोड़ियाँ भेज देंगे। देखो, आगे जो राम चाहेगा,' कहकर वह जय सियाराम बुदबुदाती चली गई।

'कितनी चालाक है, जिस ट्रक से हम जा रहे हैं, उसी से ये भी जाएँगे। शौकत यदि हमसे हमदर्दी रखता है, तो इनका भी कहाँ पराया है! साँझे मुरब्बों से जो भी उपज आती है, यही तो बाँटता है, ईमानदारी से, न एक टोपा इधर, न एक पड़ोपी उधर।'

'सुना है बहन रात को जो हुआ? छिम्बू भट्टी ने उब्बावेज्यों के घर के आगे ट्रक लगवा दिया तो कुछ लोग छुरे की नोक पर सारा सामान लेकर निकल गए। जान बचाकर बेचारे अरोड़ों के घर जा छिपे। वे सब कुछ भरकर ले गए, ताँगा करने तक के पैसे भी नहीं छोड़े। जाते-जाते धमका भी गए—वही बचेगा, जो कलमा पढ़ेगा।'

'होना तो वही है, जो राम रचि राखा।'

'माँ परेशान हो गई। शिवलिंग पर जो जल वह बूँद-बूँद कर उड़ेलती थी, आज उसने एक ही धार में उड़ेल दिया, और मुझे घसीटती घर ले आई। शिव मन्दिर उस घर के सामने ही था। मैंने वहाँ संगमरमर लगता देखा है। जब शिव के स्थान पर काम खत्म हुआ, तो लोग कहते थे कि यह सफेद पत्थर पवित्रता का सूचक है। मन्दिर भव्य बना था। उसकी भव्यता सामने वाली गली से ही नजर आती थी। बाजार सँकरा होने की वजह से मन्दिर द्वार पर, तथा मन्दिर की पहली मंजिल की ऊँचाई पर लगी मूर्तियाँ, नीचे से देखने से उनकी भव्यता नजर नहीं आती थी, बल्कि नजर उन्हें छूकर ऊपर की ओर चली जाती थी। मन्दिर से मिला प्रसाद बड़ा स्वादिष्ट लगता था। मीठी बूँदी और नमकीन सेवइयां। कई बार तो कथा खत्म ही नहीं होती थी, खत्म करने लगते तो पंडित जी को कोई न कोई और बात याद आ जाती थी। प्रसाद मिलने में देरी बहुत खलती थी।

'कोई सामान ले जाने की जरूरत नहीं, बस छह-आठ दिन की बात है, सभी को अपने घरों में लौट आना है,' अफवाह फैला दी गई। लेकिन बख्खी जमादारनी ने बताया 'पिछली रात सुखे की मंडी वाले चले गए। बेचारों ने मंडी की जायदाद बेचकर यहाँ घर बनवाया था, दो साल भी रहने को नहीं मिले।' आगे वह बोली कि 'पिछली ही रात अली हैयात का कत्ल हो गया। लूट का माल बाँटते-बाँटते झगड़ा हो गया, सिर्फ एक ट्रंक पर, जो ट्रंक अली हैयात के हिस्से में आया था, वह ट्रंक हाफिज हैयात खोलकर देखना चाहता था। अली हैयात का कहना था कि जैसे बाकी माल नगों के हिसाब से बँटा है, यह ट्रंक भी वैसे ही जाएगा। खंजर दोनों के पास थे, उन्हीं के नशे में सौदा तर्क के दायरे से निकलकर बेकाबू हो गया...छह छुरे लगे बेचारे अली हैयात को और उसने वहीं दम तोड़ दिया।'

'सामान का क्या हुआ?' माँ ने पूछा।

'आसिफ हैयात समेटकर ले गया। पहले से ही उसके लौंडे वहाँ मौजूद थे, एक-एक कर सारा सामान ले गए,' हाथ में पकड़े छोटे झाड़ू को घुमा-घुमा कर बख्खी बता रही थी, और उसकी काँच की रंगीन चूड़ियाँ बैक म्यूजिक का काम कर रही थीं।

'वह पीढ़ी तो मुझे दे दो,' सामने रखी लाल-हरी-पीली पीढ़ी की तरफ इशारा करती बख्खी ने कहा।

'नहीं बख्खिये, यह हमारी नहीं। तू तो जानती है यह घर शिव का है, जब अपने घर जाऊँगी, तो तेरे लिए कुछ न कुछ निकाल दूँगी।'

'बी, उसी का सबाब मिलेगा, जो अपने हाथ से दोगी, लूट का माल किसी के खाते में नहीं जाता,' उसकी आवाज में थोड़ी सी तल्खी थी। 'आने वाला जुम्मा भारी है, शाहनिए। अपनी हो तो बता रही हूँ, रात को सब मस्जिद में इकट्ठे होंगे, क्या रुख अख्तियार करना है, फैसला हो जाएगा,' जाती-जाती बख्खी ने गर्दन घुमाकर आगाह किया।

बेबे को खाना खिलाकर ओंकारा उसे साथ ही ले आया और बताया कि 'माँ, मन्दिर की भैंसें गईं। छिम्बू भट्टी रस्सी खींचकर ले गया।'

'शिव की कोई खबर?'

'फजलू मौलवी की पनाह में है, उसने उन्हें यकीन दिलाया है कि खुद साथ चलकर किसी कैम्प में छोड़ आएगा—यह उसका कौल है। माँ, घर से बिस्कुटों वाला पीपा ले आया हूँ, घी डालकर कुछ फुलके भी बना लो। रास्ते में लस्सी के साथ खा लेंगे। चन्दार कैम्प घंटे-डेढ़ घंटे का रास्ता है। हम आठ बजे तक पहुँच जाएँगे।'

'माँ ने आँखें बन्द कर ऊपर रब की तरफ देखा, और कुछ क्षण देखती ही रही। जब सिर नीचे कर आँखें खोलीं, तो उनसे आँसू टपक पड़े।'

दरवाजा खटका, 'शाहनिए, शाहनिए, दरवाजा खोलो,' शौकत की आवाज थी। माँ ने दरवाजा खोला। इस बार उसके साथ एक बारह-तेरह साल का लड़का था।

'भैन प्रोग्राम थोड़ा बदल गया है। अब कल की बजाय जुम्मे का रखा है। छिम्बू भट्‌टी ट्रंक ले गया था, वापस ही नहीं कर रहा। वीरवार का वायदा किया है। शाहनिए छिम्बू बड़ा जाबर है। सारे पिंड पर अपना कब्जा मान रहा है। लड़ भी नहीं सकते, वक्त ही कुछ ऐसा है। अली हैयात फोत हो गया है, सुना होगा! वही एक जीदार था, जो इसे शीशा दिखा सकता था। खैर, चार बन्दों में बैठकर कौल लिया है, टाल भी तो नहीं सकता।

'भैन, मेरी एक गुजारिश है। यह लड़का, इसका नाम गणेश है। गुरां दित्ता, जो तुम्हारी मन्दिर वाली दुकान के पीछे, जुनेजों के कोठों में रहता था, याद होगा। जब चेचक फैली थी, उसी से उसकी बीवी का इंतकाल हो गया था। यह उसी का लड़का है। दो साल पहले नौकरी ढूँढ़ता गुरां काबुल गया, तो इसे मेरे पास रख गया था। चार-छह महीने चिट्‌ठी लिखता रहा कि जब कोई वसीला बन जाएगा, इसे ले जाऊँगा। अब उसका क्या पता, लेने आए या नहीं। यहाँ अब उसका कोई मुस्तकबिल है ही नहीं। पता नहीं आगे क्या हालात हों, अल्लाह से डरता हूँ। अमानत मुकद्‌दस होती है, शाहनिए, इसे तू अपने साथ ले जा। सरहद पार करा देना, मेरा मकसद पूरा हो जाएगा। बारह साल का हट्‌टा-कट्‌टा है, घर का काम करना जानता है, कहीं से भी, किसी तरह से भी अपना पेट भर लेगा।'

'शौकत्या, जहाँ पाँच, वहाँ यह छट्‌टा भी, जहाँ सब सिर छिपाएँगे, यह भी रात काट लेगा,' कहकर माँ ने गणेश के सिर पर हाथ फेरा, वह माँ के करीब हो गया। सिर पर हाथ फेरते-फेरते उस बार माँ ने उसके चेहरे पर भी हाथ फेरने लगी। दरअसल ओंकारे से छोटा, तीन साल का, हमारा भी एक भाई गणेश हुआ करता था।

माँ ने दोपहर के भोजन से बचे दो फुलके निकालकर गणेश के हाथ पर रख दिए, और मुट्‌ठी से तोड़कर प्याज उसके ऊपर रख दिया। 'अचार खाएगा?' कहकर माँ ने मर्तबान से निकालकर आम का एक टुकड़ा जैसे ही उस फुलके पर रखा, उसने अपने झुके हुए सिर को उठा, माँ की आँखों में देखा, उसके चेहरे पर हलकी सी मुस्कान थी।

'शाहनिए, थोड़ा-सा नमक मिल जाएगा,' जैसे ही उसके मुँह से निकला, माँ ने मर्तबान के हाथ डालकर चुटकी भर नमक उसके फुलके पर रख दिया।

रात अच्छी कट गई, कोई शोर नहीं हुआ, और न ही 'आ गए, आ गए' की आवाजें आईं। कई बार माँ छत पर गई, उसे कहीं भी आग की लपटें नजर नहीं आईं। दो-तीन दफा मैं भी उसके पीछे गया, पर मेरे छत तक पहुँचने से पहले वह नीचे उतरने लगती। 'कौन है, कौन है?' बार-बार दादी आवाजें लगातीं, पर वहाँ किसी को न पाकर फिर जाकर सो जातीं।

माँ ने बख्खी के लिए दरवाजा खोला। बख्खी की नजर सीधे गणेश पर पड़ी। 'शाहनिए, यह गणेशा ही है ना?' माँ ने 'हाँ' में सिर हिलाया। 'तो शौकत इसे यहाँ छोड़ गया है, शौकत की माँ तो कह रही थीं, कि इसे मुसलमान बनाना है।'

'बच्चों के साथ खेल रहा है, खेल-खाल कर चला जाएगा,' माँ ने बात पलट दी।

'इसे अपने साथ ले जाओ, शाहनिए, बड़ा सबाब मिलेगा। बेचारा नौ साल का था, जब सिर से माँ का साया उठ गया। गुरां दित्ते, खसमा नू खाने का क्या भरोसा, कहीं दूसरी करके बैठ गया होगा। जब भी चार पैसे अच्छे मिलेंगे, बेच देगा इसे। शन्नो का शौकत की माँ के पास आना-जाना था। उसके छोटे-मोटे काम भी कर देती थी। बड़ी हँसमुख थी। जब भी जाओ, कुछ न कुछ पकड़ा देती थी, कभी गुड़, कभी छोले, कभी फुलियाँ...।

'बख्खी, तू उस गुरां दित्ते की बात कर रही है न, जिसके यहाँ हम चावलों की फुलियाँ बनवाने जाते थे? वह कभी पैसे नहीं लेता था। 'हमारा किराएदार है,' लालाजी बताया करते थे।'

वे कोठे जुनेजों के नहीं, हमारे थे। सारे खाली हो गए। उनकी चाबियाँ पेटी में पड़ी हैं,' ओंकारे ने माँ और बख्खी के वार्तालाप को रोकते बोला।

'और वह बड़ी मस्जिद वाला घर, जो आपने हियातों को किराए पर दिया हुआ था? फियाज हैयात कह रहा था, कि अब वह घर उसका हो गया।' बख्खी मैला उठाने हैयात के घर भी जाती थी, उसने ओंकारे की बात बढ़ाते जोड़ा।

'कोट नकाह से सुनेहा आया था, साइकिलें लेकर सभी मर्द वहाँ चले गए हैं। छिम्बू को बाद में खबर मिली, तो घोड़ी पर निकल गया। बड़ी बैठक वहाँ होनी है, आसपास से भी मर्द बुलाए हैं। सिखों को गालियाँ दे रहे थे। मुसलमानों की पूरी गाड़ी कटी आई है, मेरे खाविन्द बता रहे थे। सभी तड़के लौटे हैं। अल्लाह खैर करे,' कहते उसने मैले की टोकरी उठाई और बगल में अटका ली, और छोटा झाड़ू हाथ में लेकर कमर ठुमकाती बख्खी गली से निकल गई।

'माँ, इसे ज्यादा मुँह न लगाओ, सुना है, यह आजकल जासूसी कर रही है, यहाँ की खबर वहाँ, और वहाँ की खबर यहाँ। अच्छा किया, जो ट्रक की बात नहीं बताई। अब यहाँ किसी का भरोसा नहीं, बस किसी तरह से निकलना हो जाए,' ओंकारा भी मायूस हो चुका था।

'जब नमक लेने मैं तनेजों के यहाँ गया था, वहाँ बात चल रही थी कि जगतारे का मामा आया था। जगतारे को वह अपने साथ पार ले गया है। जगतारे की माँ, 'मेरे पुत्तर जगतारे'...कहकर स्यापा कर रही थी। स्यापे में कह रही थी कि जगतारे और जगतारे का मामा, दोनों का रास्ते में कत्ल हो गया है, पर असल बात और ही है। कुछ लोग कह रहे थे कि जगतारे के चुपके से निकल जाने से मुसलमानों को कहीं अपनी हार महसूस न हो, वह इसलिए यह सब कर रही है। अगर किसी ने बुरा मान

लिया तो जगतारे की माँ भी तो खतरे के घेरे में आ सकती है,' ओंकारा माँ को बता रहा था।

'देख वक्त के रंग। जगतारे के बाप से दस गली के लोग थर-थर काँपते थे, आज ऐसी बातें हो रही हैं। तू चुप रह ओंकारे। दूसरों के लिए ऐसा नहीं सोचते। पता है, तेरा नाम ओंकारा क्यों रखा था। तू पहला पुत्र था, तुझे दस्तार सजाने थे, गुरु का सिख बनाना था। पर एक के बाद एक अनहोनियाँ हो जाने के कारण ऐसा ही नहीं पाया। शायद वाहे गुरु की यही मर्जी हो।'

'शिव को खबर कर दे, वह यह न कहे कि बिना बताए निकल गए,' माँ ने ओंकारे का हाथ पकड़कर ताकीद की।

'रात को जाऊँगा, कल जब सँकरी गली से निकला था, चाचे को शौकत के साथ खड़ा देखा था। हो सकता है, इसी मुद्दे पर बात कर रहे हों,' ओंकारे ने माँ को बताया।

'तुम तो निकल लो, सबका एक साथ जाना ठीक नहीं। मैं भी एक-आध दिन में...शायद कोई वसीला बन जाए। अलि दित्ते मौलवी ने यकीन तो दिलाया है, बाकी होना तो वही है, जो ऊपर वाले की मर्जी है,' शिव से ओंकारा जवाब लाया।

'चाबी साथ ही रख लेना, मुझे पता नहीं मकान खोलने की जरूरत पड़े या नहीं,' चाचे ने कहा था।

माँ ने जागकर रात काटी, जैसे ही पहली अजान हुई, माँ ने जैसे ही गणेश को उठाया, मैं भी जग गया।'आकल शाह के दरवाजे के साथ वाली गली में, जहाँ शौकत का पहला घर था, जरा जाकर देख, ट्रक खड़ा है या नहीं,' माँ ने हम दोनों को समझाया।

लड़कियाँ भी जाग गईं। माँ ने सबके लिए पहले से ही मैली चद्दरों को निकालकर रखा था। एक-एक चद्दर में उन्हें लपेटकर माँ ने जेबों वाला कच्छा पहन लिया, और ऊपर से सलवार चढ़ा ली। इसी तरह उसने कमर में जेबों वाली पट्टी चढ़ा ली और उसे कमीज के अन्दर ढक लिया।'

'ट्रक खड़ा है। उस पर सामान लद रहा है,' हम खबर लाए। ओंकारे ने एक ट्रंक उठा लिया, और माँ ने दूसरा गणेश के सिर पर रख दिया, चुटकी भर चीनी मर्तबान से निकालकर माँ ने ओंकारे और गणेश दोनों को खिलाई, और आधा दरवाजा खोल कर उन्हें जाने को कहा। माँ ने दरवाजे से बाहर, पहले दाएँ और फिर बाएँ झाँका। अभी पूरी रोशनी नहीं हुई थी, इसलिए उनकी आँखों से ओझल होने में देर नहीं लगी।

थोड़ी देर बाद गणेश आया, माँ ने उसके सिर पर तीसरा ट्रंक रख दिया।

माँ ने ताला लगाया, हाथ जोड़कर मकान को प्रणाम किया, और एक गठरी पकड़ दूसरी गठरी लड़की को दे दी। इतने में फिर गणेश आया, और बिस्तरबन्द ले गया। छोटी सी गठरी मैंने भी पकड़ ली। दादी का हाथ पकड़ मैं भी चल लिया।

माँ की नकल करते मैंने भी तीन-चार दफा पीछे मुड़कर देखा, लेकिन यह मालूम नहीं था कि पीछे क्या देखा जाता है।

ट्रक भर चुका था। 'आ जाओ, आ जाओ' हाथों से इशारा करते गणेश हमें बुला रहा था, किसी ने माँ का हाथ पकड़ा और उसे ट्रक के ऊपर खींच लिया। इसी तरह तीनों लड़कियाँ और दादी भी ऊपर चढ़ गईं। ओंकारा अभी ट्रक के ड्राइवर से हिसाब-किताब कर रहा था, वह भी दौड़ा चला आया, और ट्रक की जंजीर पकड़कर ऊपर चढ़ आया।

ट्रक चल पड़ा, एक ने 'जयकारे बीरबजरंगी' कहने के लिए मुँह खोला, तो दूसरे ने उसके मुँह पर हाथ रख दिया, और जोर से मुँह से निकलती आवाज बन्द कर दी।

आहिस्ता-आहिस्ता, हम आकलशाह के दरवाजे से निकल पिंडी भट्टियाँ चन्योट रोड पर आ गए।

12

पहुँचे हिन्दुस्तान

चन्योट कैम्प तक भी गरीब हो जाने का एहसास नहीं हुआ था। भीड़ की तरह ट्रक में भरकर आए थे, जानते थे कि किसी तीर्थ पर नहीं जा रहे। आफत एक पर नहीं, पूरे धर्म पर आई थी। धर्म नहीं छोड़ सकते थे, धार्मिक होना हमारी परम्परा है, प्रभु को भजें या न भजें, मन्दिर जाएँ या न जाएँ, फिर भी हम धार्मिक हैं। यदि धर्म छोड़ देते तो हम भी अपने घरों पर रोशनियाँ लगाते, और दुनिया के तब तक के दस बड़े हादसों में से एक की भयावहता से बच जाते। केवल अपने नेताओं की नातजुर्बेकारी, नासमझी, और नई मिलने वाली सत्ता की लालची उम्मीद न होती तो हम लाखों हिन्दू और मुसलमान, एक-दूसरे के छुरे की तेज धार से बच जाते।

कुछ नहीं होगा, प्रजा का तजुर्बा था और हुकूमतें बदलती हैं, प्रजा वही की वही रहती है, बातचीत का उन दिनों आम विषय था।

कैम्प में हमारा ट्रक खाली होने के अगले दिन हमारी बुआ के परिवार का ट्रक कैम्प पहुँचा। माँ ने चूल्हा साझा करने का प्रस्ताव रखा, सबको पसन्द आया। हम बच्चों के लिए दो-दो रोटियाँ, लेकिन बड़े अपनी इच्छानुसार खाते थे। जब अपने घर थे, तो माँ रोटी खिलाने के लिए चिल्लाती रहती थी, पर यहाँ दो फुलके खाकर भी भूख रह जाती थी। पर जानते थे कि साझे चूल्हे-चौके के कुछ उसूल होते हैं, और उन्हीं के दायरे के भीतर रहना पड़ता है। राशन पूरा नहीं पड़ता था, तो ब्लैक में लेना पड़ता था। आटा एक रुपए सेर, और साबुन की बट्टी एक रुपए में। माँ

दुपट्टे की कन्नी से नोट खोलती और उस मुड़े नोट को सीधा करके ब्लैकिए से सामान खरीदती।

कैम्प में मर्दों के करने के लिए कोई काम नहीं था। दाएँ से जाते, तो बाएँ से लौटते। क्या जरूरत थी टू नेशन थ्योरी की ? हिन्दू और मुसलमान दो अलग-अलग डालियाँ हैं, इसलिए इकट्ठी नहीं रह सकतीं—सिर्फ दो अलग-अलग कुर्सियों के लिए मारकाट हुई, इसी विषय पर चर्चा होती रहती थी।

बूढ़े खाली हाथ नहीं आए थे। उनके हाथ में हुक्के थे। गुड़-गुड़ के बीच नल-दमयन्ती, भक्त प्रह्लाद, आल्हा-ऊदल, हीर-रांझा, लैला-मजनूं के किस्से सुन-सुनाकर मन बहलाते रहते थे। एक कहानी सुनाता था, बाकी टकटकी लगा उसे देखते और कहानी सुनते रहते थे। एक बूढ़ा तो कहानी सुनाने में इतना पारंगत था कि मजमा ही लगा लेता था। जब चाहता था हँसा देता था, जब चाहता था रुला देता था। कहते थे कि नल-दमयन्ती की कहानी सुनाने में इसका कोई सानी नहीं। वह वारिद शाह का हीर भी गा लेता था। कान पर एक हाथ रख, वह सुर को ऊँचाई देता था। 'डोली चढ़ दया मारियाँ हीर चीखां, बाबुल अज दी रात ता रख घर अपने,' सुन हुक्के सुन्न हो जाते थे, और आँखें टप-टप करने लगती थीं।

वे राजनीति की बातें भी करते थे। एक तो इस सारी मुसीबत के लिए अपने बेटे को जिम्मेदार मानता था, क्योंकि आजादी हासिल करने का घर में उसे ही ज्यादा जनून था। वह बैठा शीरी-फरहाद की कहानी सुन रहा होता, तो पास बैठा उसका बाप, संजीदगी में उस पर लाठी से वार करने लगता था, और ले आजादी, ले ले आजादी...कहते थे अंग्रेजों को घर से निकालना है, उन्होंने सबको घर से निकाल दिया। अब जाकर अम्बाले की गलियों में भीख माँगते गाना—हम सबको करो सलाम, दे दिया है पाकिस्तान। खोत्तया हुकूमत ही तो कर रहे थे, तेरी क्यों फटी जा रही थी ? अब निकाल रुपया, और ले आ मुट्ठी भर आटा, आप भी खा, और माँ को भी खिला।'

'ओए गुलाव्या, शर्म कर, छोटे न्याने भी साथ बैठे हैं, गालियाँ तो न बक,' कहकर लोग उसे चुप करा देते।

ऊपर तो आल्हा-ऊदल चल रहा होता, पर भीतर किसके क्या चल रहा है, कौन जानता था। सभी अन्धकार में एक पड़ाव पर बैठे थे। कहाँ जाना है, किधर जाना है, नहीं मालूम था। पहुँच भी पाएँगे या नहीं, यह भी मालूम नहीं था। कितने बचेंगे, बेटियों का क्या होगा यह भी अंधकार में ही था। सुबह ही जो काफिला चीखता-चिल्लाता पहुँचा था, छातियाँ पीट-पीट कर पुकार रहा था, मेरी कमलिए, नी मेरी वीरां...कोई तो अपने ही मुँह पर थप्पड़ मार रहा था, तेनू न बचा पाया निम्मो...। हम जालिमों से घिर गए थे, जिस कुएँ से पानी पीने रुके थे, उसी में धक्के देकर बिटिया को फेंक आए। उन्हें दोजख भी नसीब न हो, हरामजादे हमारी औरतों को

खींच रहे थे, उस वक्त जो समझ आया कर दिया, अब तरकीबें सोच रहे हैं।

वे तीन दिन-रात पैदल चलकर आए थे। किसी ने एक फुलका, किसी ने दो खाकर पेट भरा, लेकिन उनके घाव भरने का किसी के पास कोई वसीला नहीं था।

लोग काफी आ चुके थे, पीने का पानी कम पड़ने लगा। वहाँ दो कुएँ थे, एक का पानी तो इस्तेमाल हो रहा था, पर दूसरा ट्रंकों, कपड़े सीने की मशीनों, बड़े-बड़े बर्तनों, और चारपाइयों से पटा पड़ा था। जमादार से सम्पर्क कर उसे रस्सी लाने के लिए कहा तो उसकी शर्त थी, कुएँ से जो माल निकलेगा, उसका मालिक उसे माना जाएगा।

अपने साथ वह दो बन्दे और लेकर आया। एक कुएँ के भीतर उतरा, और एक-एक चीज ऊपर पकड़ाने लगा। फिर रस्से का काम शुरू हुआ, और सारा सामान ऊपर खींच लिया गया। पर सबसे नीचे निकली एक महिला की फूली हुई लाश, जिसकी पीठ पर मरा हुआ बच्चा बँधा था। रस्से से उन्हें भी निकाला गया, पर उस बार उन्हें बाहर लाने में कई लोगों ने मदद की। कहते थे कि जमादार को भीगे नोटों की एक पोटली भी मिली है, जिसे उसने अपनी धोती की डब में छिपा लिया। कुल मिलाकर चार ट्रंक, चार सिलाई मशीनें, एक बच्चों की तिपहिया साइकिल, कुछ बदबू मारते भीगे कपड़े, झाड़ू और तीन चारपाइयाँ मिलीं जिसे जमादार और उसके साथी ले गए।

चार आदमियों ने उस औरत की लाश को ले जाकर एक झाड़ी के पीछे रखा और बच्चे को उसके साथ डाल दिया। किसी ने कहा, 'बच्चे के लिए गड्ढा खोदो, हिन्दू का बच्चा है, दोनों का धार्मिक रिवाजों के साथ अन्तिम संस्कार होना चाहिए।

पहले बच्चे को दफनाया गया, बाद में यहाँ-वहाँ से टूटे दरवाजे, सूखे पेड़ों की शाखाएँ, सूखे पेड़ों के तने इकट्ठे किए गए, और बिना घी, सामग्री के उस औरत का अन्तिम संस्कार किया जाने लगा। उसकी नाक में एक सोने की पतली सी तीली पड़ी थी। 'पता नहीं, सुहागन हो, इसे साथ ही जाने दो' एक बुजुर्ग ने हुक्म के तौर पर कहा। किसी ने जवाब नहीं दिया और चिता के लिए लड़कियाँ डालते गए। संस्कार के बाद उसी कुएँ के पानी से सभी नहाए।

पानी बदबू मार रहा है, इसे नहाने, कपड़े धोने के लिए इस्तेमाल किया जाए और पहले कुएँ के पानी को पीने के लिए, इसकी रजामंदी बन गई।

कैम्प में भीड़ निरन्तर बढ़ती जा रही थी, इसलिए सभी को अपने-अपने ट्रंकों को एक-एक फुट अन्दर करने को कहा गया। ट्रंक एक परिवार तथा दूसरे परिवार में विभाजन रेखा के काम आ रहे थे। उसी हॉल में आए चार नए परिवारों के लिए जगह बन गई।

भीड़ तथा उचित मल व्यवस्था न होने के कारण बीमारियाँ फैलने लगीं। हम बाहर निकलने लगते तो माँ घसीटकर अन्दर ले आती। वैसे भी वहाँ खेलने को था

ही क्या, किसी गिरे-पड़े ट्रंक के ढक्कन को रस्सी बाँधकर गाड़ी बना लेते, और उसमें वहाँ दूसरी गिरी-पड़ी चीजों, जैसे टूटी हुई जूती, बिना तले की लालटेन का ढाँचा, टूटी हुई हुक्के की चिलम, या टूटी हुई दो-तरफा कंघी को रखकर उसे ही मालगाड़ी बना लेते। कभी कोई छोटा लड़का उस पर बैठ जाता, तो वही मुसाफिर गाड़ी हो जाती। जब असली गाड़ी की चीख की आवाज आती, तो हम सब कुछ वहीं छोड़कर टीले की ओर भागते, और जाती हुई गाड़ी को देखते। उस पटरी पर सिर्फ मालगाड़ी चलती थी, जो इतनी लम्बी होती कि देखते-देखते थक जाते थे, पर फिर भी उस गाड़ी के आखिरी डिब्बे का इन्तजार करते थे।

एक दिन सभी ने अपना-अपना सामान निकाल एक छोटा कमरा खाली कर दिया, और वहाँ रह गया सिर्फ एक आदमी। मल में लिपटा, सिर्फ कमीज में। कहते थे कि इसे हैजा हो गया है, पर यह प्रामाणिक नहीं था। छोटे बच्चे उसे छेड़ते, तो वह उनके पीछे भागता, तब दूर से सभी उसे धमकाकर वापस उस कमरे में भेज देते। एक व्यक्ति के पास जंजीर थी, उसने जमादार की मारफत उसे जंजीर लगाकर टूटी खिड़की के साथ बँधवा दिया। जमादार उस पर तीन-चार बाल्टी पानी डालता और कमरे से लौटते वक्त पानी को झाड़ू से निकाल देता। कुछ दिन के बाद, कैम्प में जब सब लोग जगे, वह सोया रह गया। उसकी लाश का संस्कार भी विधिवत् हुआ, कमरा धो दिया गया, और आने वाले नए काफिले के लिए सुखा दिया गया।

बूढ़ों की महफिल में अगले दिन सिल्लनवाल और पिल्लोवाल के बूढ़े आमंत्रित किए गए। उनकी हमदर्दी में उस दिन शीरी-फरहाद का कथा वाचन नहीं हुआ, बल्कि द्रौपदी चीर हरण की कथा सुनाई गई। सबने उनके साथ 'बहुत बुरा हुआ' कहकर हमदर्दी जताई, और पूरी आपबीती जाननी चाही।

एक ने बताया, 'चौधरी ने हमें इकट्ठा किया था। हिन्दुओं को एक तरफ बिठा दिया, और मुसलमानों को दूसरी तरफ। फिर बोला—हम सब भाई-भाई हैं। तुम्हारे पर विपदा आन पड़ी है। हम तुम्हारा साथ देंगे। पूरी हिफाजत से तुम लोगों को चिन्योट छोड़कर आएँगे। लेक्चर देने के बाद उसने पूड़ी-कड़ाह भी खिलाया।

'हम ठहरे मामूली लोग। कच्चे मकान, उन्हीं चौधरियों की दी हुई रसद खाते, हील-हुज्जत कैसे करते? फिर वही चौधरी बोला, 'अब कलमा पढ़ लो, और यहीं रह जाओ, मेरे हल जोतो। पाकिस्तान बन गया है, हिन्दुओं को यहाँ से जाना है, यहाँ वही रह सकेगा, जो मुसलमान बन जाएगा। वह हाथ उठाए, जो मुसलमान बन के यहाँ रहना चाहता है। वजीरचन्द ने हाथ उठाया, तो सब हिन्दू उसके पीछे पड़ गए— जहाँ सारे जा रहे हैं, वहाँ जाने में तुझे पीड़ा हो रही है। यह पाकिस्तान बन गया है, तो लीडरों के फैसले का मान करो। 'नहीं चौधरी जी, मैं भी अपनों के साथ जाऊँगा,' हाथ जोड़कर उसने अपनी मर्जी जताई।

'तो फिर तैयारी कर लो, अपना असबाब बाँध लो, कमरे खाली कर दो, ताकि वहाँ से आने वाले मुसलमान भाई यहाँ सिर छिपा सकें। कल सुबह आपको पिल्लोवाल के काफिले के साथ भेज देंगे। मेरी तरफ से सबको चार-चार फुलके, आम का अचार, और दो-दो प्याज मिलेंगे।' हमने सोचा बाल-बच्चेदार हैं, शायद दया आ गई हो। आखिर इनसान का दिल है, न जाने कब पिघल जाए।

'अगले दिन सभी चौधरी के अहाते में इकट्ठे हुए। पता नहीं रात-रात में क्या हुआ, सबके तेवर बदले हुए थे। 'नहीं रहना, तो न रहो,' कहते चौधरी ने लखू मरासी से हमें रोटियाँ देने को कहा। हममें से कुछ एक ने वहाँ खड़े मुसलमान कम्मियों को जफ्फियाँ भी मारीं, और चल पड़े। हमारे साथ छीम्बो और जुलाहों के लड़के भी चल पड़े। हम धींगड़ों के कुएँ पर पानी पीने खड़े हुए। डांगें वे पहले ही वहाँ छिपा गए थे, उन्होंने एक-एक कर वे उठा लिए, और धोतियों में छिपे छुरे भी निकाल लिए। तभी छीम्बो और जुलाहों के लड़कों में लड़ाई शुरू हो गई। हाथापाई में उनके मुँह खुल गए। एक कह रहा था, रज्जो मैंने लेनी है। दूसरा कह रहा था, भैन दा मुकलावा भेजया सी जो रज्जो तू लेनी है। कौल दी कदर कर गुलाम्यां, रज्जो वास्ते जो फैसला हो चुका है, उसे परवान चढ़ा, तेरे मन में खोट है।

'हम जा जांदिए, किन्ना ते भरोसा कर बैठे, इतना सोच ही रहे थे कि एक ने बढ़कर रज्जो का हाथ पकड़ लिया, और देखते-देखते दूसरे ने बिमला को कन्धे पर उठा लिया। उन्हें बचाने हम जैसे ही आगे बढ़े तो बाकी लड़के हमारी लड़कियों पर झपट पड़े। हमने लपककर बाकी लड़कियों को उनसे खींच-खींच कर कुएँ में फेंक दिया। रज्जो और बिमला को ले जाने में वे कामयाब हो गए, पर बाकियों को हमने उनके हाथ से बचा लिया।' 'पर ओबची किथ्थे, मैंने तो उसनू कुएँ विच सुट दित्ता।' पास बैठा दूसरा आदमी अपने ही हाथों से अपना सिर पीटने लगा। 'मैं न तेनू बचा पाया, बिम्मों, मेनू कोढ़ पड़े, गऊ काटने का पाप चढ़े,' कह-कहकर वह स्यापा करने लगा। 'पानी लाओ, पानी लाओ,' वह चिल्लाया तो दो बन्दों ने उसे काबू करके पानी पिलाया, वह शान्त हो गया।

खेलते-खेलते मिट्टी से मुझे एक रुपए का चाँदी का सिक्का मिला। उठाकर मैंने उस हाथ को कमीज के नीचे छिपा लिया। उन दिनों पाजामों में जेब नहीं होते थे, और कमीज पर भी साइड जेब खत्म होकर छाती पर आ गया था। रुपया जाकर मैंने माँ को दिखाया। यह तो सामने वाली बेबे का खोया है, दुपट्टे से खुलकर गिरा है। सुबह से दो बार पूछ चुकी है कि किसी ने उसका चाँदी का रुपया तो नहीं देखा। चाँदी का रुपया, उन दिनों डेढ़-पौने दो रुपए का बिक जाता था। 'जा, जाके उसे देकर आ।' 'नहीं दूँगा, मुझे तो गिरा मिला है। लम्भी चीज खुदा दी, न धेले दी ना पा दी,' कहकर रुपए वाला हाथ मैंने पीठ के पीछे कर लिया। 'ओए, पहले ही कर्मा दे मारे हाँ, अब और क्यों किसी गरीब की बद्दुआ लेता है,' माँ की आँखें गीली हो

गईं। मैं चुपचाप गया, 'बेबे यह तेरा है,' कहकर रुपया मैंने उसकी ओर बढ़ा दिया। 'जवानी मानें, जुग-जुग जिएँ, सेहरे बाँधें, रब तेरी उम्र लम्बी करे, तेरे जम्मन वाली को रब भाग लगाए,' कहती वह मेरे सिर हाथ फेरती मुझे छोड़ नहीं रही थी। मेरा कभी कुछ खोया नहीं था, खोने की पीड़ा मैं कैसे जानता? माँ के सामान खोए थे, उसे उस दुख का एहसास था।

ट्रक लगने लगे, सारे कैम्प की फेहरिस्त पहले से तैयार थी। कल किस-किस को कूच करना है, पहले ही रात को बता दिया जाता था। हमारी बारी भी आ गई। रात को सामान बाँधकर सोए थे। बुआ के परिवार की बारी अभी नहीं आई थी, क्योंकि वे हमारे बाद कैम्प में पहुँचे थे। हम उनके लिए रुके नहीं। डर था कि लिस्ट से एक दफा नाम कट गया, तो जाने फिर कब लगे—लगे, या न लगे।

ट्रक में सामान चढ़ाने में गणेश ने काफी मदद की। मुझसे आधा फुलका ज्यादा जरूर खाता था, पर काम चार फुलके खाने वालों जैसे करता था। कूदकर ट्रक पर चढ़ जाता, और छलाँग लगाकर नीचे उतर आता। दौड़कर पानी की गढ़वी भर लाता। चूल्हे के लिए लकड़ी इकट्ठा करना भी उसके जिम्मे था। हमारी दादी का हाथ पकड़कर वही उसे चलाता था। दादी भी गणेश्या, गणेश्या पुकारती रहती थी। बड़ा ट्रंक उठाने में चार बन्दों का जोर लगता था। एक तरफ से गणेश और ओंकारा पकड़ते थे, दूसरी तरफ से किसी हट्टे-कट्टे की मदद मिल जाती, नहीं तो दो लोगों से अर्ज करनी पड़ती थी। 'ओंकारे, तू तो लोहा भी अपने साथ उठा लाया है,' बातों-बातों में कइयों को पता था कि हम लोहे का कारोबार छोड़कर आ रहे हैं। 'अमृतसर आ गया' की आवाजें सुनाई देने लगीं। गाड़ी वाघे तक पहुँच चुकी थी, तभी नारा गूँजा, 'जो बोले सो निहाल,' बाकियों ने 'सत श्री अकाल' कहकर उत्तर दिया। फिर आवाज आई, 'जयकारे बीर बजरंगी, हर-हर महादेव', जिसकी गूँज ने फिज़ाँ पकड़ ली। गाड़ी के भीतर ही लोग गले मिलने लगे। गाड़ी रुकी, तो सबने सामान सँभालना शुरू कर दिया, और एक के बाद हिन्दुस्तान में उतर आए।

13

खोजते आशियाने

'**गणेशा** कहाँ है?' दादी ने पूछा।

'अगली गाड़ी की टिकटें लेने गया है,' दादी के कन्धे पर हाथ से सहलाते माँ ने कहा।

'उन लाशों का क्या हुआ, जो गाड़ी के नीचे से निकाल रहे थे?' चिन्तित मन से दादी ने फिर पूछा।

'मुसलमानों की थी,' उन्हें दफनाने के लिए ले गए हैं। अब बेफिक्री है, खतरा टल गया है। डर पीछे रह गया है। सात बन्दों का लंगर मँगवाया है, अभी ओंकारा लेकर आता होगा।'

'फिर गणेशा क्या खाएगा?' दादी ने फिर पूछा।

'वह जहाँ गया है, वहीं खाएगा,' माँ ने खीजकर कहा।

'आ तो गया है...यह देखो गणेशा ही है न।'

'ओए गणेशे, सदके जाऊँ,' माँ उठी और झपटकर उसे गले लगा लिया।

'रब तेरी उम्र लम्बी करे, तू केहड़ी गड्डी से आया है?'

'आप वाली से, आखिरी डिब्बे में बैठा था।'

'मैं ता तेनू मार ही छोड़ा था, तू बड़ा रुलाया है, गणेशया!'

मझली ने गणेश की बाजू पकड़कर उसे अपने साथ बिठा लिया, हम सभी गोलाकार में बैठे थे। 'बेबे को पहले बता, तू कहाँ गया था?' छुटकी ने उसके सिर पर हलका सा थप्पड़ मारते कहा।

'माँ जी, जैसे ही आपने मुझे खिड़की से गाड़ी के अन्दर धकेला, मैं जाकर एक मोटी की गोद में जा गिरा।' 'खसमा नूं खानया, तेनू पीड़ पव्वे, मेरी टाँग तोड़ दित्ती है। उधर नहीं मरया गया,' कहकर उसने मुझे मारना शुरू कर दिया। उस दा मोटा-मोटा मुलायम हाथ, मैनूं कहाँ लगना था, उलटे उसकी चूड़ियाँ टूट गईं। वह चूड़ियाँ सँभालने लगी, तो मैं चुपके से आगे खिसका, तो मेरी नजर चाचे पर जा पड़ी। सारा टब्बर, दो बहनें, छोटा भाई, सभी वहाँ थे। उनके साथ बूढ़ा नाना भी था, जिसे मरोड़ लगे थे। वह उठा, लोगों को दाएँ-बाएँ हटाता गाड़ी से प्लेटफार्म की बजाय दूसरी तरफ उतर गया, और दूसरी लाइन पर जा बैठा। गाड़ी हिलने लगी। 'अब अगली गाड़ी से जाएँगे,' बौखलाए चाचा ने चिल्लाकर कहा और सामान खिड़की से गाड़ी के उसी तरफ फेंकने लगा, जहाँ नाना बैठा था। बच्चे और चाची भी गाड़ी के दरवाजे की तरफ भागे। हम सभी एक-एक कर उस गाड़ी से कूद गए। बाद में जब राम-राम की चीखें सुनीं तो पता चला कि उस गाड़ी में पठान घुस गए हैं, खिड़की, दरवाजों से बाहर खून टपकने लगा,' कहकर उसने अपने दोनों हाथ कनपटियों पर रखे, और सिर घुमाने लगा, उसके आगे उससे नहीं बोला जा रहा था।

'जाको राखे साइयां...' माँ ने ऊपर देखकर कहा। 'और तुम्हारी गठरी?' माँ ने उसका वहाँ से ध्यान हटाने की कोशिश में कहा।

'चाचे के पास है, वह मुझे अपने साथ ले जाएगा कह रहा है, हम सभी मिलकर मेहनत करेंगे। पहले कुड़ियों की शादी करेंगे, फिर वह मेरी शादी भी करा देगा,' उसका डर खत्म हो गया, अब उसकी आवाज में उम्मीद की झलक थी।

'गणेश्या, गणेश्या,' आवाज आई, और वह मुस्कराता हमारी तरफ देखकर उधर चल दिया।

'रात को लुधियाने की गाड़ी लगेगी,' डंडा घुमाते, नीली वर्दी वाला चिल्लाकर बता रहा था। 'लुधियाने चलते हैं, वहाँ मोहनलाल है, जब तक कुछ पक्का नहीं हो जाता, वहीं रहेंगे। उसके पिता मेरे मास्टर हुआ करते थे,' ओंकारा सबको दो-दो फुलके बाँटता बोला। माँ के फुलकों पर ओंकारे ने गढवी से दाल उड़ेल दी। सबको भूख लगी थी, इसलिए बाकियों ने फुलके ट्रंक पर रखकर उन पर दाल उड़ेल दी। ऊपर वाला फुलका, जिस पर काफी दाल डली थी, खाना मुश्किल हो गया, लेकिन नीचे वाला फुलका आराम से खाया गया। माँ के फुलके से दाल नीचे टपक रही थी। 'खसमां नूं खा गई आजादी,' माँ के मुँह से निकला।

'नी कौन आजादी ?' दादी ने लपककर माँ से पूछा।

'तू नहीं जानती, बेबे,' कहकर माँ ने दादी को चुप करा दिया।

खाना खाकर मैं और छुटकी स्टेशन पर पकड़न-पकड़ाई खेलने लगे। 'गुम जाएगा तू,' माँ मुझे घसीटती ट्रंकों के पास ले आई, और छुटकी के लिए 'नी छोरिए, नी छोरिए,' चिल्लाने लगी।

'याद है बैसाखी पर तू दुर्गयाना मन्दिर से गुम गया था। सवेरे का खोया शाम को साधुओं के तम्बुओं से मिला था। साधु आटा कैसे गूँधते हैं, शाम को मिल जाने के बाद उनकी नकल करके बताता था।'

'दुर्गयाना मन्दिर, जहाँ हम मिलकर नहाते थे, याद है, आटा गूँधने वाला साधु भी याद है, बाकी सब भूल गया।'

'याद भी कहाँ होगा। चार साल का तू था। तेरे को और ओंकारे को जेन्यू पहनाने अमृतसर लाई थी। चार साल से भी दो महीने कम।'

लुधियाने की गाड़ी लग गई। माँ गाड़ी के ऊपर चढ़ गई, और बहनें नीचे से माँ को सामान पकड़ाने लगीं। ओंकारा घसीटकर ट्रंक ले आया, जिसे सबने मिलकर खींच-खींचकर चढ़ाया। इससे पहले वाली गाड़ी के भर जाने के कारण इस गाड़ी के लिए भीड़ कम थी, और कई परिवार लुधियाना से आगे जाने का मन बना रहे थे।

'गाड़ी चलने में अभी दो घंटे हैं', हरी झंडी वाले ने बताया। ओंकारा लंगर लेने चला गया। इस बार लंगर वहाँ से ले जाने की इजाजत नहीं थी, इसलिए ओंकारे ने तो पंक्ति में बैठकर लंगर खा लिया, और एक-एक करके बारह फुलकों का इन्तजाम कर लिया। तरकीब लगाकर वह गढ़वी में दाल भी भर लाया। दादी ने कोई प्रश्न नहीं किया, क्योंकि भूख लगी थी। हाथ आगे करके दो फुलके पकड़ लिए, और उन्हीं पर दाल डलवा ली। भागता-भागता गार्ड आया। वह हरी झंडी हिला रहा था। गाड़ी चल पड़ी। लेकिन जैसे ही भीड़ का एक रेला प्लेटफार्म में घुसा, तो ड्राइवर ने गाड़ी रोक ली। गाड़ी में घुसकर लोग पूछ रहे थे कि गाड़ी कहाँ जाएगी ? ये सवारियाँ काफी घबराई हुई थीं। वाहे गुरु...जप रही थीं। इनमें ज्यादा लोग नारोवाल के थे।

एक ने बताया, 'नारोवाल का तो कुछ पूछो ही नहीं, सारी की सारी गाड़ी कटकर लाहौर पहुँची, हमारा तो वहाँ रुकना भी मुश्किल हो गया था, वहाँ से भागना भी, बड़ी मुश्किल से गोरखे जवान हमारी गाड़ी बचाकर लाए हैं। अभी भी वहाँ कई बूढ़े और बूढ़ियाँ रह गए हैं। वहाँ लोग कह रहे थे कि कलमा पढ़ लो तो जान बख्श देंगे।'

'पढ़ लेना था, कलमा तो जुबान ने पढ़ना है, रब तो दिल में रहता है। एक बार कलमा पढ़ लेने से क्या हो जाता है,' पास खड़े एक सलवार-कमीज पहने व्यक्ति ने कहा।

'सिर्फ कलमा नहीं, गऊ मांस भी खिलाते हैं,' ओंकारे ने बात काटते कहा, 'गऊ मांस खिलाएँगे, उन्हां दी...' कहते उसकी आँखों में खून उतर आया।

'इतना ही शेर था, तो भाग क्यों आया?' पास बैठे एक आदमी ने दलील दी।

'शेरों को क्या जान प्यारी नहीं होती?' उसके साथ बैठे एक बूढ़े का तर्क था। लेकिन इस पर कोई हँसा नहीं, वार्तालाप वहीं खत्म हो गया।

गाड़ी चल पड़ी, कभी तेज, कभी धीमी गति से। रात के अँधेरे में चल रही थी, बिलकुल हमारी तरह, फर्क सिर्फ यह था कि गाड़ी को पता था कि कहाँ जाना है, सवारियों की मंजिलें अभी तय नहीं हुई थीं। सूर्य उदय पर गाड़ी जालंधर स्टेशन पर लगी। प्लेटफार्म पर यहाँ-वहाँ तीन-तीन, चार-चार के झुंड में लोग सो रहे थे, उनके अलावा सारा स्टेशन खाली पड़ा था। गाड़ी से उतरने का कोई साहस नहीं कर रहा था क्योंकि पता नहीं था कि गाड़ी यहाँ रुकेगी भी या नहीं। हरी झंडी वाले ने बताया तो गाड़ी से लोग कूदने लगे, किसी के हाथ में लोटा था, किसी के हाथ में कटोरा। छब्बील पर धक्कमपेल हो रही थी।

पानी पी-पी कर दोपहर हो गई, पर गाड़ी चली नहीं। पता चला कि ड्राइवर नहीं है, जब मिलेगा तब गाड़ी चलेगी। पहले लाहौर जाने वाली गाड़ियों को निकालना है, यह हुक्म है।

ओंकारा स्टेशन से बाहर जाकर कुछ फुलके और पकौड़े ले आया।

'फुलके कहाँ से लाया है?' माँ गुस्से से बोली।

'बाहर खोंचा लगाकर बेच रहा था।'

'पता नहीं कौन था वह, हाथ भी धोता है या नहीं।'

'धोता है माँ, ब्राह्मण है, तिलक भी लगाया हुआ था।'

'ब्राह्मण है, तो हंदे माँगकर लाया होगा,' अभी माँ का गुस्सा उतरा नहीं था। फिर फुलके को माँ ने ताश के पत्ते की तरह घुमाया और बोली, 'बैठ जा, तू भी खा ले।' वही दो-दो रोटी और दो-दो पकौड़े, उसी से दोपहर का भोजन हो गया।

प्लेटफार्म पर जहाँ भी जगह मिलती छुटकी और मैं फर्श पर लकीरें खींचकर शटापू खेलने लगते। लोग आकर हमारे शटापू पर कपड़ों से भरी गठरी रख देते, और कन्धे से कपड़ा उतार ईंट के रंग से बनी लाइनों को झाड़ देते। वे इतने अधिक होते,

कि बिना शिकायत किए हमें वहाँ से हटना पड़ता।

रेल की एकाध पटरी हर स्टेशन पर खत्म हो जाती थी। उस पटरी पर चार फुट की ऊँचाई पर एक लकड़ी का फट्टा, लोहे के गार्डरों से टँगा होता था। हम उसे फट्टा स्टॉप कहते थे। हम लोहे की लाइन पर सन्तुलन बनाकर भागते, और फट्टा स्टॉप को छूकर लौट आते। पहले तो हम गिर जाते थे, लेकिन बाद में सन्तुलन बनाना आ गया।

हमारी गाड़ी के एक डिब्बे से सवारियाँ नीचे उतर रही थीं। हम देखने गए कि इन्हें गाड़ी से क्यों उतारा जा रहा है। एक डिब्बे से पानी बहकर प्लेटफार्म को छूता नीचे पटरी पर जा रहा था। प्लेटफार्म पर उसी डिब्बे दरवाजे से एक लाश धड़ाम की आवाज से गिरी। इसे झाड़ू के पीछे लात का जोर लगाकर जमादार ने धकेला था। 'पीछे से ही बीमार चल रहा था, लावारिस था। अमृतसर से जब गाड़ी चली, इसकी साँस थम गई थी,' उसी डिब्बे के एक आदमी ने बताया। 'जब से गाड़ी यहाँ आकर रुकी है, हम स्टेशन मास्टर से ताकीद कर रहे थे, अब जाकर उसने जमादार भेजा है। वह लाश को कूड़े ढोने वाली लोहे की छोटी ठेली पर लटकाकर ले गया। ठेली पर उलटी लटकी लाश के पाँव प्लेटफार्म पर घिसकर एक गीली लाइन बना रहे थे। इधर-उधर कई और लाशें भी बिखरी पड़ी हैं, पर मजदूर कम हैं,' उसी आदमी ने बताया।

अचानक गाड़ी को धक्का लगा, और वह आगे खिसकने लगी। 'इंजन लग गया, इंजन लग गया,' कई चिल्लाए। थोड़ी आगे चलकर गाड़ी फिर रुक गई। खिड़की से सिर पीछे घुमाकर देखा तो दूसरी गाड़ी आकर इसी प्लेटफार्म पर लग गई थी। 'लाहौर से सीधी आई है,' एक व्यक्ति खबर लाया। स्टेशन गेट से कई लोग स्ट्रेचर उठाए उस गाड़ी की ओर भागे आ रहे थे। जल्दी ही स्ट्रेचर वापस लौटने लगे। उन स्ट्रेचरों पर औरतें और लड़कियाँ लेटी थीं। कोई बेहोश थी, कोई हाय-हाय कर रही थी। 'एक दर्जन से कम न होंगी,' एक व्यक्ति खबर लाया। उन दिनों घायलों और मरने वालों की गिनती दर्जनों के आँकड़ों में होती थी।

सांगले से काफिला बनाकर आते लोग अभी सरगोधा रोड पर ही थे कि पखतूनों ने इन्हें घेर लिया। वे सीधे औरतों पर झपटे, और उन्हें खींच-खींच कर टिब्बो के पीछे, झाड़ियों की आड़ में, या खेतों की मुँडेरों के पीछे ले गए। उन बलात्कारियों ने किसी को नहीं बख्शा, जिसने हुक्म नहीं माना उसकी छातियाँ काट दीं। दाँतों से काट-काट कर वे बेचारियों का बुरा हाल कर गए हैं। जिन मर्दों ने अपनी बेटी या बीवी को छुड़ाने की कोशिश की, उनका पेट छुरे से गोद दिया गया। अपने कपड़े समेटते जब वे चले गए, तो चीखते-चिल्लाते उनके परिवार वाले उनकी तरफ भाग रहे थे। खून से लथपथ वे औरतें, अधनंगी और बेचारगी से सनी उन्हें हाथ फैलाकर अपने पास बुला रही थीं।

कन्धों पर अपनी बेटियों, बीवियों को लादे वे मर्द, सरगोधा रोड से उतर लाहौर स्टेशन पर आए। गाड़ी तैयार खड़ी थी। गोरखा जवानों की मदद से उन्हें गाड़ी में जगह दिलवाई गई। स्टेशन मास्टर ने अमृतसर के हेल्थ कैम्प से सम्पर्क किया, उन्होंने अपनी असमर्थता दिखाई, जालंधर वालों ने हामी भर दी, इसलिए गाड़ी को अमृतसर रोके बिना यहाँ ले आए हैं। डॉक्टरों के तम्बुओं से एक महिला खबर लाई कि राम-राम करते माँ ने श्वेता और मझली को खींचकर अपने नजदीक किया, और एक हथेली का उसे सहारा देती 'जय हनुमान ज्ञान गुण सागर' पढ़ने लगी।

माँ को पता चला कि उनके मामू का परिवार दूसरी लाइन पर खड़ी गाड़ी में है, तो वह मुझे साथ लेकर उन्हें ढूँढ़ती वहाँ चली गई। डिब्बे में बैठे पारिवारिक बातें चल रही थीं कि अचानक माँ के मामू को खाँसी आने लगी। माँ पानी लेने प्लेटफार्म पर चली गई, पर नल पर काफी भीड़ थी। पानी लेने के चक्कर में गाड़ी चल पड़ी, माँ दौड़ी पर गाड़ी तेज होकर प्लेटफार्म पार कर गई। माँ परेशान हो गई, उसे सूझ नहीं रहा था कि बेटियों को छोड़े, या बेटे को पकड़े। लेकिन उसे यकीन था कि मेरी सुरक्षा को कोई खतरा नहीं।

माँ के मामू परिवार ने गाड़ी में बिकते दो गन्ने खरीदे,और छह भागों में तोड़ अपने परिवार में बाँट लिए। मेरे हिस्से में कुछ नहीं आया। मैं झेंपता खिड़की के बाहर देखने लगा। मेरे सामने, लाइन में बैठे, वे गन्ने को दाँतों से छीलते, छिलके को मोड़कर पहले छिलके का रस चूस-चूस कर गले के नीचे उतारते, फिर गूदे को दाँतों से तोड़कर उसे चबाकर उसका रस पीते। मैं नजरअन्दाज हो चुका था, इसलिए शर्मिन्दा था।

अगली सुबह गाड़ी सोनीपत रुकी, जहाँ से हमें ट्रांजिट कैम्प में ले जाया गया। दोपहर के भोजन का इन्तजाम नहीं, इसलिए नाश्ते से पेट भर लो, हमें पहले ही आगाह कर दिया गया था। माँ के मामू के परिवार ने जमकर उसे खाया। मैं भी भूखा था, पूरा पेट भर लिया। माँ के मामू के परिवार के पास थैला था, उन्होंने कुछ नाश्ता थैले में भी डाल लिया। मैं खोया हुआ, लावारिस था, मेरे पास थैला नहीं था। वहाँ से मैं खाली हाथ निकल आया।

दोपहर के बाद, मुझे ढूँढ़ता-ढूँढ़ता ओंकारा कैम्प तक पहुँच गया, और बिना रुके मुझे वहाँ से ले आया। जालंधर प्लेटफार्म पर पहुँचा तो माँ मुझे देखकर उछली नहीं, न ही उसने कुछ पूछा, इतना भी नहीं कि मैंने क्या खाया, क्या पिया। उसने मुझे केवल आँख भरकर देखा, और पीठ फेरकर आँखें पोंछ ली, शब्दों के बजाय भाव व्यक्त करना माँ की प्रकृति थी।

कई सालों बाद मैं जब जवान हुआ, तो माँ के उसी मामू की पोती का मेरे लिए रिश्ता आया। 'लड़की एफ.ए. पास है। साठ से ऊपर उसकी टाइपिंग स्पीड है, और स्टेनो लगी हुई है। एक इम्तहान के बाद पी.ए. हो जाएगी,' माँ ने मुझे बताया। 'नहीं

माँ,' कहकर मैंने माँ को बीस साल पहले हुई गन्ने की घटना जब सुनाई, तो माँ चुप हो गई। दो दिन तक परिवार से बिछुड़ने ने मेरी सोच ही बदल दी थी।

दो दिन से खड़ी गाड़ी अचानक हिलने लगी। 'इंजन लग गया, इंजन लग गया,' कई आवाजें आने लगीं। कई गर्दनें रेल के डिब्बों से बाहर निकलीं, टी.टी. गाड़ी के आगे से पीछे भाग रहा था। सब अपनी-अपनी सवारियाँ सँभालने लगे। गाड़ी चल पड़ी। आधी रात को गाड़ी लुधियाना स्टेशन पर आ रुकी। 'सामान उतारो, गाड़ी आगे नहीं जाएगी। अब दिल्ली में सवारियाँ नहीं ले रहे। गाड़ी वापस जाएगी।' यह खबर मिलते ही भाग-दौड़ कर सबने अपना-अपना सामान उतार लिया, इस डर से कि कहीं गाड़ी वापस जाने के लिए चल न पड़े।

सुबह होने तक हम सामान के ऊपर बैठे रहे। अब क्या करें, कहाँ जाएँ, सोच नहीं पा रहे थे कि फूफा जी, उनका लड़का, और मेरा दोस्त मनोहर नजर आया 'फूफा जी, फूफा जी,' मैं चिल्लाया। हमें देखकर वे भी हमारी तरफ लपके। 'सब खैरियत है न?' फूफा ने माँ से पूछा। 'आपके सामने हैं,' माँ ने सफेद साड़ी का पल्ला सिर तक खींचते कहा, 'चन्योट कैम्प चले गए थे, वहाँ से लाहौर, फिर अमृतसर, और वहाँ से यहाँ...आगे देखो...अपनी सुनाओ,' कहकर प्रश्न उनकी तरफ मोड़ दिया।

'हम निकलने वाले हैं, उनको भनक लग गई थी। सुबह-सुबह जीप पिछली गली में लगा दी। अभी सामान जीप पर रख ही रहे थे कि वे आ गए। अभी घर की अगली तरफ इकट्ठे हो रहे थे कि मैंने बच्चों और कुशल्या को जीप पर बैठने को कहा, और खुद चारों कमरों में एक कनस्तर मिट्टी का तेल छिड़ककर आग लगा दी। फिर भागकर जीप में बैठा और उसे भगा लाया। दाएँ दो घर और बाएँ दो घर मुसलमानों के थे। ऐसी आग लगा आया हूँ कि उन दोनों घरों को तो कोई बचा नहीं सका होगा।'

'आपके आँगन में तो कुआँ था।'

'अब नहीं है। घर का सारा सामान उसमें उतारकर माचिस की तीन-चार तीलियाँ बचाकर, बाकी रगड़कर उस कुएँ में फेंक आया हूँ, मेरे सामने ही आग दहक उठी थी।

'लाहौर पहुँचे तो देखा गाड़ी पहले से ही खड़ी थी। जीप स्टेशन से बाहर खड़ी कर सारा सामान उतारा, कुशल्या और बच्चों को गाड़ी में धकेलकर फिर जीप के पास गया, उसका बोनेट उठाया, भीतर आग लगाकर बोनेट बन्द कर दिया, और खुद भागकर गाड़ी में चढ़ लिया। पहले तो बाउंडरी तक धुआँ दिख रहा था, पर जब गाड़ी चली, तो वहाँ से आग की लपटें भी उठती नजर आ गईं।

'अमृतसर पहुँचे तो लुधियाने के लिए गाड़ी खड़ी मिल गई। बस प्लेटफार्म बदला और लुधियाने। ताँगे वाले से पूछा, है कोई घर खाली, और अभी सुबह ही गए हैं उस घर में। घर सलीम टाबरी में है। लुधियाने से दो मील बाहर है, पर है खुला,

हवादार। भाभी मुझे और क्या चाहिए था। हाथ-पैर हैं, सामान तो बनता रहेगा। वेहड़े में आठ-दस मर्जियाँ आ जाती हैं। घर के अन्दर ही कीकर का पेड़ है। दातुन से दाँत साफ करते रहो, और हँसते रहो।

'चलो, आप भी वहीं चलो, कोई न कोई घर मिल जाएगा। लुधियाने में मुसलमानों की आबादी काफी थी।'

'ओंकार दिल्ली जाना चाहता है, पर दिल्ली स्टेशन पर रिफ्यूजियों के उतरने पर रोक लग गई है,' माँ ने मायूसी से कहा।

'अखबार में आया था। इन दो-तीन दिनों में मुस्लिम कैम्पों की निकासी तेज कर दी है। उनसे पुराना किला खाली करा रहे हैं। दो-तीन दिन अभी कोई गाड़ी आगे नहीं जानी। हम तो निकले थे, कोई पहचान का मिल जाए, तो बाकियों का हाल-चाल पूछ लें, पर यहाँ तो भाभी तुम ही मिल गईं।'

मनोहर हमारी गठरी खींचने लगा, 'मामी, इसे मैं उठा लूँ।' फूफा भागकर ताँगा ले आए। 'वही ताँगे वाला मिल गया है, जिसने हमें सलीम टाबरी दिखाई थी। बाहर खड़ा है,' कहकर उसने बड़े ट्रंक को हाथ लगाया। फिर माँ, ओंकारे ने एक तरफ से ट्रंक उठाया, और फूफा ने दूसरी तरफ से, और ताँगे तक ले गए। बाकी सामान सब में बँट गया, हाँ, ओंकारे को तीन चक्कर जरूर लगाने पड़े।

हम सभी ताँगे पर बैठ गए, और ओंकारा ताँगे के साथ, उसका हुक पकड़े भागने लगा, फूफा और मनोहर साइकिल पर आगे निकल चुके थे।

दोपहर का खाना खाकर, मनोहर मुझे सड़क के किनारे चला-चला कर, लुधियाने ले जाता, जहाँ लालटेन सिगरेट के अलावा कैंची, क्वेंडर, पासिंग शो, गोल्ड फ्लैक की लाइट हाउस की सड़क पर गिरी खाली डिब्बियाँ इकट्ठी करके देता। उन्हें हम ले जाकर फूफा जी को देते, वह उनके पंखे बनाकर हमें देते। मनोहर ने मुझे लुधियाना का चर्चित घर 'नौलख्खे का घर' दिखाया। कहते थे उसके मालिक की नौ लाख रुपए की हैसियत थी।

फूफा ने ओंकारा को एक लुटी हुई दुकान का कब्जा दिलवा दिया। लोहे के काम की जानकारी होने के कारण ओंकारे ने ट्रंक मैनुफैक्चरिंग के लेटर पैड छपवा लिये, और लोहे का सामान लेने दिल्ली आ गया। 'लुटे-पिटे लोग अभी ट्रंकों का क्या करेंगे?' एक अच्छे व्यापारी ने ओंकारा से कहा और सलाह दी कि 'कोई खाने-पीने या रोजाना इस्तेमाल के सामान की दुकान खोलो, चल निकलेगी।'

ओंकारा लुधियाने लौट आया, और माँ को दिल्ली चलने को कहा।

शरणार्थियों के लिए दिल्ली फिर से खुल चुकी थी। हम गाड़ी पर बैठे, और दिल्ली आ गए। ओंकारे के पुराने दोस्त की दुकान के पिछले हिस्से में सामान रखकर हम वहीं रुक गए। रोजाना सुबह-सुबह ओंकारा और माँ मकान ढूँढ़ने के लिए जाते, और शाम को लौट आते। कमरा तो मिल गया था, पर उसके कुंडी-कब्जे

सभी टूटे हुए थे। वे हमें बताते, एक अच्छा मकान भी मिल गया था, लेकिन जब उसका ताला तुड़वाया, तो अन्दर सड़ी-गली तीन लाशें पड़ी थीं। माँ मुँह-नाक पर दुपट्टा रखकर वहाँ से दौड़ी, और पीछे-पीछे ओंकारा भी दौड़ता आ गया।

आठ दिनों की भाग-दौड़ के बावजूद भी कहीं कमरा तो नहीं मिला, पर कमरों के बाहर दो बरामदे मिल गए। हमने सामान वहाँ ला पटका, और फर्श पर रात में एक लाइन में बिस्तर बिछाकर लेट गए। बाद में एक प्रभावशाली व्यक्ति से उन कमरों के ताले तुड़वाने का सौदा हुआ, सौदे में एक कमरा, बरामदा वह ले गया।

वर्गाकार इस मोहल्ले के एक बाजू में एक ऐसा ब्लॉक था, जिसमें हर पाँच कमरों के लिए एक शौचालय, तथा हर दस घरों के लिए एक बाथरूम था। इन चालीस घरों के मोहल्ले में रावलपिंडी, चकवाल, मेहरे, झंग, सरगोधे, शेखूपुरा तथा नारोवाल के लोग रहते थे। हमारे यानी, पिंडी भट्टियाँ के भी दो घर थे। मोहल्ले के दो घरों में 'हिन्दुस्तान' और 'स्टेट्समैन' अखबार आता था। ओंकार उर्दू का 'मिलाप' मँगवाता था। सुबह इस बाथरूम ब्लॉक में गुसलखानों के आगे लोग अपना-अपना तौलिया और साबुनदानी लेकर आते थे। जो तेल के शौकीन थे, वे तेल की शीशी भी लाते थे। यहीं तीनों अखबार आते थे, जो पन्ना-पन्ना होकर बँट जाते थे। जिसके हाथ में साझी करने योग्य खबर लगती थी, वह उसे पढ़कर सबको सुनाता था, जिस पर बाद में बहस हो जाती, और खुले मन से नेताओं को गाली दी जाती थी, पर अपने ग्रुप में आपस में किसी को ऊँचा-नीचा कहने की मनाही थी।

14

रामलाल की याद आई

रामलाल सुबह चार बजे की गाड़ी पकड़ सोनीपत गया था, गुड़ की बोरी लाने के लिए, और लगभग ढाई बजे लौटा था—अजमल खाँ रोड पर। पटरी लगाने के लिए पटरी साफ की। साथ बिछी पटरी वाले के लड़के को अपने घर भेजा, दरी मँगाने के लिए। दरी बिछाकर उस पर गुड़ की बोरी उड़ेल दी, और आवाज लगानी शुरू कर दी—'आठ आने सेर।'

पड़ोसी से बाट माँगकर ग्राहकों के लिए गुड़ तौला। माल बिक जाने पर जब हिसाब लगाया, तो हिसाब बराबर पाया, न नफा, न नुकसान। रामलाल उदास हो गया।

एक दूसरे गुड़ बेचने वाले ने उसकी उदासी का कारण जाना, तो उसने उस खाली बोरी को दरी पर जब झाड़ा तो उससे आधा सेर शक्कर निकल आई। है न चार आने की? उसने रामलाल के मुँह से जानना चाहा। तभी साइकिल पर बोरी खरीदने वाला आया। उसने सवा रुपए में वह खाली बोरी उसे बेच दी। हो गया डेढ़

रुपया, उसने रामलाल के अपने मुँह से सुनाना चाहा। रामलाल खुश हो गया, और अगले दिन वह दो बोरी गुड़ लाने की सोचने लगा।

नौ दिन में रामलाल ने अपने तराजू और बाट खरीद लिये, और छोटे भाई को भी अपने साथ सोनीपत ले जाने लगा। जब उसे पता चला कि गाजियाबाद भी गुड़-चीनी की मंडी है तब एक भाई सोनीपत तथा दूसरा भाई गाजियाबाद चला जाता। नए गुड़ का सीजन आया, तो गाजियाबाद में गुड़ के भाव गिर गए, जिससे रामलाल परिवार में रोजाना चार-पौने चार रुपए आने लगे।

घनश्याम का काम आसान था। वह रावलपिंडी में भी सब्जी का काम करता था। यहाँ तो उसे सिर्फ सब्जी मंडी जाना था। वह चला गया, और एक घोड़ा गाड़ी भरकर सब्जियाँ और फल ले आया। उसने अजमल खाँ रोड पर पटरी जमा दी। परिवार बड़ा था, एक-एक दो और ग्यारह। सुबह चार बजे उठकर एक भाई सब्जी मंडी चला जाता, दूसरा भाई सुबह छह बजे दुकान जमा लेता। माल आने तक उसे फैलाने की भूमिका तैयार हो गई होती। सब्जी की दुकान में लम्बी ड्यूटी के कारण, तीसरा भाई उन दोनों को आराम करने का मौका देता। चन्द ही दिनों में उनकी दुकान के आगे कारें खड़ी होनी शुरू हो गईं, ग्राहक बन गए, वे पाकिस्तान बनने को जल्दी ही भूल गए।

लेकिन वह जो पाकिस्तान में सम्पन्न था, वह सफेद कॉलर वाला पटरी नहीं लगा सकता था। उसके लिए यह काम छोटा था। वह किसी अच्छे ऊँचे काम करने की सोचता, और अपनी सोच पर डटा भी रहता, जब तक उसकी बीवी के जेवर तक बिक नहीं जाते।

सनलाइट, लाल साबुन की टिकिया एक हाथ में, और तेल की छोटी शीशी दूसरे हाथ में लेकर ओंकारा भाई गुसलखाना ब्लॉक की ओर चल दिया। तौलिया उठाए मैं भी उसके पीछे था। वहाँ पहले से ही महफिल चल रही थी। सभी अखबार पढ़ रहे थे। ओंकारा के लिए भी एक पन्ना निकाला गया।

'कहाँ से आए हैं?' वहाँ खड़े एक व्यक्ति ने पूछा।

'पिंडी भट्टियाँ, जिला गुजराँवाला।'

'पिंडी भट्टियाँ, वहाँ से तो ग्यारह नम्बर वाले सचदेव भी आए हैं। उनसे मिले क्या?'

'हाँ, उन्हीं ने तो यहाँ का पता हमें बताया था।'

'कितने मेम्बर हो?'

'सात।'

'जगह कम तो नहीं पड़ती? देर से निकले हो क्या?' उसी व्यक्ति ने फिर प्रश्न किया।

'निकल तो पहले आए थे, पर कैम्प में ज्यादा देर रुकना पड़ा।'

'सब खैरियत रही, सही-सलामत पहुँच गए?'

'खून-खराबा तो काफी देखा है, पर हम पर ऊपर वाले की कृपा रही है।'

'यह सचदेव आपकी जात-बिरादरी का है। कहता है कि पीछे बहुत बड़ी जमींदारी छोड़कर आया है। अपनी बग्घी थी, जिस पर बैठकर ससुराल जाता था,' उसी व्यक्ति ने बड़े व्यंग्यात्मक ढंग से पूछा।

'आपने सुना है तो इतना ही ठीक होगा, लेकिन जहाँ तक मेरी जानकारी है, इसके अलावा उनका बहुत बड़ा रसद की आढ़त का भी कारोबार था। अभी-अभी पिंडी भट्टियाँ में तीन मंजिलों का मकान बनवाया था। इनके पिता के पास दुनाली बन्दूक भी थी, कुल्लेदार पगड़ी पहनते थे, डेढ़ फुट का तुर्रा निकालते थे। उनका अपना अखाड़ा था, दशहरे के जलूस में सब से आगे उनकी गटका पार्टी गटका खेलती थी,' कहकर ओंकारे ने उसका मुँह बन्द कर दिया।

'मेहनती लगते हैं, फिर बना लेंगे,' खिसियानी हँसी हँसते उसने बात खत्म करनी चाही।

'जायदाद तो फिर भी बन जाएगी, पर जिनकी इज्जत गई...सात नम्बर वालों की दोनों लड़कियाँ बदमाश काफिले से खींचकर ले गए। बेचारे घर में छिपे, बैठे रोते रहते हैं। हमेशा नजर झुकाकर चलते हैं, किसी से बात तक नहीं करते,' दूसरे व्यक्ति ने उनके प्रति हमदर्दी जताते कहा।

'छोटा भाई है?' दूसरे व्यक्ति ने मेरा गाल थपथपाते ओंकार से पूछा।

'यह छोटा है, बाकी तीन बहनें, माँ और दादी,' कहकर ओंकारे ने थोड़े से होंठ फैलाए।

'और भी जल्दी निकल आते, पर हम तो मास्टर तारा सिंह, लाजपत राय, और गांधी जी के बयानों की वजह से रुके रहे। वे आखिर तक वहीं रुकने को कह रहे थे। इतने बड़े नेता बनते थे, इन्हें धरातल की राजनीति का भी ज्ञान नहीं था,' कई दिनों के बाद ओंकारा ने मुँह खोला।

'लीडर लोग जैसी भीड़ देखते हैं वैसी बात करते हैं। कई दफा तो उन्हें खुद ही पता नहीं होता कि वे क्या बोल रहे हैं। मरवा दिया इन्होंने इन थोपे हुए दंगों में। इनमें से किसी को भी आँच आई हो तो बताओ। खुद आजादी के मजे लूटने के लिए हमारी बहू-बेटियाँ दाँव पर लगा दीं,' उत्तेजित होकर ओंकारे ने कई हफ्तों से रुकी भड़ास निकाल ली। इसके बाद वो कुछ कहता कि उसकी बाथरूम की बारी आ गई।

'यहाँ जगह कम लगे तो, पुराने किले चले जाओ, उसे हाल ही में मुसलमान कैम्प से खाली कराया गया है,' उसी व्यक्ति ने मुझे सुझाव दिया।

'कुछ किंग्जवे कैम्प की बात चल रही थी, वहाँ हमारी मौसी भी है, पर हम यहीं दुकान बनाने की सोच रहे हैं,' मुझे जितना मालूम था मैंने कह दिया।

'ओंकारा निकला, और उसने मुझे बाथरूम में धकेल दिया। 'साबुन मल के नहाना, सिर पर तेल भी लगा लेना, खुश्की हुई पड़ी है,' कहता वह घर की ओर चला गया।

दोपहर में सचदेव चाचा घर पर आए। उन्हें बिठाने के लिए ओंकारे ने ट्रंकों से ऊपर वाला ट्रंक उतारकर उन्हें बिठा दिया।

'भाभी, ठीक जगह पहुँच गईं। जगह जरूर कम है, पर है शहर के बीच। भाभी, तुम्हारी आँखें लाल हैं, रात सोई नहीं क्या ?' अपनापन दिखाते सचदेव चाचा ने पूछा।

'भरा जी, अँगीठी तो वहाँ भी जलाते थे, पर इन टूटे हुए दरवाजों का धुआँ सीधा आँखों में लगता है,' माँ ने उत्तर दिया।

'भैन कुन्ती कैसी है ?' माँ ने पूछा।

'अम्मा का कुछ न पूछो, वहाँ से निकलते वक्त सीढ़ी से गिर गई थी। बड़ी तकलीफ भोगी है उसने। शेखू ने अपने लिए पट्ठे ढोने की गड्डी बनाई थी, उसने अम्मा के लिए दे दी। दूर जाना है, मुश्किल होगी यह कहकर। मेरी जेब में एक पाँच का नोट था तीन-चार रुपए के सिक्के, मैंने गिने नहीं, उसे पकड़ा दिए। वह 'रहने दो शाह जी,' कहता रहा, पर मैंने जबरदस्ती उसकी पगड़ी में टाँग दिए। वक्त पर काम आया, इतना ही काफी है। पर यह बात है कि वह गाड़ी काम बहुत आई, उस पर रखकर बिस्तर भी ढोते रहे हैं। किसी तरह उसी पर अम्मा को लादकर लाहौर तक ले आए। तीन दिन के इन्तजार के बाद अमृतसर की गाड़ी मिली, वहाँ पहुँचकर अम्मा जी का पलस्तर करा दिया। पलस्तर कटने तक मालगाड़ी वाले प्लेटफार्म पर पड़े रहे। अम्मा जब थोड़ा-बहुत चलने लगी तो दिल्ली वाली गाड़ी पकड़कर यहाँ दिल्ली आ गए। एक सिपाही से मिन्नत करी, तो उसने ग्यारह नम्बर खाली करा दिया। कई कमरे खाली पड़े थे, पर कइयों ने एक-एक गठरी रखकर कमरे पर कब्जा किया हुआ था। बाद में कई पहाड़गंज और दरियागंज चले गए, पर हमने तो इतनी जगह के लिए ही भगवान का शुक्र मना लिया।'

'आप जुम्मे के दिन निकले थे, आगे सोमवारी अमावस्या थी, उसी दिन शौकत ने आपके घर वाली सड़क पर ट्रक लगा लिया, और पूरे तीन दिन ट्रक भरता रहा, पता नहीं क्या-क्या दबा रखा था आपने।'

'दबाने को क्या था, फसल साफ करके धर आई थी। वे साठ-बासठ बोरियाँ थीं, बाकी लोहे की दुकान का बारदाना, तुझे तो पता है उठाए नहीं उठता। कील, कुंडियाँ, छपके, पट्ठे काटने की मशीनें। अब किस-किस को याद करें...खस्मां नूं खाए सब, वह सब कुछ भरा-भराया छोड़ आए हैं, तो हम उस चीज को क्यों रोएँ,' कहकर माँ ने राम-राम कहा और आँखें पोंछ लीं। इस बार उसकी आँखें सूखी थीं।

'भैन सुमित्रा का कुछ पता चला, वह तो टाँग पर हाथ रखकर चलती थी।'

'होगी अमृतसर, मझले भाई के पास, वह तो पहले से वहाँ इंजीनियर लगा हुआ है।'

'हमारी दुकान का क्या हुआ ?'

'वही शौकत कह रहा था, शाहनी जी चाबियाँ मुझे दे गई हैं।'

'अब कुत्ता खाए, या सूअर, मेरी कुड़ियाँ सलामत आ गई हैं तो मेरे लिए सब कुछ आ गया। वहाँ चौपड़ी खाते थे, यहाँ रूखी-सूखी खा लेंगे। रिजक तो रब की अमानत है, कभी दे देता है, कभी ले लेता है।'

'और कोई अपना मिला ?'

'ननद ने यहीं दिल्ली आना था। उसका बेटा तीर्थराम पहले से यहीं नौकरी करता है, उसी ने अपने टब्बर को दिल्ली बुलाया था।'

'वह जो तुम्हारे यहाँ पढ़ता था ?'

'हाँ, वह वहाँ से दसवीं पास करके लाहौर आया था, बाद में दिल्ली चला आया।'

'शर्बत बनाऊँ या शिकंजी ?' माँ ने उससे पूछा।

'नहीं, बस चलता हूँ। बहियों की जिल्दें ठीक कराने को दी हैं, वही लेने जा रहा था,' कहकर सचदेव अंकल उठकर चले गए।

15

अजमल खाँ रोड

मेरे कन्धे पर हाथ रखकर ओंकारा भाई बोले, 'चलो बाजार घुमा लाऊँ।'

अजमल खाँ काफी चौड़ा बाजार था। दवाइयों का तथा जनरल स्टोर—'मोहन स्टोर' यहाँ का लैंडमार्क था। गडोदिया, और लक्ष्मी, दो बैंक थे। सोशलिस्ट पार्टी का दफ्तर था। उसी फ्लोर पर एक कमरे में कांग्रेस कमेटी का भी दफ्तर था। अप्सरा और दिल्ली, दो रेस्टोरेंट थे। रघुनाथ मन्दिर था। स्टैंडर्ड बर्फी वाला तब रेहड़ी पर मूँग की दाल का हलवा बेचता था। आर्य समाज वाला चौक, और उसी चौक में आर्य समाज मन्दिर, उससे आगे वेस्टर्न एक्सटेंशन एरिया, जहाँ कोई-कोई दुकान थी, बाकी सन्नाटा था। मुसलमान परिवार जा चुके थे, और उनके छोड़े मकानों पर पाकिस्तान से आए विस्थापितों ने कब्जा बना रखा था। पटरियाँ लग चुकी थीं, जिन पर कपड़े धोने के देसी साबुन, सब्जी, गुड़, चीनी, कंघियों वगैरह की आवाजें देकर बिक्री हो रही थी।

अचानक बुआ के लड़के तीर्थराम पर नजर पड़ी। वह हमें देखते ही दौड़ा चला आया, और 'कब आए', 'शशि तू इतना बड़ा हो गया है,' 'कहाँ ठहरे' जैसे प्रश्न उत्तर का इन्तजार किए बिना करता गया। फिर उसने बताया कि यहीं थाने के सामने एक छोटी सी जगह मिल गई है, लेकिन हम ढूँढ़ रहे हैं कि कहीं कोई अच्छी जगह मिल जाए तो वहाँ चले जाएँ।

'मामी जी, श्वेता, मझली, छुटकी कैसी हैं ?' उसने उत्सुकता से पूछा।

'सब सही-सलामत हैं, बाकियों की हालत देखकर वाहे गुरु का शुक्र मना रहे हैं। फूफा जी, भाई लोग, तथा बहनें सही-सलामत पहुँच गए?'

'स्टेशन पर एक दिन बिशन सिंह मिला, उसने बताया कि ये लोग करनाल स्टेशन पर अटके बैठे हैं, एक-दो रोज में पहुँच जाएँगे, तो समझिए मैंने लगभग बारह दिन स्टेशन पर काटे। हर रोज, हर आने वाली गाड़ी के हर डिब्बे में घुस-घुस कर देखता रहा। तेरहवें दिन अचानक एक खिड़की से बाहर झाँकता मुन्नी का चेहरा दिखा, तो उस डिब्बे की तरफ भाग पड़ा। गले लगकर तुम्हारी बुआ बहुत रोई। शेखू के पास उनकी कनवाई पर हमला हो गया था। मिलिट्री के साथ दंगाई का मोर्चा काफी देर चलने के बाद अचानक वहाँ से गोरखा मिलिट्री से भरे दो ट्रक निकले। वे जैसे ही रुके, दंगाई वहाँ से भाग गए। गुल्लू और बिल्लू को स्कूल में दाखिला मिल गया है। बाकियों के लिए कोशिश जारी है। चलो घर चलते हैं।'

तीर्थराम का मकान नुक्कड़ वाली गली में पहली मंजिल पर था। बुआ बालटी में कपड़े निचोड़ रही थी। हमें देखते ही उसने कपड़ा वापस बालटी में छोड़ दिया, और तेजी से आगे बढ़कर मुझे उठा लिया। मेरा शशि, मेरा शशि कहते वह मेरा मुँह चूमती रही, लेकिन मेरा शरीर भारी होने के कारण वह मुझे ज्यादा देर नहीं सँभाल पाई।

'भाभी कैसी है? बच्चे?'

'सब ठीक हैं, बस दस दिन हुए हैं यहाँ पहुँचे। सुना है पुराने किले में ठहरने का इन्तजाम अच्छा है, हो सकता है, वहाँ चले जाएँ।'

'भाभी से मिला दो। अब बैठ गए हो तो ठीक है। एक-दूसरे का सहारा होता है।'

'मिल गए हैं न, तसल्ली हो गई, एक-दो दिनों में सबके दाखिले हो जाने दो, फिर मिलकर चलेंगे।'

घर आकर जब माँ को बताया, तो वह बहुत खुश हुई। उसे छोड़ हमारे पहले निकल आने पर वह गुस्सा थी।

'परेशानी आए, और टल जाए, उसे परेशानी नहीं कहते। रही उसके गिले की बात, वह तो उसकी आदत है। वह स्थिति को कभी भी दूसरे के नजरिए से नहीं देखती। जब मैंने उसके लिए वर चुना था, तो कई दिन मुझसे कटी-कटी रही। 'भाभी, अगर मेरे लिए तुम यहाँ हाँ नहीं करतीं, तो जरूर इससे अच्छा वर मिल जाता,' वह बार-बार कहती रही।' इतना कहने के बाद माँ के चेहरे पर हलकी सी मुस्कान देखी। यह मुस्कान तपती धूप में पड़े वर्षा के एक छींटे की सी थी, जो फूल-पत्तियों को गीला तो कर देता है, पर धरती की प्यास नहीं बुझा पाता।

'रिमझिम बरसे बादरवा, मस्त हवाएँ आईं, पिया घर आजा-आजा' गीत सुनकर, ओंकारा, जो शाम को घूमने जाने के लिए छोटे से शीशे को सामने रख, अपनी कच्ची

मूँछों को जंग लगी छोटी सी कैंची से तलवार की शक्ल दे रहा था, उठा और बाहर भागा। हमारे दरवाजे के सामने, और मोहल्ले के बिलकुल बीच, परवाना साहब, ग्रामोफोन की चाबी भर रहे थे। वह अपने घर से घसीटकर चारपाई ले आया, जिस पर गुसलखाना क्लब के मेम्बर बैठ गए, ओंकारा भी उनमें जाकर बैठ गया।

'क्या आवाज है जोहरा बाई अम्बाले वाली की। मधोक साहब के लिखे गीत के साथ कितना इंसाफ किया है उसने,' वहीं बैठे रामलाल ने कहा। उसका गुड़ जल्दी बिक जाने के कारण वह शाम को ही घर आ गया था। 'कितना दर्द है आवाज में', मैंने कहा, 'मुलतान में हमारे घर में भी ग्रामोफोन था। पिताजी कपड़ा लेने रंगून गए थे, तो वहाँ से ले आए थे। चार तवे थे हमारे पास, जिनके दोनों तरफ से गाना बजता था। 'काहे जिया डोले, कहा नहीं जाए' शकील का गाना था, जिसे उमा देवी, जिन्हें टुनटुन कहते थे, ने गाया था। जैसे ही गाना शुरू होता, मैं खड़ा होकर नाचने लगता था। मेरे नाचने से खुश होकर वहाँ खड़ा कोई मुझे इमरती, कोई पेड़ा इनाम के तौर पर दे देता। मेरी माँ खुश होकर मुझे मरासी कहती थीं। 'स्कूल से निकलकर यही काम करना है' मेरे लालाजी मुझे झिड़कते। 'तेरा मुस्तकबिल क्या है, आज एक इमरती मिली है, कल चार मिल जाएँगी। तेरी होने वाली कव्वार और बाल-बच्चों के लिए काफी रहेंगी,' वह मुझे डराते थे, पर मैं ठहरा कलाकार, उनकी कहाँ सुनता था।'

'वह रिकॉर्ड मेरे पास भी है,' कम बोलने वाले परवाना जी बोले। उन्होंने गाना-पेटी के नीचे बने रिकॉर्ड रखने वाले खाने से झुक-झुक कर पढ़ के एक रिकॉर्ड निकाल लिया। फिर रिकॉर्ड बदला, ग्रामोफोन को चाबी भरी, और घूमते रिकॉर्ड पर सुई रख दी।

काहे जिया डोले, कहा न जाए

सुनते ही रामलाल ने अपनी रान पर थपकी देनी शुरू कर दी।

कहा नहीं जाए, ओ कहा नहीं जाए

वह उठ खड़ा हुआ। यहाँ खड़े लोगों को थोड़ा-थोड़ा पीछे हटाकर, उसने बड़ा सा घेरा बना लिया, और कन्धे पर पड़े गमछे को घूँघट बनाकर आँखें मटकाने लगा।

यमुना के पार मेरे पी की नगरिया
पी की नगरिया...
कैसे बिताऊँ हाय बाली उमरिया
बाली उमरिया...
घुट-घुट के मन तो रहा नहीं जाए,

दाएँ हाथ की हथेली माथे तक ले जाकर वह दूर देखने के भाव लाने लगा, और आँखों को दाएँ-बाएँ घुमाने लगा। उसको इतना गम्भीर देखकर सबकी हँसी निकल गई, पर उसकी गम्भीरता पर कोई असर नहीं पड़ा।

जीवन को भाए मोरे बचपन का संगना बचपन का संगना	रामलाल थोड़ा झुका और भँवर नृत्य करने लगा। इसी बीच उसने दो-तीन घुमाइयाँ लीं। सभी हँस-हँस के लोट-पोट होने लगे।
पी पी पपिहरा बोले जब मेरे अँगना जब मेरे अँगना	इस पंक्ति के साथ रामलाल ने खुद भी गाना शुरू कर दिया और हथेली को नृत्य की मुद्रा में जमीन तक ले जाकर गोल-गोल घूमने लगा। बीच-बीच में अपनी तलवार कट मूँछों को भी दाएँ-बाएँ घुमाता रहा। उसकी लगन को देख-देखकर खड़े लोगों के पेट में बल पड़ने लगे, लोगों के उत्साह को देख वह और भी गम्भीर हो गया।
सागर में डोल रही हृदय की नैया हृदय की नैया	उसने गमछे को कमर पर बाँध लिया और अपनी आवाज का वॉल्यूम बढ़ा दिया और पाँवों पर गोल-गोल घूमने लगा।
ऊँची-ऊँची लहरों में बहा नहीं जाए बहा नहीं जाए	घूमते-घूमते उसने दोनों हाथ आसमान की ओर उठा लिये, और घूमना जारी रखा और बीच-बीच में उछलने लगा।

इसी बीच किसी ने उसके पाजामे के लटकते नाड़े को खींच दिया। रामलाल नृत्य भूलकर अपने पाजामे को झपटकर सँभालने लगा, और कामयाब भी हो गया, लेकिन वहाँ खड़े सभी लोट-पोट हो रहे थे।

एक लड़के ने अपना आधा खाया हुआ भुट्टा रामलाल को पकड़ा दिया।

'यह मेरा इनाम है सिर माथे पर,' कहकर रामलाल ने भुट्टा खाना शुरू कर दिया। अगले दिन सुबह, फिर सभी अपनी-अपनी साबुनदानियाँ लेकर गुसलखाना क्लब आए, फिर अखबार बँटे, और गम्भीरता से सभी खबरें पढ़ने लगे। मैं उचक-उचक कर ओंकारे के पन्नों को देख रहा था, जिनमें 'वीणा फूलों के सेंट,' और 'बाल सफा' का विज्ञापन उर्दू में छपा था।

कोई अपना पन्ना पढ़कर कहने लगा, 'आँकड़े आने लगे हैं, पर सही गिनती कोई नहीं बता रहा। लिखा है कि पूरी दुनिया में आज तक हुए बँटवारों में यह सबसे बड़ा बँटवारा था, और दुनिया के अब तक हुए दस हादसों में से एक था।

'लिखा है कि बी.बी.सी. का मानना है कि जिन्होंने 'टू नेशन थ्योरी' रखी थी, वे भारत का बँटवारा नहीं चाहते थे।'

'वो नहीं चाहते थे, तो और कौन चाहता था ?' ओंकारे का गुस्से भरा प्रश्न था।

'पहले नहीं चाहते थे, लेकिन बाद में पंजाब और सिंध के बड़े जमींदारों और व्यापारियों के दबाव में झुक गए', यह हरबंस लाल का कहना था, वह रामलाल का छोटा भाई था।

'ये लीडर खुद नहीं कहते, दूसरे से कहलवाते हैं। मीठा-मीठा गप, कड़वा-कड़वा थू नहीं, बात सच भी हो सकती है। इतने बड़े भारत में, कृषि और व्यापार में हिन्दुओं का दबदबा होने के कारण वे परेशान थे। छोटी मंडियों में अपना दबदबा बनाकर रहने को वे हामी थे।

'उनका तो कहना था कि वे तकसीम पर इसलिए जोर दे रहे हैं, ताकि आजाद मुल्क में सत्ता के बँटवारे के वक्त उनकी सौदा करने की हैसियत मजबूत हो, और मुसलमानों को कुर्सियों की दौड़ में अधिक से अधिक हिस्सा दिलवा सकें।'

'बात तो वही है, वे ऊपर से कुछ और थे, और भीतर से कुछ और,' हरबंस लाल ने बात को संक्षिप्त कर दिया।

समय बीतने पर लड़कियों के दिलों से विभाजन में हुई वारदातों का डर गायब हो चुका था। अब वे बाजार से नमक, मिर्च, दही, रिबन, परान्दे लेने जाने लगी थीं। उनके खरीद के बाद यदि पैसे बच जाते, तो वे एक-डेढ़ गज रंगीन रिबन भी खरीद लेतीं।

तैंतीस नम्बर वाले सरगोधा में विभाजन से पहले पतंग बनाने का काम करते थे। यहाँ भी उन्होंने वही धंधा अपना लिया। थोक का काम करते थे, इसलिए अभी भी उनके पास उत्तरी भारत के ग्राहक बचे थे। तीन-चार कारीगर एक लाइन में बैठते थे। ऑर्डर के मुताबिक पहले वे कई रंगों में कागज चतुर्भुज काट लेते थे। लाइन में बैठा पहला आदमी कागज पर लेई से पतंग का मुख्य बाँस लगाता था, दूसरा उस पर बाँस की कमान, और तीसरा छह कागज के छोटे-छोटे टुकड़ों से उन बाँसों को पक्का करता था। बाद में सभी मिलकर बनी उस पतंग के गिर्द धागा घुमाते, और पतंग में पूँछ लगा देते थे।

चम्पा और चमेली पतंग बनाने वाले की बेटियाँ थीं। वे उनके लिए नाश्ता, दोपहर और रात का खाना तैयार करती थीं। चम्पा बड़ी थी, पर उसकी छातियों के न उभरने के कारण वह छोटी से छोटी लगती थी। बेचारी से कौन शादी करेगा, अक्सर खुसर-फुसुर होती रहती थी।

चमेली चौदह साल की चंचल लड़की थी, मोहल्ले में सबसे पहले वही लाल रिबन खरीदकर लाई थी, और उसी ने दो गुत्तें बनाई थीं। उन गुत्तों पर रिबन बाँध मोहल्ले में फैशन की शुरुआत भी उसी ने की थी। उसकी देखादेखी बाकी लड़कियाँ भी दो गुत्तें बनाने लगीं।

सर्दियों की दोपहर, मुहल्ले की औरतें चूल्हे-चौके से निपट अपने-अपने घरों के आगे चारपाई डालकर बैठी थीं। कोई स्वेटर बुन रही थी, कोई अपनी बेटी के

सिर से जुएँ निकाल-निकालकर नाखून पर रख उनकी हत्या कर रही थी, तो कोई साग या सब्जी काट रही थी। तभी मोहल्ले में एक सरदार जी द्वारा गाने की आवाज आई :

'माई मेरिये नी मैनूं बड़ा चाव, दो गुत्तां कर मेरियां'

'दो गुत्तां दा स्यापा' पुस्तक को तिरछी कर जब वह मुँह से माई मेरिये...गाता तो उसकी आवाज और भी तेज हो जाती थी। गाना खत्म करके वह वहाँ बैठी औरतों को सम्बोधित करता भाषण शुरू कर देता—दो गुत्तों का स्यापा, मेरी बहनो, तुम्हारी बच्चियाँ तुम्हारे हाथ से निकलती जा रही हैं। शहर में आकर कुड़ियों के पर निकल आए हैं, अगर वक्त पर लगाम न लगाई तो कल लव मैरिज कर लेंगी। घर की इज्जत बचाओ, तरीके इस पुस्तक 'दो गुत्तां दा स्यापा' में दर्ज हैं। यह किताब अगर मेरी दुकान 'खालसा बुक शॉप' से खरीदोगे, तो इसकी कीमत दो आने...यहाँ आपकी सेवा में, सिर्फ एक आना, एक आना...। मेरी बहनो, यह एक आना कीमत सिर्फ आपके लिए है, कोई मेरा वीर खरीदना चाहेगा, तो इसकी कीमत वही खालसा बुक शॉप वाली—दो आने। भैनो, एक आना न बचाओ, एक आना कुड़ियों की इज्जत से बड़ा नहीं। एक आना, एक आना, एक आना, कहकर वह फिर गाना शुरू कर देता, 'माए मेरिए...' उसकी दो-तीन पुस्तकें बिक जातीं, और वह मोहल्ले से निकल, अगली गली में चला जाता।

एक दिन 'गांधी जी को गोली लग गई' का शोर मच गया। 'चले गए तो अच्छा हुआ, बूढ़े किसे अच्छे लगते हैं, हर भाषण में बेचारे यही कहते थे, मेरी कौन सुनता है,' किसी की टिप्पणी थी।

'मसीहे हमेशा ही किनारे लगा दिए जाते हैं,' पहली प्रक्रिया मैंने सुनी। वैसे भी ज्यादातर विस्थापितों का मानना था कि वे मुसलमानों को खुश करने में लगे रहते हैं। वे उन्हें आजादी के बजाय अपनी बरबादी का कारण मानते थे। आजादी मिलने के बाद सब नेताओं की अपनी लाइफ-स्टाइल बन गई। वे कार से आते थे, और कार से निकल जाते थे, और फरियादी उनकी कोठी के बाहर बैठकर अपने दुख अर्दलियों और वाटरमैनों को सुनाते रहते थे।

अजमल खाँ रोड पर, जहाँ कांग्रेस कमेटी का एक कमरे का दफ्तर था, वहाँ ट्रक लग गए। गांधी जी को अन्तिम विदाई देने का सन्देश फैलते देर नहीं लगी, और लोग ट्रक में भर-भर कर विजय चौक जाने लगे।

ओंकारा भाई ने भी जाने का विचार बना लिया, और मुझे भी उठाकर ट्रक में डाल दिया। ट्रक ने जहाँ उतारा, वहाँ पहले से बड़ी भीड़ इकट्ठा थी। मेरा कद छोटा होने के कारण मैं सिर्फ लोगों में फँसा था, उनकी कमीजों, कुर्तों के सिवा मुझे कुछ नजर नहीं आ रहा था। कभी-कभार ओंकारा भाई मुझे कन्धे पर बिठा लेते, तभी मैं गांधी जी की शव-पालकी देख पाता। हाँ 'रघुपति राघव राजा राम...' भीड़

में खड़ा मैं, जरूर सुनता रहा। आखिरी बार जब ओंकार भाई ने मुझे कन्धे पर बिठाया, पालकी आगे निकल चुकी थी, और हजारों की गिनती में लोग उस पालकी के पीछे भाग रहे थे।

अगले दिन जब साबुनदानी लेकर गुसलखाना क्लब पहुँचा, तो वहाँ पहले से खड़े स्टेट्समैन अखबार वाले अंकल बाकी सबका इन्तजार कर रहे थे। वह आतुर थे महात्मा जी की अन्तिम विदाई की कवरेज सबके साथ साझा करने के लिए। खूब बड़ी-बड़ी तसवीरें, अखबार का पहला पन्ना लगभग उन्हीं तसवीरों से भरा था। अन्य नेताओं के बीच खड़े पं. जवाहरलाल के चित्र से मेरा पहले परिचय हो चुका था, इसलिए उन्हें पहचानने में कठिनाई नहीं हुई।

वही एक ग्रुप में राजनीतिक बहस छिड़ गई, पर इस बार वे माउंटबेटन को कोस रहे थे। सरदार पटेल के बारे में सबकी राय अच्छी थी। वे कुछ पिछले कांग्रेस सम्मेलनों का जिक्र कर रहे थे, और नेहरू जी की ईमानदारी पर शक कर रहे थे। उनका कहना था कि पिछले कांग्रेस अध्यक्ष के चुनाव में पटेल को अधिकतम वोट मिले थे, लेकिन पंडित जी ने गांधी जी पर दबाव डालकर कांग्रेस का अध्यक्ष पद अपने हिस्से करवा लिया था। गुसलखाना क्लब की खासियत थी कि भले ही किसी के नहाने की बारी आ जाए, वह बेशक चला जाए, पर बहस चलती रहेगी, वैसी की वैसी। कभी-कभार गुसलखाने में जाने वाला व्यक्ति, आधा अन्दर आधा बाहर रहकर अपनी बात पूरी कर लेता, लेकिन यह जरूरी नहीं था कि वह अपने विचार की बटन किसी दूसरे को सौंप जाए।

पानी की टंकी के नीचे बच्चों का स्कूल खुल गया। वहाँ पतंगवाले की बेटी चम्पा को तीस रुपए की मास्टरनी की नौकरी मिल गई। सुबह सात बजे जाना, और दोपहर एक बजे छुट्टी। मोहल्ले के बीच लगे नल से पानी लेती चम्पा का परिचय मेरी बड़ी बहन श्वेता से हो गया। 'टीचर बन गई हूँ, टंकी वाले स्कूल में बच्चों को पढ़ाने का काम मिल गया है। तुम कितनी पढ़ी हो?' अपना परिचय देने से पहले उसने पूछा। 'आठवीं के बाद हिन्दी रत्न कर रखा है। अब भूषण और प्रभाकर की इकट्ठी परीक्षा दूँगी। पास होकर बी.ए. ओनली इंगलिश कर लूँगी,' बड़े विश्वास के साथ श्वेता ने उत्तर दिया। 'फिर तो तुम्हारी नौकरी पक्की, कान्ता दीदी, जो टंकी के नीचे स्कूल चलाती हैं, उन्होंने मुझे और टीचर लाने के लिए कह रखा है।' 'माँ से पूछकर बताऊँगी,' श्वेता अपनी बालटी भरकर घर आ गई।

'छोटे बच्चों को पढ़ाना है, सो तो ठीक है, पर तुम्हें खुद भी तो परीक्षा की तैयारी करनी है। पन्द्रह दिन-महीना भर कॉपी-किताबें देख लो, फिर तेरे लिए कोई स्कूल ढूँढ़ते हैं,' कहकर माँ ने फैसला टाल दिया।

'तुम यही सोचती हो कि लड़की से नौकरी नहीं करवानी। आगे कैसा समय आना है माँ, किसे पता। सभी मेहनत करेंगे, तो पाँव जमेंगे। मैं कौन सा दफ्तर में

मर्दों के साथ नौकरी करने जा रही हूँ, यहीं पानी की टंकी तक ही तो जाना है। बीस कदम पैदल का रास्ता है। रही भूषण, प्रभाकर की बात तो उसे यहाँ कोई नहीं जानता। किताबें खरीदकर घर में ही तैयारी करनी होगी। जैसे ही पंजाब यूनिवर्सिटी काम करना शुरू करेगी, किताबों की लिस्ट दुकानों पर आ जाएगी। माँ, कॉपी-किताबों का खर्चा भी तो बढ़ता है, जैसे ही ओंकारा भाई का काम कमाई दिखाने लगेगा, मैं पढ़ाना छोड़ दूँगी।'

माँ ने 'हाँ' कर दी।

अगले दिन ओंकारा भाई मुझे खालसा स्कूल ले गया, दाखिला कराने के लिए। 'दूसरी कक्षा में दाखिले के लिए टेस्ट होगा,' बहन जी बोलीं। उन्होंने हिसाब की दो इबारतें लिखवाईं, और उन्हें जमा करने को कहा। सवाल आसान था। मैंने झट से दोनों रकमें जमा कीं और खुशी-खुशी बहन जी के पास ले गया। 'ऐह तू की कर लाया?' स्लेट देखते ही वह चीखीं, 'यह क्या पान-पान बना लाया है? मैंने तो तुझे हिसाब का सवाल लिखाया था।' 'यह पान ही पाँच है, मदरसे में ऐसा ही पढ़ाया जाता है,' मैं थोड़ा रुक-रुक कर बोला। 'तो जाओ! मदरसे बाकी भी वहीं पढ़ो।' वह मास्टरनी के लहजे से बोलीं। मायूस होकर ओंकारा भाई, मेरा हाथ पकड़कर घर ले आए।

'इलम भी लुट गया,' माँ की पहली प्रतिक्रिया थी। 'अब क्या होगा?' कहकर वह झुक चूल्हे को फूँक मारने लगी।

अगले दिन हिन्दी स्कूल में ले जाया गया। 'क्या नाम है?' 'शशि कुमार,' भाई ने जवाब दिया। पहले से खुले रजिस्टर में मास्टर जी ने श...शी...कुमार लिख लिया और छड़ी से मुझे मेरी जगह दिखा दी, और मैं भी वहीं बैठकर आ...से...आम, औ...से...औरत चिल्लाने लगा।

मझली को सरकारी स्कूल में दाखिला नहीं मिला। 'इतने महीने कहाँ थीं, अब तो दाखिले बन्द हो गए हैं,' हेड मिस्ट्रेस ने अपना फैसला सुना दिया। मझली ने विपिनपुरा के एक प्राइवेट स्कूल में दाखिला ले लिया। लेकिन छुटकी सरकारी स्कूल में जाने लगी। तीसरी कक्षा में तब तक सीटें खाली थीं।

एक रात फूफा का सन्देश आया, अजमल खाँ रोड पर दुकानों के लिए जगह पर कब्जे हो रहे हैं, फौरन चले आओ। अपने साथ उन्होंने ओंकारे के लिए भी जगह रोक रखी थी। ओंकारे ने उस पर अपना कब्जा कर लिया। अगले दिन लकड़ी वाले आरे से शतीरें कटवाकर तरखान लगा दिया, तो नौ बाई नौ फुट का खोखा तैयार हो गया। उसके ऊपर लोहे की चद्दरें डाल दीं, और आगे एक-एक फुट के फट्टों का हट जाने वाला दरवाजा बनवा लिया। दुकान तैयार थी, और ओंकारे ने जनरल स्टोर बनाने को सोच भी लिया था।

'रोहतक रोड पर टेंटों का सिनेमा बन रहा है,' जिन्दी खबर लाया। हम सभी

बच्चे बाउंडरी-वॉल को फाँद शॉर्ट-कट लेते वहाँ पहुँच गए। जमीन में गड्ढे खोदकर बल्लियाँ खड़ी की जा रही थीं। फिर बल्लियों से बल्लियाँ बाँधकर, बल्लियों की ऊँचाई बढ़ाई जा रही थी।

दो दिन के बाद पता चला कि भगवती टॉकीज बनकर तैयार हो गई है, बस पर्दा टाँगना और प्रोजेक्टर आना बाकी है। तकनीकी कारणों से यह इन्तजार लम्बा पड़ गया।

साबुनदानी लेकर गुसलखाना क्लब गए तो पता चला भारत का संविधान लिखकर पूरा हो चुका है, और आने वाली छब्बीस जनवरी को भारत को जनतंत्र देश घोषित कर दिया जाएगा। स्कूल गए तो लाइनों में बच्चों को खड़ा करके राष्ट्रगीत : जन गण मन...गाया गया। बच्चों में पीतल की प्लेटें बाँटी गईं, जिन पर प्रेस-डाई से राष्ट्रीय चिह्न तीन शेर उभरे थे, और खुशी इस बात की थी कि भारत का दर्जा दुनिया में सबसे बड़े गणराज्य का था। घर में दो नई प्लेटें पाकर सभी खुश थे। लेकिन इक्कीस नम्बर वाले सरदार जी की प्रतिक्रिया कुछ और ही थी : 'भीख माँगने के लिए प्लेटें दी हैं। सत्यानाश हो उन लीडरों का जिन्होंने पाकिस्तान बनाया।'

विस्थापितों के आने से पहले दिल्ली बाबुओं की नगरी मानी जाती थी। दूर-दराज से आए मैट्रिक पास क्लर्कों को एक सौ पच्चीस रुपए प्रतिमास तनख्वाह के रूप में मिलते थे। जिनकी टाइपिंग स्पीड चालीस अक्षर प्रति मिनट से ऊपर हो जाती थी वे महत्त्वाकांक्षी हो जाते थे, और पार्ट टाइम शॉर्ट-हैंड सीखने लगते थे। पचास-साठ की टाइपिंग स्पीड और शॉर्ट-हैंड में डिक्टेशन लेने की योग्यता आ जाने पर क्लर्क स्टेनो बना दिए जाते थे, और किसी अफसर के साथ लगा दिए जाते थे। वे पर्सनल सेक्रेटरी बनने के सपने देखने लगते थे। हिन्द, बी.एस.ए. और हरक्यूलिस साइकिलें इनके प्रिय वाहन होते थे। करोलबाग, डब्लू.ई.ए., बिडनपुरा, संत नगर, और रामजस रोड इत्यादि इनके प्रिय निवास स्थल थे। करोलबाग का व्यापार इन्हीं ए.डी.सी. और यू.डी.सी. पर निर्भर था। जैसे महीने के आखिरी दिन इनके लिए मुश्किल भरे होते थे, वैसे ही करोलबाग की दुकानें भी उन दिनों मायूसजदा रहती थीं। सरकार में नौकरी करने वाले अपनी पगार पर कुछ 'टॉपिंग्स' लगा लेते थे, जिसे ऊपर की आमदनी कहा जाता है। लड़के की तनख्वाह एक सौ पैंसठ है, तो लड़की वाले पूछ लेते थे : विद टॉपिंग, या विदाउट टॉपिंग? इस वर्ग का प्रिय अखबार 'स्टेट्समैन' था। कहते थे कि इसकी अंग्रेजी भाषा का स्तर अच्छा है। 'हिन्दुस्तान टाइम्स' विज्ञापनों की वजह से अपनी जरूरत बनाए हुए था। ब्लांडी, फैंटम इस वर्ग की प्रिय कार्टून स्ट्रिप थीं, और शंकर प्रिय कार्टूनिस्ट। 'ब्लिट्ज' के सम्पादक कारंजिया के सम्पादकीय से लोग प्रभावित थे—कहाँ-कहाँ से खबर निकाल लाता है। 'फिल्मफेयर' में आई.एस. जौहर का फिल्मी हास्य का कॉलम काफी पढ़ा जाता था। उसे ऐक्टरों में सबसे ज्यादा पढ़ा-लिखा है, कहा जाता था। श्यामलाल और

देवदास गांधी सम्मानजनक सम्पादक माने जाते थे। बाबुओं की कुर्सी के पीछे आशीर्वाद देते महात्मा गांधी का कैलेंडर लटका रहता था। आशीर्वाद के लिए उठे हाथ की पाँच उँगलियों का मतलब, 'इस कुर्सी पर बैठे बाबू को पाँच रुपए दे दो, अगर फाइल आगे बढ़वानी है' बताया जाता था। कई बाबू लोग इन पाँच रुपयों को फाइल के पहियों की संज्ञा देते थे।

भगवती टॉकीज चालू हो चुकी थी। जब हम बच्चे वहाँ फिल्मों की तसवीरें देखने पहुँचते तो भीतर हॉल से गाने की आवाज, 'आएगा, आएगा, आने वाला' आ रही होती थी। लकड़ी के फ्रेम के ऊपर जूट की बोरी ठोंक कर सफेदी पोत दी जाती थी, और इस पर 'आज रात को फिल्म आवारा : सितारे राजकपूर, नरगिस, प्रेमनाथ, टिकट नौ आने, सवा रुपया और ढाई रुपए' लिखकर चौराहों पर टाँग दिया जाता था। ऐसे दो बोर्डों को 'वी' की शक्ल में बाँधकर सड़कों में भी घुमाया जाता था। 'टिकट खिड़की से लें' किसी-किसी बोर्ड पर यह भी लिखा रहता था। 'शहीद', 'मेला', 'सुहागरात' की फोटुओं को देखने के लिए, भगवती टॉकीज पर भीड़ लगी रहती थी। 'समाधि' फिल्म ब्लॉकबस्टर मानी जाती थी, बताया जाता था कि उस फिल्म ने सवा करोड़ से भी ऊपर का बिजनेस किया है। वह पारिवारिक फिल्मों का युग था। फिल्मों में दिखाई गई गरीबी को विस्थापित अपनी जीवन स्थिति से जोड़ पात्रों के दुख से दुखी होते थे। रिश्तों का महत्त्व था। बच्चों का बिछुड़ जाना, उनका बीमार पड़ जाना, उनके लिए मुश्किल से खरीदी दवा की शीशी का टूट जाना, पैसा-पैसा माँगकर खरीदे दूध का गिर जाना, सम्पन्नता से गिरे व्यक्ति का ठेला खींचकर पैसा जुटाना, उस समय का हिट फॉर्मूला था, जिसे साउथ के प्रोड्यूसरों ने खूब भुनाया। दर्शकों को रुला-रुला कर बेहाल कर देने वाली फिल्मों को देख जब वे हॉल से बाहर निकलते तो अपनी कमीजों को उठा-उठा कर आँसू पोंछते 'फिल्म बहुत अच्छी थी,' कहते सुने जाते।

ओंकारा भाई के लिए रोटी लेकर जा रहा था कि उस दुकान पर नजर पड़ी, जहाँ मूँछ वाला एक आदमी खुद मसाले पीस रहा था। उस दिन वहाँ दो औरतें बैठी मसाले छान रही थीं। उसके पास मूसल और ओखली पड़े थे। मोहन स्टोर के आस-पास रेहड़ियाँ लग चुकी थीं, दो-तीन जेवरात की दुकानें, जो बन्द पड़ी थीं, खुल चुकी थीं, और 'राज दी कुल्फी' वाला भी ठीक बीच चौक में अपनी रेहड़ी जमा चुका था।

खाना देकर जब लौट रहा था, तो हलकी-हलकी बारिश शुरू हो गई। भीगता, और अपनी धुन में बारिश का आनन्द लेता मैं अजमल खाँ रोड पर चल रहा था कि दिल्ली रेस्टोरेंट के निकट पहुँचने पर पीछे से आवाज आई, 'शशि...ओ शशि'। मैंने मुड़ कर देखा, कोई पहचान का बन्दा नजर नहीं आया तो मैं फिर चल पड़ा। 'शशि...शशि,' फिर आवाज आने लगी। फिर मुड़कर मैंने पीछे देखा तो एक अमरूद की रेहड़ी के साथ खड़े सचदेव चाचा को देखा, मैं निकट चला गया।

'नजरें चुराकर क्यों निकल रहे हो, अमरूद बेचते जब मुझे शर्म नहीं आ रही, तो तुम क्यों शर्म के मारे नजरें चुरा रहे हो?' उसकी आवाज में विश्वास नहीं बल्कि शर्मिन्दगी थी। लगता था, वह स्वाभिमान का भार ढोते-ढोते टूट चुका था।

16

ब्रोका साहब

अजमल खाँ रोड पर फोर सीटर फटफटी की एक कतार ने ढोल की आवाज के साथ एंट्री ली। सड़क के दोनों तरफ लोगों के इकट्ठा हो जाने के कारण ढोल की आवाज में उनका शोर भी मिल गया। हर फटफटी के पीछे बच्चों की भीड़ भाग रही थी। इन फटफटियों में सवार थे मशहूर रुस्तमे हिन्द दारा सिंह, विश्व चैम्पियन किंगकांग, शाने पंजाब जोगिन्दर सिंह, और मशहूर फ्री स्टाइलिस्ट सिली समारा। वे सभी अपने-अपने वाहनों के बीच खड़े होकर दोनों हाथों से फटफटी के डंडे पकड़े दहाड़ रहे थे। इस शाम की कुश्ती में दारा सिंह को किंगकांग का चैलेंज था, और जोगिन्दर सिंह का सिली समारा को।

कुश्तियाँ पिंडी भट्टियाँ में भी होती थीं। हिन्दुओं और मुसलमानों के अपने-अपने पहलवान होते थे जिनका एक-दूसरे को चैलेंज होता था। शर्तें लग जाती थीं, दुकानें बन्द करके लोग अखाड़े पर चले जाते थे। जो जीतता था, उसके अखाड़े में बोतलें खुल जाती थीं।

सरकारी अफसर मोहल्ले में आने लगे थे, और फैमिली मेम्बरों की लिस्ट बनाकर मेम्बरों को चेक करने लगे थे। हमारे मोहल्ले से पहले ब्लॉक में राशन दफ्तर बन गया। हमारे कई दोस्त वहाँ बैठ राशन फॉर्म भरने का काम करने लगे। दो आने प्रति फॉर्म का रेट था, उनके भी दो-दो, तीन-तीन रुपए बनने लगे। उससे उनके माँ-बाप को काफी राहत मिली।

दूसरी कक्षा में मैं मझली के प्राइवेट स्कूल चला गया। तीसरी कक्षा में पहुँचा, तो मैंने जिद करी, चौथी में बैठूँगा। मझली का स्कूल में काफी प्रभाव था, क्योंकि जब स्कूल में 'हरिश्चन्द्र' नाटक का मंचन हुआ, तो उसने हरिश्चन्द्र की भूमिका निभाई थी। मामूली सा टेस्ट देकर मैं चौथी में बिठा दिया गया, उससे पाकिस्तान बनने के कारण मेरी शिक्षा का जो एक साल छूट गया था, वह मुझे वापस मिल गया।

अजमल खाँ रोड के पीछे म्यूनिसपैलिटी की काफी जमीन खाली पड़ी थी। वहाँ मार्केट का निर्माण हो गया और लकड़ी के खोखों में लगी दुकानों को उसमें व्यापार करने के लिए जगह दे दी गई। उस मार्केट का नाम पाकिस्तान में रह रहे पखतून

लीडर अब्दुल गफ्फार खाँ के नाम पर रखा, जिन्हें सरहदी गांधी भी कहा जाता था।

ज्यादातर घरों में रेडियो नहीं थे, क्रिकेट की कमेंटरी या बिनाका गीतमाला पान-सिगरेट की दुकान पर बहुत बड़ी भीड़ में सुनी जाती थी। उमरीगर, विजय हजारे, मांकड़, लाला अमरनाथ नेशनल क्रिकेट में बड़े नाम थे। रेडियो पर चलती कमेंटरी के साथ वहाँ खड़े लोगों की अपनी कमेंटरी भी सुनने को मिल जाती थी। एक-एक को अपनी बुद्धि प्रदर्शन का मौका मिल जाता था।

परवाना साहब कुछ नए रिकॉर्ड ले आए थे। संगीत सेवा को उन्होंने अपने जीवन का लक्ष्य बना लिया था। मोहल्ले से धूप हटते ही वे अपना ग्रामोफोन बीच मोहल्ले जमा कर 'आवारा हूँ, आवारा हूँ, न गर्दिश में हूँ, न आसमान का तारा हूँ, आवारा हूँ' रिकॉर्ड बजाते तो ग्रामोफोन के गिर्द गोलाकार में बच्चों की भीड़ जमा हो जाती। औरतें दाल में कलछी चलाना छोड़, बाहर मोहल्ले में आ जातीं, कुछ एक तो कलछी पतीले में छोड़ना ही भूल जातीं, और उसे हाथ में लिए ही गाना सुनने लगतीं। सबकी नजर परवाना साहब की गाना-पेटी पर लगी रहती, जबकि परवाना जी की नजर नम्बर दो के दरवाजे पर टिकी रहती, जहाँ परवाना साहब की संगीत सेवा की कद्रदान रहती थीं, कान्ता दीदी। दीदी आठवीं पास थीं, और आगे पढ़ने का कोई इरादा नहीं था। जब भी परवाना साहब का 'आवारा हूँ' गाना बजता, वह घर की गैलरी में आकर खड़ी हो जातीं। वह परवाना साहब की गाना-पेटी को देखतीं, जबकि परवाना जी उन्हें देखते रहते। एक स्थान पर टिककर खड़े रहने की बजाय, वह कभी-कभी गैलरी में टहल लेती थीं, शायद अपने चेहरे पर परवाना जी की चिपकी नजर से वह ऊब जाती थीं।

एक दफा तो चमेली से मिलने के बहाने कान्ता दीदी नीचे भी उतर आईं जिससे परवाना जी के भीतर जो प्रेम-अग्नि जल रही थी, उसे और भी हवा मिली। अगले दिन उन्हें नीचे बुलाने के लिए परवाना जी ने 'आ जा कि तड़पते हैं अरमान, अब रात गुजरने वाली है,' बजाया, तो सच में वह बाहर आ गईं। तब परवाना जी ने 'जब से बलम घर आए, जियरा मचल-मचल जाए' लगा दिया। कई बार तो गानों को सुनने के लिए वह गैलरी में सुखाने के लिए कपड़े डालने लगतीं।

मैट्रिक पास करने के बावजूद कान्ता दीदी के भाई अविनाश को नौकरी नहीं मिली। वह सिस्टम और समाज, दोनों से दुखी था, इसीलिए मामूली बात पर भी वह भड़क जाता था। इम्प्लॉयमेंट एक्सचेंज में उसने नाम तो लिखा रखा था, पर जब भी वह वहाँ कोई फॉर्म भरने जाता तो किसी-न-किसी से उसकी झड़प हो जाती। वह नहीं चाहता था कि कान्ता फिजूल ही गैलरी में खड़ी हो, इसलिए जब भी उसे वहाँ खड़ा देखता, कलाई से पकड़ उसे भीतर खींचकर ले जाता।

एच.एम.वी. के फिल्म 'अनारकली' के रिकॉर्ड मार्केट में आ चुके थे। पता

चलते ही परवाना वह रिकॉर्ड खरीद लाए। उसी शाम वह 'ये जिन्दगी उसी की है, जो किसी का हो गया, प्यार ही में खो गया' वह बार-बार बजाते रहे। जितनी बार बजाते, उतनी ही फरमाइशें और आ जातीं।

यदि 'ये जिन्दगी उसी की है...' बजने पर भी कान्ता जी बाहर न निकलतीं, तो वह 'आ जा अब तो आ जा, मेरी किस्मत के खरीदार, अब तो आ जा' लगा देते। यह गीत रामबाण का काम करता, और कान्ता जी, पानी भरने, या सूखे कपड़े रेलिंग से उतारने के लिए बाहर आ जातीं।

उस दिन गुसलखाना ब्लॉक में ज्यादा भीड़ थी। कुछ बिना साबुनदानी के भी आए थे। ओंकारा भाई के साथ जब मैं वहाँ पहुँचा, तो वहाँ बहस गर्म थी। विभाजन के कुछ आँकड़े और आ चुके थे। एक करोड़ पैंतालीस लाख लोगों ने विभाजन रेखा पार की थी। उधर से इधर, तथा इधर से उधर। दो लाख से दस लाख लोगों के उस कत्लेआम में मारे जाने का अनुमान था। क्योंकि भिन्न जगहों पर भिन्न-भिन्न कबीलों का कत्ल हुआ, इसलिए इनके विधिवत् आँकड़े जानने की कोशिश ही नहीं की गई। बस अन्दाज से पाँच लाख पर सहमति कर ली गई।

'एक नेता मरता है तो उसकी मौत को यादगार बनाने में सारी सरकार की मशीनरी झोंक दी जाती हैं। पर गरीब दो लाख मरें, या दस लाख, उन्हें कुछ अन्तर ही नहीं लगता,' रामलाल चिल्लाया।

'नारोवाल में मुझ अकेले के पास एक सौ चौवन एकड़ जमीन थी, बताओ तो कौन एक सौ चौवन एकड़ जमीन का मालिक यहाँ भारत से छिना है, या उसका बाल भी बाँका हुआ है,' करतार सिंह की आवाज में दम था।

'सच पूछो तो मुसलमानों में मिडिल क्लास की कमी थी, उनमें ज्यादातर लोग गरीब, और बाकी बड़े अमीर थे। मध्य वर्ग की गिनती काफी कम थी। जिनके पास जमीन ज्यादा थी, उन्हें बचाने के लिए उनके पास जाँबाज थे। बाकी गरीब...भेड़-बकरियाँ जिधर बूचड़खाना होता है...उसी ओर खुद-बखुद चल देती हैं,' विजयपाल की दलील थी।

इन एक करोड़ पैंतालीस लाख लोगों में से बहत्तर लाख छब्बीस हजार मुसलमान पाकिस्तान जाकर मुजाहिदीन बन गए, और बहत्तर लाख पचास हजार हिन्दू और सिख पाकिस्तान से भारत आकर शरणार्थी बन गए।

बराबर ही समझो, पर देखो तो कहीं यह भी लिखा है कि पाकिस्तान से खाते-पीते, जमे-जमाए लोग भारत आए, और इधर से बेचारे गरीब, रोजाना मजदूरी करके पेट पालने वाले गए। मजदूरी ही तो करनी है, यहाँ नहीं तो वहाँ कर लेंगे। रब का कौल है, जहाँ भी रहो, खाना खिलाना मेरा वायदा है। यही गरीब थे, जिन्हें रोटी, जान की खैर बख्शने और अपने साथ जन्नत तक ले जाने के वायदे से मुसलमान बनाया गया था, पर बताओ तो क्या कोई राजा, रजवाड़ा, धन्ना सेठ, मुसलमान बना? गरीब

आदमी का पहला धर्म होता है रोटी-रोजी। उसे कमाने के लिए कोई अरब देशों में गया, या घर बैठा मुसलमान बन गया, उनके लिए एक बात रही है।

'धर्म के नाम पर दंगे-फसाद राजनीतिक या धार्मिक नेता ही भड़काते हैं, बताइए तो कल्लू कम्मी के पास दंगा फैलाने का कौन सा तंत्र है?' यह विजयपाल बी.ए. का चिन्तन था, लग रहा था कि अभी-अभी किसी धर्मनिरपेक्ष विचार गोष्ठी का सभापतित्व करके आ रहे हैं। 'नहाने की बारी आ गई है,' सुनकर वह वाद-विवाद की दिशा बदलकर खुद नहाने चले गए। उस दिन वीरवार था, वीरवार के दिन विजयपाल बी.ए., साबुन नहीं लगाते थे। मैंने उनके घर से तौलिया लाकर उन्हें दरवाजे के ऊपर से पकड़ा दिया, और नहाकर वह तौलिया लपेटकर अपने घर चले गए।

घर के नजदीक ही दिल्ली क्लॉथ मिल के कर्मचारियों के लिए बना स्विमिंगपूल था। हम भी उसमें घुस जाते थे। तैरना तो नहीं आता था, यूँ ही पानी में हाथ-पाँव चलाकर लौट आते। एक दिन मेरे कान में पूल का पानी घुस गया, जिसे मैंने कई तरीकों से निकालने की कोशिश करी, पर नाकाम रहा। घर पहुँचा तो माँ के कान में घुसे पानी के बारे में बताया। वह सोच में पड़ गई। फिर कुछ बुदबुदाई और मेरा हाथ पकड़ मुझे तिलक की माँ के पास अट्ठाइस नम्बर में ले गई। तिलक की माँ शाम की भाजी बनाने के लिए मसाले कूट रही थी। माँ को देख वह उठ खड़ी हुई, 'कैसे आना हुआ मौसी?' 'शशि के कान में पानी घुस गया है, बड़ा रोया, तो तुम्हारी याद आई।' 'बच्चे वाली अगर पानी घुसे कान में अपने दूध की एक धार मार दे तो वो पानी निकल जाता है। पाकिस्तान में जब बच्चे नहर से नहाकर आते थे, तो अक्सर उनके कान में पानी घुस जाता था, तब तो घर-घर में गोदें भरी मिलती थीं,' कहकर माँ हँस पड़ी। 'अभी लो मासी, बहुएँ ससुराल आती क्यों हैं, अगर इतना सा काम भी न कर सकें,' कहते तिलक की माँ ने, जिसके ब्लाउज के आधे बटन पहले से खुले थे, एक बटन और खोलकर अपना स्तन निकाला, और पकड़कर मेरे कान तक झुकी, और मेरे कान का निशाना बना उसने उसे दबा दिया। सर्र से दूध की धार मेरे कान में घुसी, और उसी के साथ उसने मेरे कान में रुका पानी बाहर किया। यही किया उसने दूसरे स्तन से मेरे दूसरे कान के साथ भी। हालाँकि उस कान में पानी के रुकने की मुझे कोई शिकायत नहीं थी। कान से पानी निकलने से मैं तरोताजा हो गया, उस दिन से आज तक मैं अपने आपको तिलक की माँ का आभारी मानता रहा हूँ।

नौ नम्बर में सरदार ब्रेका साहब रहते थे। उन्नीस सौ अड़तालीस में जब बलोचियों द्वारा पाकिस्तान ने भारत पर हमला करवाया था, वह कश्मीर के उस हिस्से में तहसीलदार थे। बलोच हमले के कारण जिन हिन्दू-सिख परिवारों को वहाँ से भागना पड़ा, उनमें सरदार ब्रोका साहब का परिवार भी एक था। पीछे कश्मीर के उस हिस्से में

सब कुछ छूट जाने के बावजूद सरदार ब्रोका साहब की तहसीलदारी हेकड़ी में कुछ फर्क नहीं आया था। सुबह-सुबह वे पतलून पर अंग्रेजी घुटने तक वाले बूट चढ़ा लेते, और एक डंडी सी छोटी छड़ी हाथ में पकड़, घर के आगे बने गैलरी पैसेज में टहलने लगते। पर सेवा का जब उन्हें शौक लगा तो वह गोल मार्किट से होम्योपैथी दवा की शीशियों का एक सेट खरीद लाए। यह सेट एक ढक्कन वाले गोल डिब्बे में था। वे मरीज की नब्ज जाँचते, और उनके पास लकड़ी की एक फिरकी थी, उसे वह उस गोल में पड़ी शीशियों के ऊपर चला देते, जिस शीशी पर उस फिरकी की चोंच रुक-थम जाती, वही दवा वह मरीज को दे देते। ब्रोका साहब के पक्ष में एक अच्छी तरफदारी यह थी कि होम्योपैथी की गोलियाँ मरीज का भला करें या न, नुकसान नहीं करतीं। उसी वरदान की वजह से ब्रोका साहब पर कभी कोई आँच नहीं आई थी।

ब्रोका साहब का इंतकाल भी ब्रोका फिरकी की तरह हुआ। बेचारे अपने मरीजों के लिए उस गोल डिब्बे में भरने के लिए दवाइयाँ लेने जा रहे थे कि पचकुइयाँ रोड पर उनके पीछे आते एक दूधिए को, उसके पीछे से आती कार ने टक्कर मार दी। उस टक्कर के झटके से उसके दूध का डिब्बा उछलकर ब्रोका साहब के सामने से आती कार की विंड स्क्रीन पर जा लगा। उस कार की विंड स्क्रीन टुकड़े-टुकड़े हो जाने की वजह से उस कार का ड्राइवर कार पर अपना सन्तुलन खो बैठा, और कार सीधी ब्रोका साहब की साइकिल पर झपटी, और उस साइकिल पर सवार बेचारे ब्रोका साहब को इस दुनिया से रुखसत कर दिया। जैसी करनी, वैसी भरनी, किसी ने कहा। उसे किसी मरे हुए व्यक्ति के लिए ऐसा नहीं कहना चाहिए था।

एक दूसरी घटना में ब्रोका साहब का बेटा सुरेन्द्र और मैं अजमल खाँ पार्क में घूम रहे थे कि फैज रोड के बदमाश लड़के उसे बुल-कटा बुल-कटा कहकर चिढ़ाने लगे। सुरेन्द्र सिंह मेरा दोस्त था, लगातार उसके साथ रहने से मेरा ध्यान उसके दो जगह से गहरे कटे होंठ पर नहीं पड़ता था, पर नए आदमी की नजर तो सबसे पहले उसी ओर जाती थी, ऐसा ही उन बदमाश लड़कों के साथ हुआ। उन बदमाश लड़कों के सामने मैं बिलकुल कमजोर था इसलिए सुरेन्द्र की तरफ से मैं लड़ न सका, बीच-बचाव की कोशिश करता रहा, लेकिन उन्हें जितना पीटना था, वे पीट-पाटकर चले गए। अपने कपड़े झाड़ते और बाल ठीक करते वक्त सुरेन्द्र के मुँह से बस इतना ही निकला—'अब हिन्दुस्तान आजाद नहीं रह सकता,' और मौका मिलते ही वह लन्दन चला गया।

यह बात सिर्फ सुरेन्द्र ने नहीं कही, बल्कि उस समय हर व्यक्ति की यही प्रतिक्रिया होती थी, जब वह भारत को वैसा नहीं पाता था, जैसा उसने सोच रखा था।

सुबह दातुन खरीदने मैं अजमल खाँ रोड गया, वहाँ देखा कि एक गांधीवादी, नेहरू जैकेट और टोपी पहने साइकिल पर रखकर अखबार बेच रहा था। वास्तव

में गांधीवादियों ने स्वतंत्र भारत का जो सपना देखा था, वह स्वतंत्र हुए भारत से काफी भिन्न था। वह त्याग को श्रेष्ठ मानते थे या त्याग की परम्परा को बनाए हुए थे। चमकीले डिजाइनर कपड़ों की बजाय वे खादी पहनते थे। मोहनदास करमचन्द गांधी, जो धोती-लँगोटी पहनते थे, उनके आदर्श थे। लेकिन आजादी मिलते ही डिजाइनर खादी पहनने वालों ने उन्हें हाशिए पर खड़ा कर दिया। वे इन गांधीवादी विचारों को असंगत और दकियानूसी मानने लगे। डिजाइनर खादी वालों ने एक अलग सेना खड़ी कर ली, जो खादी ग्रामोद्योग से ड्रेसेज खरीदकर कांग्रेसी बन गए थे, और सत्ता की दलाली करने लगे थे। पैसे ऐंठकर वे झूठे वायदे बेचने लगे थे। अखबार बेचने वाले गांधीवादी ने एक नज्म लिखी, जिसे वह अखबार बेचते ऊँचे स्वर में गाता रहता था :

तोड़ ताले, मार डाके, रिश्वतों को हजम कर,
नेहरू टोपी सिर पर रख, जो चाहे सो मर्जी कर।

समूचा पंजाब दूध-मक्खन का प्रान्त था। ज्यादातर घरों में गाय बँधी रहती थी। दो वक्त दूध दुहकर, बछड़े को गाय के नीचे छोड़ने की कंजूसी वे नहीं करते थे। घर-घर में दही बिलोकर मक्खन और छाछ निकाली जाती थी। घर आए मेहमान को छाछ पिलाते, यदि उस पर मक्खन का छोटा सा पेड़ा रख दिया जाता, तो वह उसे अपने प्रति आदर महसूस करता था।

लेकिन इधर भारत में आने पर उनके जीवन से दूध और मक्खन नदारद हो गए थे। देसी घी की जगह मूँगफली के तेल ने ले ली। यह उन डिब्बों में आता था, जिन पर खजूर के पेड़ की तसवीर छपी होती थी। इसके प्रयोग से विस्थापितों को खाँसी आनी शुरू हो गई। हर खाँसता हुआ व्यक्ति उन नेताओं को गाली देता, जिन्हें वह अपने घर से उखाड़ने का जिम्मेदार मानता था। जो टोडी बच्चे को गाली देते थे, वे अब इन नेताओं को गालियाँ देने लगे।

आजादी के सेनानियों की लिस्ट बनी तो हाशिए पर खड़े स्वतंत्रता सेनानियों की जगह इन डिजाइनर खादी वालों ने, तथा उनके वालिदैन ने ले ली। हर एक ने अपनी एक उत्पीड़न होने की कहानी गढ़ ली और उसे किसी से मोहर लगवाकर प्रमाणित करा लिया। इन नकली स्वतंत्रता सेनानियों का भरी सभाओं में अभिनन्दन होने लगा, और जिन्होंने लाठियाँ खाईं, वे भीड़ के किसी कोने में खड़े अपनी तकदीर पर तिलमिलाते थे।

गुसलखाना क्लब, जिसकी अध्यक्षता पूरन बाबू कर रहे थे उसकी तुलना वे जिमखाना क्लब से करने लगे थे। पूरन बाबू ने डेरा गाजी खाँ से मैट्रिक कर रखा था, लेकिन सेहत खराब होने के कारण, नौकरी के लिए अनिवार्य मेडिकल टेस्ट वह पास नहीं कर पाए थे। उन्हें जहाँ कहीं से भी कोई पढ़ने योग्य सामग्री मिलती, उसका

अध्ययन कर लेने के बाद उनका ज्ञान उनकी संगत वालों से ऊँचा हो जाता था।

'पहले तो आप यह बताओ कि आप भारत को आजाद देखना चाहते थे, या नहीं?' सबको सम्बोधित करते उन्होंने अपना पहला प्रश्न किया। 'या यूँ ही कहिए कि जो भारत छोड़ो, और टोडी-टोडी बच्चा रे, तेरी ऐसी की तैसी, नारे लगाते रहे, वे क्या आपके लिए केवल मनोरंजन मात्र थे?' उन्होंने अपने प्रश्न के साथ एनेक्सी जोड़ दी।

'चाहते क्यों नहीं थे, आजादी में ली साँस किसे बुरी लगती है, पर हम तो अंग्रेजों से आजाद होना चाहते थे, न कि अपने घर-बार से, जेवर-जायदाद से, अपनी गाय-बछियों से। न ही सब कुछ त्यागकर संन्यासी हो जाने वाली आजादी चाहते थे। लेकिन ऐसी आजादी सबको दी कि भीख देने वाला भी कोई नहीं बचा,' बिना पगड़ी पहने सरदार करतार सिंह की आँखों में खून उतर आया था, 'गोडसे इतना बुरा आदमी नहीं था, जितना बुरा काम वह बेचारा कर बैठा।

'माउंटबेटन को देखा, मुल्कों का बँटवारा क्या ऐसे करते हैं? अगर आजादी देनी नहीं आती थी, तो पंगा क्यों लिया? चूहे और बिल्ली दोनों को एक साथ आजाद कर दिया। माफ करना मिसाल दे रहा हूँ, यहाँ कोई चूहा नहीं था, बल्कि दोनों बिल्लियाँ थीं, जिन्हें पहले आपस में लड़ने के लिए भड़काया। जब देखा कि तमाशा देखने का माहौल बन गया है, दोनों को आजाद कर दिया। लड़ो, मरो, हमारी तरफ से तुम आजाद हो,' गुस्से से करतार सिह की आवाज लड़खड़ाने लगी।

'सुनो तो, सुनो तो सरदार जी, सुनना भी सीखो। अब दिल्ली में आ गए हो, तो शहरियों की तहजीब भी सीखो। माउंटबेटन का प्लान क्या बुरा था? उसने तो आजादी की तारीख पन्द्रह अगस्त दे दी थी।'

'वर्ल्ड वार में फड़वाकर आए थे, बची-खुची को सँभाल रहे थे। कंगले हो गए थे, कंगला अपनी सिएगा, या दूसरे की फाड़ेगा,' बिशन बोला। अपने टब्बर को कातिलों के हाथ से बचाने के लिए उसने केश शहीद किए थे। हर रोज सुखमनी साहब पढ़ने से पहले वाहे गुरु से माफी माँगता था। 'कुछ कमाई का जरिया बन जाए, भरे-पूरे केश सजाकर करतारपुर जाऊँगा,' वह अक्सर कहता था।

'यार बिशन सिंह, कुछ मेरी भी सुन, निरी गाली-गलौज न कर,' उसका कन्धा झिंझोड़कर पूरण सिंह उसे समझा रहा था।

'गाली कहाँ दे रहा हूँ, यह जो हम एक-दूसरे को हर रोज गाली देते हैं, यह गुस्से का इजहार है। जाती तौर पर मेरी माउंटबेटन से कोई दुश्मनी थोड़े ही है। आज मेरी दुकान पर कपड़ा लेने आए तो रोज दी बोतल पिलाने के अलावा, गज-गज कपड़े पर रियायत भी कर दूँगा।'

'माउंटबेटन ने पंजाब और बंगाल, दोनों असेम्बलियों के मुसलमान और हिन्दू मेम्बरों को वोट डालकर यह फैसला लेने को कहा कि वो इकट्ठे रहना पसन्द करते

हैं, या अलग-अलग जाना चाहेंगे। उन्होंने अलग होने के हक में वोट डाले। इसी फैसले को आधार मान लंदन में पार्लियामेंट से तकसीम की मंजूरी ले ली गई। आप लोग खुद अपने हाथ कटवा बैठे थे, एक-दूसरे की छुरी के नीचे खुद गर्दन रखकर पूछते हो, क्या हुआ?' कहते पूरण मुस्करा रहा था।

'बंगाल को अलग मुल्क बनाने की उन्होंने हिमाकत नहीं की, यानी कि उन्होंने आप द्वारा चाही बेवकूफी की भी हिमाकत नहीं की, पर बंगाल का विभाजन कर दिया, जिसके लिए आपके द्वारा चुने हुए मेम्बरों ने वोट किया हुआ था। और अपने वायदे मुताबिक ठीक पन्द्रह अगस्त को आपको आजादी दे दी,' पूरण बड़े ठहराव से तर्क दे रहा था।

'खाक से ताजमहल न बनाओ, बाबू। अकलमंद जब तकसीम करते हैं, तो पहले ढेरियाँ लगाते हैं, बाद में हकदारों को बुलाकर चयन करवाते हैं। फैसला न हो पाए, तो लॉटरी डालते हैं। यह ढेरी उसकी, यह ढेरी इसकी। यहाँ तो क्या बँटना है, किस तरह से बँटना है, इसका फैसला ही न हुआ। न ढेरियाँ बनीं, न चयन हुआ और बधाइयाँ दे दी गईं, और फिरकों को खुला छोड़ दिया, बाकी तुम निपट लो। जनून भड़का दिए, कानून के रखवालों की वफादारी तकसीम कर दी। मुसलमान, हिन्दू का कत्ल करता दिखता तो मुसलमान सिपाही पीठ फेर लेता, हिन्दू, मुसलमान का कत्ल करता दिखता तो हिन्दू सिपाही 'मैंने कुछ नहीं देखा,' कहकर पल्ला झाड़ लेता। हमने भी बँटवारे कराए हैं—एक चारपाई इधर, एक चारपाई उधर, एक पीढ़ी इधर, तो एक पीढ़ी उधर के फैसले हो जाते थे। फैसले के बाद दोनों फिरकों को गले मिलवाते थे, अपनी तरफ से उन्हें भोज करवाते थे।'

'थू तेरी पूरण्यां, अपने कातिल दी थाली विच अपना मांस परोसने वालया,' कहकर बिशन सिंह ने अपने मुँह में पानी भरा, और पिचकारी पूरण बाबू के मुँह पर मार दी।'टोडियों का दलाल, हँस-हँस के जख्म कुरेद रहा है, साहीवाल से हूँ। लाहौर और शेखूपुर की आग की लपटें साहीवाल में लगी आग की लपटों में मिलकर ऊपर उठी थीं,' कहते बिशन सिंह ने अपनी कमीज ऊपर उठाई, 'चार साल हो गए हैं, इस ग्यारह इंच लम्बे छुरे के जख्म को, न भरता है, न दबता है। चार बार टाँके लगवा और खुलवा चुका हूँ, सारी-सारी रात दर्द से कराहता हूँ। मवाद भर जाता है, तो तौलिए से पेट को बाँधकर गिलास-गिलास पानी से नहाता हूँ। तेरी बहन लापता होती, तो हँस-हँस कर ऐसे तर्क न देता तू, मेरी तरह सारी-सारी रात आँसुओं से तकिए भिगोता रहता। हम बेबस थे, दुश्मन और माहौल दोनों जाबर थे।' बिशन सिंह चार आदमियों की पकड़ से बाहर होता जा रहा था। तीन-चार बन्दे उसे समझाते-खींचते उसके घर की ओर ले गए। इधर पूरण को बिना बारी गुसलखाने में धकेला, जबकि वह सुबह ही नहा गया था।

'यह पंगा शुरू किसने किया?' एक ने पूछा।

'यह पंगा नहीं, उबाल है, कितना भी पानी डालो, किनारों से उछलकर बाहर आ ही जाता है। तुम्हारी भाभी को भी, मेरा मतलब है मेरी कव्वार को भी ऐसा ही गुस्सा आता है...सच्चा आदमी अपने कपड़े फाड़ता है, वह भी फाड़ लेती है, पर झूठा दूसरे के कपड़े फाड़ता है,' दूसरा बोला।

17

पुष्पा उर्फ लल्ली

उन्नीस सौ तिरसठ में बनवाया था यह घर। ओंकारा ने भी उसी समय, एक साथ घर बनवाया था, लेकिन जल्दी ही परिवार सहित वह कनाडा के लिए इमीग्रेट हो गया। उसका साला उसे बार-बार बुला रहा था। चौदह रुपए गज, पुनर्स्थापन विभाग से इस प्लॉट का आवंटन हुआ था, बहुत खुश थे कि दिल्ली में पाँव जमने लगे हैं। आठ हजार कर्ज के तौर पर दिल्ली प्रशासन से लिए, तीन-चार हजार अपने पास से लगाए, लेकिन बाद में पता चला कि उस समय जब यह प्लॉट आवंटित कराया था, कैलाश कॉलोनी भी बारह रुपए गज बिक रही थी। फ्रीहोल्ड, लेकिन किसे मकान बनाने की सुध थी। व्यापारी की प्राथमिकता उसका व्यापार होता है।

आँकड़ों का जिक्र आया तो मुझे गुसलखाना क्लब की याद आई जहाँ हाल ही में विस्थापन के कारण हुई त्रासदियों का जिक्र हो रहा था।

सभी अपनी-अपनी साबुनदानियाँ लेकर खड़े थे। अभी अखबार नहीं आया था इसलिए उनकी बहस का विषय बन गया था मोहल्ला। रामलाल को किराए पर खारी बावली में एक छोटी सी दुकान मिल गई थी, जहाँ उसने साबुन, हल्दी और हींग का कारोबार शुरू कर दिया। घनश्याम को एक होटल में सब्जी की सप्लाई का अलग से काम मिल गया। श्याम ने अपने बनाए पापड़ों की पैकिंग बना उसका नाम 'श्याम पापड़' रख दिया। सतपाल ने एक टेलर शॉप में साझा कर लिया। सचदेव चाचा भी अमरूद की रेहड़ी छोड़ स्टॉक मार्केट में रोज आठ-दस रुपए कमाने लगा। कुछ एक ने अपने कमरों में खुद ही मूँज के ब्रशों से सफेदी कर ली। कई लड़के निक्कर और पैंट सिलवाने लगे। कइयों को स्कूल से मलेशियाई कपड़े की ए.सी.सी. ड्रेस मिल गई। कुछ एक को एन.सी.सी. की खाकी ड्रेस।

मोहल्ले में कपड़े प्रेस करने वाले ने ठिया बना लिया। दो आने में कपड़े प्रेस, चार आने में फटफटी पर कनॉट प्लेस जाना, आठ आने की स्टैंडर्ड होटल से ऐस्प्रेसो कॉफी ब्राउन बिस्कुट के साथ, चार आने बूट पॉलिश करने वाले को। अगर किसी के पास चवन्नी बच जाती, तो वह उसे ज्यूक बॉक्स में डालकर : 'ये न थी हमारी किस्मत कि विसाले यार होता, अगर यार जीते रहते यही इन्तजार होता,' सुन लेना।

कनॉट प्लेस से वापसी पैदल। हम भी ऐश करने लगे। गली में रेहड़ी, खोन्चे वाले भी आने लगे थे। एक टके, या एक आने में मन प्रसन्न हो जाता था। मेरी दादी अधन्नी के भुने चने खरीदती, खाती, और जो बच जाते उसे अगले दिन लिए दुपट्टे के कोने में गाँठ लगाकर रख लेती।

मोहल्लों में कुछ ठग भी आने लगे, जो महिलाओं के जेहन में खून-खराबे की भयानक तसवीरें बना, पहले उन्हें भावुक कर देते, फिर किसी न किसी बहाने पैसे ऐंठकर ले जाते। उन्हीं घटनाओं के गाने बन गए थे, जिन्हें गा-गा कर वे लोग एक-एक आने की किताबें बेचने लगे। इनमें 'गड़ी आई गड़ी आई नारोवाल से,' यह गाना पत्थर के भी आँसू निकाल देता था। नारोवाल से चली शायद यह पहली गाड़ी थी, जिसे पहले से आखिरी डिब्बे तक लहू-लुहान कर दिया गया था। कविता में ऐसी तसवीर बनाते थे कि कोई पत्थर के बुतों की जेब से भी एक आना निकाल ले।

रात के अँधेरे में, सफेद चद्दर में लिपटी एक औरत दिखी, जिसे दूसरी औरत सँभाल-सँभाल कर पन्द्रह नम्बर में ले गई। इतना बड़ा मोहल्ला था कि किसी न किसी कोने में कुछ हलचल होती ही रहती थी, इसलिए बात चाहे कितनी भी गुप्त हो, पर अगले दिन तक सरेआम हो जाती थी। कई दिनों तक तो वह आकृति महिला लैटरीन ब्लॉक में आती-जाती देखी गई, न कि गुसलखाना ब्लॉक में। देर रात में सुमित्रा पन्द्रह नम्बर वाले नल पर आती और बालटी में पानी ले जाती।

एक रात को वह आकृति लैटरीन ब्लॉक में जाते देखी गई। गुसलखाना क्लब में यह खबर रिपोर्ट की गई, लेकिन कोई भी उसके बारे में ठोस अन्दाजा नहीं लगा पाया। लगभग एक सप्ताह भर रहस्य में जीकर, सबकी नजर एक सिपाही पर पड़ी, जो मोहल्ले की कई चिकें उठाकर कुछ पूछता था, लेकिन जब उसने पन्द्रह नम्बर की चिक उठाई तो उसे भीतर बुला लिया गया। लगभग आधा घंटा सिपाही भीतर रहा, तो बाहर गुसलखाना क्लब वालों की जिज्ञासा की आपूर्ति में देर लगने के कारण उनकी साँस अटकी रह गई।

जब वह बाहर निकला तो किसी ने पूछा, 'दरोगा जी, आज कैसे आना हुआ?'

'किसी वजह से नहीं, अपने काम से, काम रखो,' सिपाही जी ने तल्ख जवाब दिया। किसी के पूछने पर भी जब उसने कुछ नहीं बताया, तो रामलाल की नजर सिपाही पर पड़ी। गिलास में चाय के अभी उसने दो-तीन घूँट ही लिये थे कि वह गिलास समेत क्लब में आ गया। रामलाल सिपाही को पटरी लगाने के दिनों से जानता था। वह रामलाल से हफ्ता वसूल करने को आता था। आते ही चाय का गिलास सिपाही को देते उसने हरियाणवी भाषा में पूछा, 'हवलदार जी, क्या वजह बन गई, जो आपको खुद तकलीफ करनी पड़ी?' तो सिपाही ने बताया कि 'यहाँ जो औरत एक हफ्ता पहले आई है, पुष्पा देवी नारंग, विभाजन के समय पाकिस्तान में रह गई थी। वहाँ इसकी शादी मौलवी ने बाकायदा मुस्लिम रस्मों के साथ एक लड़के रहमत

खाँ से करा दी थी। उस शादी से पुष्पा उर्फ लल्ली को तीन औलादें हुईं, दो लड़के, और एक लड़की—रिहाना। इतने समय वहाँ रही, लल्ली उनके रस्मो-रिवाज में घुल-मिल गई थी।

'विभाजन में परिवारों से अलग हुई जो औरतें पीछे रह गई थीं, उन्हें उनके परिवारों से मिलाने को जो समझौता हिन्दुस्तान और पाकिस्तान में हुआ, उसके तहत लल्ली के घर पुलिस गई और उसे थाने बुलाया। यह वहाँ गई तो इससे पूछा गया, 'लल्ली मोहतरमा, क्या तुम पाकिस्तान में रहना चाहती हो, या अपने हिन्दू परिवार के पास हिन्दुस्तान जाना चाहती हो?' लल्ली ने अपने हिन्दू परिवार के पास जाने की हामी भर दी।

'रुखसत के दिन जब यह अपने बड़े दो बच्चों को नहला-धुलाकर साफ-सुथरे कपड़े पहनाकर, अपने छोटे बच्चे को उठाने लगी, तो पुलिस ने तीनों बच्चों को इससे अलग करते कहा, 'ये बच्चे पाकिस्तानी हैं, आप इन्हें भारत नहीं ले जा सकतीं,' और बस की देरी होने का हवाला देते उसे जीप में बिठा लिया। फिर वाघा बॉर्डर पर यह हिन्दुस्तानी पुलिस के हवाले कर दी गई। बाद में इसकी माँ द्वारा पुलिस में लिखाई रिपोर्ट पर अमल करते इसे थाना करोलबाग, दिल्ली में तलब कर लिया, और इसे इसकी माँ के हवाले कर दिया गया।

'दो दिन पहले पुलिस की मार्फत रहमत खाँ, पुष्पा के खाविंद का खत आया था, जिसे मैंने रिसीव करवाकर पुष्पा को दे दिया है।' खत के मजमून के बारे में बड़ी आतुरता से रामलाल ने पूछा, तो सिपाही ने बताया कि 'उसमें लिखा था कि तेरे बच्चे तेरे बगैर न ठीक से खाते हैं, न सोते हैं। लल्ली, हमसे कुछ गलती हो गई हो तो अम्मा माफी माँग रही है। नूरां, जिसे सरकार ने जालंधर भेजा था, ममता की वजह से अपने टब्बर में वापस आ गई है। लल्ली, तू भजन गा, या नमाज पढ़, जाती तौर पर हमें कुछ फर्क नहीं पड़ता, बाकी दुनिया से हमें क्या लेना-देना? खत पर दो गोल चक्कर भी बने थे, जिन पर लिखा था, ये रिहाना के आँसू हैं—रिहाना लल्ली की बड़ी बेटी है।

'बात इतनी ही नहीं, पुष्पा की पहले भी हिन्दू परिवार में शादी हुई थी। शादी को बस दो महीने हुए थे। उस वक्त आम फसाद से पहले पुष्पा जब मायके फेरा डालने आ रही थी, तो मुसलमानों ने उसे ताँगे से घसीटकर उतार लिया। तब तक पुलिस का निजाम खराब हो चुका था। फिर तकसीम हो गई। हाल ही के चार-पाँच सालों में पुष्पा के हिन्दू खाविन्द ने अपनी बड़ी भाभी को बिठा लिया, क्योंकि उसका भाई लाहौर से आती गाड़ी की छत से गिरकर मर गया था। इन हालात में पुष्पा बेचारी न इधर की रही न उधर की,' कहकर सिपाही चला गया, पर तब भी रामलाल की आँखों से आँसू टपक रहे थे, जिन्हें वह थोड़ी-थोड़ी देर बाद अपनी कमीज की बाजू से पोंछ लेता।

अगले दिन गुसलखाना क्लब में जब अखबार आए, तो किसी ने उन्हें खोला नहीं। फिर पुष्पा की चर्चा होने लगी। 'मैं सारी रात सो नहीं सका' रामलाल ने बताया और यह भी कि उसकी मौसेरी बहन रूप भी लापता है, पर मौसी बात को छिपा रही है, कहती है कि फसाद से पहले ही उसने रूप को उसकी बुआ के यहाँ बनारस भेज दिया था। रूप के फूफा अक्सर साड़ियाँ बेचने मुलतान आते थे, और वसूली तक मेरी मौसी के घर ही रहते थे। इसलिए उसके बनारस में होने की भी थोड़ी सी गुंजाइश है, पर बिरादरी की आम राय है कि वह मुलतान में ही रह गई है।

क्या पुष्पा को वापस पाकिस्तान चला जाना चाहिए, या हिन्दू धर्म में परिवर्तित हो यहीं भारत में रहना चाहिए? उस दिन गुसलखाना क्लब में यही चर्चा थी। 'अगर वह यहाँ रहती है, तो उसे तीसरी शादी करनी पड़ेगी, और अगर एक औरत तीन-तीन शादियाँ करे, तो क्या वह फिर भी हिन्दू रह जाएगी?' सतपाल की शंका थी।

'तो क्या घर लौटी पुष्पा खुद एक मुसलमान के घर चली जाए?' जिन्दी ने पूछा।

'किसी पराए घर नहीं जाएगी, अपने पेट से जन्मी अपनी औलाद के पास जाएगी। पति को छोड़ा जा सकता है, पर औलाद को नहीं। दूध की बूँद-बूँद से उनका कतरा-कतरा खून बनाया है। पहले पेट में पाला है, फिर गोद में। माँ तो न अल्लाह का, न भगवान का, वह तो रब का रूप होती है,' रामलाल ने कहा। जिसे मैं केवल अनपढ़, मसखरा समझता था, वह इतना गहरा और गम्भीर व्यक्ति होगा, मैंने सोचा नहीं था। उस दिन वह गुसलखाना क्लब का मैन ऑफ द मैच था।

'ऐसे ही तुम जैसे लोगों ने भावुकता और मूर्खता से हिन्दुत्व को ठेस पहुँचाई है। भारत में मुस्लिम संख्या बढ़ाने में आप जैसे लोगों का कम योगदान नहीं। तालाब में हड्डी गिरे पानी का प्रयोग करने वाले पूरे के पूरे गाँव को आपने हिन्दू धर्म से निकाल, मुस्लिम धर्म की ओर धकेल दिया, और चिल्लाते रहे कि उनकी गिनती बढ़ रही है। पुष्पा को शुद्ध करके उसे हिन्दू बनाओ। हिन्दू धर्म मजबूत होगा, तो हिन्दू मजबूत होगा,' श्रीकान्त जी का मानना था। वह अजमल खाँ पार्क में नित्य लगने वाली शाखा के संचालक थे।

'मनुष्य हो या पशु-पक्षी, प्रकृति का यह शाश्वत सिद्धान्त है कि ममता सब मान्यताओं से ऊपर है। अपनी आस्था और धर्म को निभाते पुष्पा को उन बच्चों का लालन-पालन करना चाहिए, यही मानव धर्म है,' थोड़ी देर वहाँ रुके सचदेव चाचा का कहना था।

उस दिन गुसलखाना क्लब में साबुनदानी लेकर एक किशोर आया, जिसे सब वेदू नाम से जानते थे। क्योंकि उस क्लब में शाकाहारी और मांसाहारी, दोनों प्रकार के

किस्से सुने-सुनाए जाते थे, इसलिए वेदू को भी क्लब में रोजाना हाजिरी भरने का चस्का लग गया।

वेदू शक्ल से सामान्य था, पर उसकी एक आँख क्षतिग्रस्त थी, जिसे बाजारू भाषा में 'कानी' कहते हैं। गुनगुनाते वेदू में किसी ने गीत गाने का छिपा हुनर पहचान लिया, और फरमाइश भी कर डाली। 'ये जिन्दगी उसी की है, जो किसी का हो गया,' उसने जरा रुक-रुक कर, पर स्वर को सँभालते गाया। उसके बाद की फरमाइश पर उसने 'अँखियाँ मिला के, जिया भरमा के, चले नहीं जाना' गाया। जब वह अँखियाँ मिला के गाता, तो सुर मिलाते उसकी क्षतिग्रस्त आँख और भी छोटी हो जाती, जिसे देख सबकी हँसी निकल जाती। बार-बार फरमाइश पर वह बार-बार 'अँखियाँ मिला के' गाता। हँसी संक्रामक होती है, एक की निकल जाए तो सबकी निकलने लगती है। हँसी के मारे एक के पेट में बल पड़ जाए तो सभी लोट-पोट होने लगते हैं। रामलाल के बाद वेदू भी गुसलखाने की जान बन गया।

'आ जा रे, अब मेरा दिल पुकारा, रो-रो के गम भी हारा' आवाज सुनकर सभी घरों के लोग बाहर आ गए, और ऊपर रेलिंग वाले रेलिंग पकड़कर, और नीचे वाले अपने-अपने बरामदे से बाहर आकर और बच्चे ग्रामोफोन पेटी के गिर्द घेरा बनाकर खड़े हो गए।

गुसलखाना क्लब का जोक था : एक बार मोहल्ले में जब जनगणना वाले आए, क्लब के मेम्बरों से उन्होंने घर-घर जाने में अपनी असमर्थता दिखाई, और सही गणना के लिए क्लब मेम्बरों की मदद चाही। ऐसे में रामलाल का सुझाव काम आया। इसके तहत परवाना साहब से दरख्वास्त की गई कि वह अपनी गाना-पेटी बीच मोहल्ले में रखकर कोई नया हर दिल अजीज गाना बजाएँ। उन्होंने गुहार मान ली, और पेटी बाहर लगाकर, 'आ जा, अब तो आ जा, मेरी किस्मत के खरीदार' गाना लगा दिया। तब एक-एक करके सारे मोहल्ले के सदस्य घरों से बाहर आ मोहल्ले में खड़े हो गए। एक कान्ता नहीं आई थी, वह अँगीठी पर रखे दूध के पूरे उबलने का इन्तजार कर रही थी। जैसे ही दूध में उबाल आया, वह भी बाहर गैलरी पर आ गई।

'गिन लीजिए,' रामलाल ने जनगणना के अफसरों से कहा। दस मिनट में गिनती पूरी कर वे अगले मोहल्ले को हो लिए।

अगली शाम फिर गाना बजा : 'ओ हो, मुझे किसी से प्यार हो गया, प्यार हो गया, दिल बेकरार हो गया'। ग्रामोफोन के आसपास भीड़ इकट्ठी हो गई। ग्रामोफोन की पेटी की चाबी घुमाते परवाना साहब सामने ऊपर के बरामदे को देखते, पर उससे बाहर कोई न निकला। कई रिकॉर्ड लगाए, कई सुइयाँ घिसा-घिसा कर बदलीं, पर नतीजा मायूसी। उन्होंने भावनात्मक पत्ता फेंका, 'जिन्दा हूँ इस तरह कि गमे जिन्दगी नहीं, जलता हुआ दिया हूँ, मगर रोशनी नहीं।' परवाना साहब के तरकश में बचा बस

यह आखिरी तीर था। गाने की तीसरी लाइन पर ही कान्ता दीदी दो नम्बर से बाहर आ गईं। परवाना साहब का चेहरा खिल गया। उस खिले चेहरे का राज केवल मैं ही नहीं, मोहल्ले के कई और लोग भी भाँप गए, क्योंकि जब अगला गाना बजा : 'दो नयना मतवारे तिहारे, हम पर जुल्म करें,' सभी अपने घरों में जा चुके थे, लेकिन केवल कान्ता जी ग्रामोफोन पेटी को निहार रही थीं। परवाना जी के गीतों की अगली पायदान पर था, 'ये हवा, ये रात, ये चाँदनी, तेरी इक अदा पे निसार है'। अभी मुखड़ा ही खत्म हुआ था कि भीतर से कान्ता दीदी को एक गुस्से भरी आवाज आई और वह भीतर चली गईं। इसी के साथ ही उस रात का परवाना साहब का गीतों भरी शाम का प्रोग्राम खत्म हो गया।

'यह जो आपके कमरे के ऊपर दीदी रहती हैं, उनका क्या नाम है?' अगली सुबह परवाना जी ने मुझसे पूछा। 'कान्ता दीदी,' मेरा उत्तर था। 'वह पढ़ाती हैं, या पढ़ती हैं?' परवाना जी ने बड़ी संजीदगी से पूछा। 'पिछले ब्लॉक में जो झूले वाला स्कूल है, वहाँ पढ़ाती हैं।' जितना मुझे मालूम था, मैंने बता दिया। 'नए गाने लेने जा रहा हूँ,' कहकर परवाना जी मोहल्ले से निकल चाँदनी चौक चले गए।

अगले दिन गुसलखाना क्लब में जिक्र छिड़ा। 'परवाना भाई के पास रिकॉर्डों का काफी बड़ा संग्रह है,' सतपाल ने क्लब में उस दिन की पहली बात कही।

'संग्रह नहीं, रोजाना चाँदनी चौक से खरीदकर लाता है। पिछले सोमवार मैंने खुद उसे आहूजा ग्रामोफोन दुकान से खरीदते देखा है, जब मैं मोती सिनेमा में फिल्म, 'जय महा काली' देखने गया था। मुफ्त का अखबार निकालता है, मुफ्त गाने सुनाता है, नए-नए कपड़े सिलवाता है, अप्सरा होटल में खाना खाता है, यह माजरा क्या है?' जो जिज्ञासा पहले सिर्फ दीनानाथ की थी, अब उसने सबके गले डाल दी।

तभी कन्धे पर अँगोछा लटकाए रामलाल आया। उस दिन उसके हाथ में साबुनदानी नहीं, बल्कि तेल की एक फैंसी शीशी थी।

'शैम्पू साबुन बनाया है, इसे टेस्ट करके जरा बताना तो आपको कैसा लगा। बस अभी तजुर्बा किया है, तेल बाजार से खरीदकर डाला है। कामयाबी मिली तो तेल का तोड़ भी निकाल लेंगे। हालाँकि तेल तो एक ही होता है, बस खुशबू अलग-अलग डालनी होती है। वही भेद है, पर हम कौन सा अंग्रेजों को बेचने जा रहे हैं।' कइयों ने खुली शीशी को सूँघा। वाह! खुशबू तो असली लगती है लगभग सभी की प्रतिक्रिया थी। सभी गुसलखाने में जाते रामलाल का साबुन-शैम्पू लेकर भीतर गए। 'झाग तो ठीक बनती है,' नहाकर निकलते दीनानाथ ने कहा। रामलाल गद्गद हो गया।

नित नए तजुर्बों के चलते गुसलखाना क्लब के लगभग सभी सदस्यों ने साबुनदानियाँ लाना छोड़ दिया था। हर सदस्य रामलाल का नया तजुर्बा आजमाने लगा, और उसकी प्रतिक्रिया गुसलखाने से लौटते समय रामलाल को देने लगा।

अगले दिन रामलाल के हाथ में एक खूबसूरत रंगीन शीशी थी, जिस पर लिखा था—'अब झंझट खत्म/गुलाब की तरह खुशबूदार/गुलाब शैम्पू।' नीचे बारीक लिखा था, 'अब तेल और साबुन, दोनों एक जगह। एक बार सेवन करेंगे तो लाल साबुन और हरे तेल को भूल जाएँगे।'

पारदर्शी पीले परिधान में लिपटी 'गुलाब शैम्पू' की शीशी पर छपी, खुले बालों में उसकी पत्नी की छपी तसवीर सबको पसन्द आई।

'अपनी पत्नी की तसवीर क्यों छपवाई?' दीनानाथ का प्रश्न था।

'बिजनेस का राज है, गुलाब शैम्पू की तो कई नकल कर लेंगे, पर मेरी पत्नी जैसी कौन बन पाएगी?' नक्कालों से सावधानी बरतते रामलाल का जवाब था।

18

परवाना के गीत परवान चढ़े

गुसलखाना क्लब चल निकला था। बिना तौलिए, बिना साबुनदानी के भी लोग वहाँ खड़े होने लगे। पहले, 'पहले मैं, पहले मैं' होता था, 'अब पहले तुम नहा लो' कहा जाने लगा। जो अभी तक छिपा था, वह क्लब के मेम्बरों से बेपर्दा हो चुप था। इधर ग्रामोफोन पर 'ये शाम की तनहाइयाँ, ऐसे में तेरा गम' बज रहा था, उधर परवाना साहब कान्ता जी के लिए प्रेम पत्र लिख रहे थे। पत्र समाप्त करके परवाना जी ने मुझे बुलाया, और चार तह किया हुआ पत्र पकड़ाते वह बोले, 'कान्ता दीदी को दे आओ, तब तक मैं तुम्हारी पसन्द का गाना ढूँढ़कर बजाऊँगा।' पत्र देने ही जा रहा था कि रास्ते में ही वह पत्र प्रवीन भाई मेरे हाथों से छीनकर पढ़ने लगे। 'किसे देने जा रहे हो?' प्रवीन भाई ने मुझे धमकाते पूछा। 'कान्ता दीदी को' मेरा जवाब था, जो सच था मैंने बता दिया। 'दे दिया है, परवाना जी को बता देना।' मैंने बता दिया। 'कुछ पूछा?' परवाना जी अधीर थे। 'किसने दिया है?' जब उन्होंने पूछा तो मैंने 'बाजे वाले चाचा ने' बता दिया। 'ठीक है,' कहकर वह चली गई।

'कौन सा गाना लगाऊँ?' परवाना साहब ने मुझसे पूछा। 'आवारा हूँ, आवारा हूँ, न गरदिश में हूँ, आसमान का तारा हूँ,' मैंने अपनी फरमाइश सुना दी। गाना बजने लगा।

'इसकी आवारगी तो मैं ठीक करता हूँ,' मेरे नजदीक से प्रवीन भाई बुदबुदाते चले गए।

'ये लीजिए, यह चिट्ठी नहीं, परवाना साहब का कच्चा चिट्ठा है,' दीनानाथ को पत्र पकड़ाते, प्रवीन भाई ने कहा।

'पढ़कर बताओ, हिन्दी में लिखा है, समाचार-पत्र तो उर्दू में निकालता है, पर प्रेम पत्र हिन्दी में लिखता है,' दीनानाथ ने तप कर कहा।

प्रवीन भाई ने पढ़ा—प्रिय कान्ता जी, ये शाम की तनहाइयाँ, ऐसे में तेरा गम। दो शामें बीत गईं, आप गैलरी में नहीं आईं। आपकी किसी गाने के लिए कोई स्पेशल फरमाइश हो तो लिखिए, वह रिकॉर्ड खरीदते मुझे अत्यन्त प्रसन्नता होगी। मैं भी आप ही की तरह लुटा-पिटा बेघर हूँ। यह गमजदा प्राणी आपके चेहरे पर मुस्कराहट ला सके, यह उसका सौभाग्य होगा। हर पल मित्रता की उम्मीद में—ए.आर.के. परवाना, एडिटर—हफ्तावार खबरदार।

'चिट्ठी में कुछ भी तो ऐसा नहीं, जिसे अश्लील कहा जा सके। वह बेचारा तो अपने आपको गमजदा, लुटा-पिटा, विस्थापित बता रहा है। दोस्ती का प्रस्ताव है, इसे कोई बुरा तो सिद्ध नहीं कर सकता, लेकिन फिर भी इस पर नजर रखने की जरूरत है, इसकी हिम्मत कहीं और न बढ़ जाए। यहाँ कान्ता को चाहने वाले दो-चार और भी हैं, कहीं आपस में टकरा न जाएँ,' दीनानाथ की इस बात ने प्रवीन भाई को डरा दिया। 'हमें चाहिए, पहले परवाने को कुछ और समझ लें, और बाद में किसी नतीजे पर पहुँचें,' दीनानाथ ने अपना फैसला सुना दिया, जिससे सभी सहमत थे।

अगले दिन तीस नम्बर वाले ललित रिपोर्ट लाए कि परवाना साहब डेरा गाजी खाँ से आए हैं, और उन्हीं की तहसील से हैं। हो सकता है उनके पिता परवाना जी के पिता को जानते हों। परवाना साहब की माँ की मौत तो विभाजन के सदमे, और बने-बनाए घर को छोड़कर आने के गम में हो गई थी। इनका दिल बैठ गया है, सभी की समझ में आ रहा था, क्योंकि उन्हें सीने की दर्द की अर्से से शिकायत थी। काफिले में चलते ही इनके पिता ने दूसरी शादी कर ली। नई माँ की राजस्थान के किसी कस्बे में पहचान थी, वह इनके परिवार को वहाँ ले गई। परवाना को अपने बाप के साथ कोई भविष्य नहीं दिखा, तो ये इस गाना-पेटी के साथ दिल्ली में ही रुक गए। बाद में ये काम क्या करते हैं, इसके बारे में तो कुछ बताया नहीं पर पत्रकारिता इनका शौक है, इसलिए 'हफ्तावार खबरदार' निकालते हैं। विचारधारा से विद्रोही हैं, इसलिए इनके लेख भड़काऊ हैं। इनके छपे अखबार जब्त हो जाने के कारण ये उन्हें दीवारों पर चिपकवाने लगे। कुछ पखतून गाने भी हैं इनके पास, जो इन्होंने मुझे सुनाए। जब कान्ता के बारे में पूछा, तो बताया कि कान्ता पर घरवालों की कुछ पाबन्दियाँ लगी हैं। वे उसे रेलिंग तक नहीं आने देते।

'अब इसका क्या किया जाए?' दीनानाथ ने हवा में प्रश्न उछाला।

'पढ़ा-लिखा है। पीछे से भी अच्छा है। क्यों न कान्ता के भाई अविनाश से बात करें। चार लोग चलेंगे, चाहे तो परवाना भी साथ चले,' हरबंस लाल का सुझाव था।

'इस शोहदे को लेकर आए हैं, जिसने हमारी नाक में दम कर रखा है। इस कमीने का जिया सारा दिन बेकरार रहता है। हम ऐरे-गैरे नहीं, लाहौर, शामली इलाके में सबसे ऊँचा हमारा मकान था। पिछले ब्लॉक के खन्ना जी से पूछो, पगड़ी के ऊपर डेढ़ फुट का तुर्रा निकालते थे हमारे बाबू जी, जिनकी बेटी है यह। किसी की हिम्मत

नहीं थी, उस तुर्रे की तरफ उँगली उठाने की। दिन में दो दफा कपड़े बदलते थे वे। मैली छींट तक बरदाश्त नहीं करते थे,' कहते अविनाश ने आधे पिए पानी का बकाया कुल्ला परवाना साहब के मुँह पर पिचकारी की तरह फेंक दिया। झट से दीनानाथ ने जेब में से रूमाल निकाला, और परवाना जी के हाथ की तरफ बढ़ा दिया। चेहरा नीचे करके परवाना जी अपना मुँह पोंछने लगे।

'इनका इतिहास भी बुरा नहीं, वालिद आढ़त का धन्धा करते थे। मुल्तानी मिट्टी का कारोबार था। सौ-सौ गधे इनकी मिट्टी ढोते थे। तुर्किस्तान से भी आगे इनकी मिट्टी जाती थी। भाड़े के गधों को तो छोड़ो, सौ गधे इनके पिता के घर के थे।'

'सौ क्यों, एक सौ एक क्यों नहीं। इसे गिनना आप क्यों भूल जाते हैं?' तपाक से कहते अविनाश कमरे से निकल गैलरी की तरफ चला गया। 'चलें' कहते दीनानाथ भी उठे, उनके साथ सभी उठ खड़े हुए। परवाना जी जब अपने घर की ओर मुड़े, उनकी आँखों में आँसू थे। बाकी सभी गुसलखाना क्लब की ओर मुड़ गए।

'अविनाश की ज्यादती थी। लाहौर तो बड़ा तहजीब वाला शहर था। पेरिस के बाद हम पंजाबी लाहौर का नाम लेते थे, 'जिसने लाहौर नहीं देखा, जमया ही नहीं,' आम कहावत थी। अविनाश ने परवाना पर नहीं, बल्कि लाहौर पर थूका है, जहाँ उसका सबसे ऊँचा मकान था। वह दरअसल डींगें बघार रहा था,' दीनानाथ की प्रथम प्रतिक्रिया थी।

'लाहौर, शामली की बात कर रहा था, वहाँ तो हिन्दुओं के अच्छे घर थे। कह-सुनकर ही तो रिश्ते बनते हैं। हमारी भी इज्जत तार-तार कर दी,' ललित ने खेद जताया।

'इस हरामजादे ने उन बेचारों की नींद हराम कर रखी है। घर से कान्ता निकले, तो जिया बेकरार है, बाहर से घर आए, तो जिया बेकरार है, स्कूल पढ़ाने जाए तो जिया बेकरार है। उसकी आहट होते ही अपने बालों में कंघी करने लगता है। अगर कान्ता आपकी बहन होती, तो आप क्या करते?' प्रवीन भाई ने सबसे प्रश्न किया।

'साले की गर्दन काट देता,' तपाक से दूसरे ने कहा।

'गर्दन काट देता, कहने में कितना सरल है, पर जब तुम्हारे सामने हिन्दू बच्चियों के बलात्कार हुए, क्या कर लिया तुमने, कितनों की गर्दनें काटीं?' तपाक से ललित ने कहा।

'हम बेबस थे, जुल्म और बर्बरता के आगे कौन नहीं झुका? हम नहीं, तो हमारे भाइयों ने कोई कसर नहीं छोड़ी। बलात्कार के बदले बलात्कार, औरतों को नंगा करने के बदले, उनके गुप्तांगों में लाठियाँ डालना, यहाँ के किसी मूल से पूछो, सारे किस्से बताएगा। जैसे भागकर हमने कैम्पों में शरण ली, वैसे ही वे भी कैम्पों की ओर भागे। फसाद के दिनों की अमन से तुलना न करो,' श्रीकान्त का उबाल था।

'अब क्या करना है?' दीनानाथ ने झुँझलाकर कहा।

'करना यही है कि मेरे नहाने की बारी आ गई है, मैं नहाऊँगा। मसला इतना सरल नहीं, जितना आप उसे समझ रहे हैं। इसका हल एक दिन में नहीं निकलने वाला। सभी सोचो, कुछ न कुछ हल तो निकलेगा ही।'

शाम को परवाना जी ने 'जिया बेकरार' नहीं लगाया, बल्कि चारपाई पर लेटे आगे की रणनीति पर चिन्तन करते रहे। 'आज कौन सा गाना लाए?' झुंड बनाकर खड़े लड़के पूछ रहे थे। 'भाग जाओ, हरामियो' परवाने का जवाब था, लेकिन दस-पन्द्रह मिनट में ही एक-एक कर सभी बच्चे वापस आ गए। 'गाना बजाओ, गाना बजाओ,' वे चिल्ला रहे थे। तंग आकर परवाना जी ने अन्दर से चिटकनी चढ़ा ली। बच्चे, पीछे की खिड़की पर जमा हो गए। कुछ एक तो सलाखें पकड़ कर खिड़की पर चढ़ गए। 'गाना बजाओ, गाना बजाओ,' वे चिल्लाते रहे पर उस शाम गाना नहीं बजा।

कुछ दिन सुस्त रहने के बाद मोहल्ले में फिर जान लौट आई। हर महिला, जब बर्तन माँजती, कपड़े सुखाने के लिए डालती, कान्ता-परवाना का जिक्र करती। मोहल्ला दो भागों में बँट चुका था, परवाना के हमदर्दी, और परवाना के विरोधी। कुछ अविनाश के परवाना जी पर थूकने को जायज करार दे रहे थे। उनका मानना था कि हम सभी लड़कियों वाले हैं, किसी भी पागल, दिलफेंक की ओछी हरकत हमें बदनाम कर सकती है। बात आएगी, तो हम अविनाश का साथ देंगे।

लेकिन परवाना जी के हमदर्द लोगों का कहना था कि पहले तो दूसरों के गाने सुनती रही, जब खुद को गाना पड़ा, तो भाग खड़ी हुई। क्या कमी है परवाना जी में? किस माई के लाल से कम हैं? शौकीन मिजाज हैं, गाने सुनने का शौक है, पर कोठों पर तो नहीं जाते। जहाँ खुद का मनोरंजन करते हैं, वहीं दूसरों का भी खयाल रखते हैं। कौन नहीं राजकपूर बनना चाहता? कंघी करते हैं तो क्या...अपने बाल सुधारना कोई गुनाह है क्या?

कुछ दिन इसी बहस में बीते, लेकिन एक शाम अचानक आवाज आई, 'मैं दिल हूँ एक अरमान भरा, तू आ के मुझे पहचान जरा।'

'बिलकुल नया रिकॉर्ड लाए हैं परवाना जी,' बच्चों में शोर था। औरतें भी बर्तन और राख लेकर मोहल्ले के बीच वाले नल पर आ गईं। 'राजा की आएगी बारात, रंगीली होगी रात, मगन मैं नाचूँगी,' 'जाने न नजर, पहचाने जिगर, ये कौन जो दिल पर छाया, मेरा अंग-अंग मुसकाया,' आदि गीत बजते रहे लेकिन अचानक परवाना जी पर जूतों से वार हो गया। अविनाश मारता रहा, परवाना जूते खाते रहे, वह गाली बकता रहा, परवाना गुस्सा पीते रहे। अविनाश ने थककर ग्रामोफोन को ठुड्डा मारा, और आखिरी गाली देकर चला गया।

कई दिन परवाना जी के कमरे का ताला नहीं खुला। अफवाहें गर्म थीं, जैसे—

जो रेल के नीचे आ जाने वाली लाश थी, परवाना जी की होगी। इन अफवाहों का खंडन तब हुआ, जब किसी ने उनके अखबार 'हफ्तावार खबरदार' का नया संस्करण बिडिन पुरा की गलियों में चिपका पाया। बाद में क्लब का हर मेम्बर, खुद जाकर अखबार को चिपका देख आया, लेकिन काफी इन्तजार के बाद भी परवाना जी घर नहीं लौटे।

'मैंने परवाना जी को देशबन्धु गुप्ता मार्केट में गोलगप्पे खाते देखा, मुझे देखकर परवाना जी चलती बस में चढ़ गए।' 'वह फटे कपड़ों में बीड़ी पी रहे थे।' जो भी आता कुछ न कुछ चटखारे से ले आता। लेकिन किसी की लाई खबर, किसी से मेल नहीं खा रही थी। नई सामग्री न जुड़ने के कारण लोग परवाना जी को भूल गए।

छोटे भाई को हल्दी और हींग की दुकान पर बिठा, रामलाल ने 'गुलाब शैम्पू' का काम सँभाल लिया था। खुद गाड़ियों पर चढ़कर रामलाल गुलाब शैम्पू के फायदे बताकर शैम्पू बेचने लगा था। गाड़ी पर वह जहाँ तक जाता, वापसी में वह रेलवे ट्रैक से नजर आने वाली हर दीवार पर गुलाब शैम्पू लिख आता, ताकि उस पूरी लाइन पर गुलाब शैम्पू की लोकप्रियता दिख जाए।

'आप रावलपिंडी से आए लगते हैं?' किसी सवारी को सुस्ताता देखता, तो वह उसके पास जाकर पूछता। 'नहीं, हम सरगोधा से हैं।' उसका अगर जवाब होता, तो रामलाल कहता, 'अच्छा सरगोधा, वहाँ मेरा ननिहाल था। गर्मी की छुट्टियाँ मैं वहीं बिताता था। सरगोधा में आप कहाँ रहते थे?'

'बड़े बाजार में नुक्कड़ वाली गली के पास।' 'उससे थोड़ा आगे जाएँ, जहाँ लाल दाढ़ी वाला मौलवी हुक्का पीता रहता था। उसी गली में मेरा ननिहाल था। मौलवी जी मेरे नाना के दोस्त थे, आज भी उनका खत आता रहता है। लाहौर से हम सीधे दिल्ली आए थे। यहाँ मेरा गुलाब शैम्पू बनाने का तजुर्बा कामयाब निकला। भला हो उस अंग्रेज का, जिसने मुझे इसे निखारने की विधि बताई। वह देखो खिड़की के बाहर, सामने दीवार पर लिखा है गुलाब शैम्पू। कामयाबी सिर चढ़कर बोलती है, जो भी खरीदता है वह लाल साबुन, और हरे तेल को भूल जाता है। दिन में सिर्फ बारह शीशियाँ बेचता हूँ, बाकी काम वितरकों को सौंप रखा है। जो माँगता है, सिर्फ एक शीशी देता हूँ। बस सर्दी तक ट्रेन में बेचूँगा, फिर अपने खारी बावली वाले शोरूम पर बैठूँगा। बस तीन शीशियाँ बची हैं, एक आपकी, बाकी दो, जो खुद माँग कर लेगा, लोग मुझे पहचानते हैं। वह उसकी तरफ शीशी बढ़ा देता, और तेरह आने की फरमाइश करता। यह तो हमारे सरगोधे वाले घर को पहचानता है। सोचकर वह अपने घर सिली ब्रा से मुड़ा-तुड़ा एक रुपए का नोट निकालती और सीधा करके रामलाल को दे देती, और तीन आने और गुलाब शैम्पू रख लेती। रामलाल ने सरगोधा नाम सिर्फ अखबार में पढ़ा था।

किसी और व्यक्ति से, 'भला हो उस अंग्रेज का जिसने मुझे गुलाब शैम्पू बनाने

का फॉर्मूला दिया। मेरी परवरिश रावलपिंडी में हुई है, इसलिए आपको पहचान लिया। वह देखो सामने दीवार पर गुलाब शैम्पू लिखा है, इधर शीशी पर भी। यह फोटो मेरी कव्वार की है। बड़े अच्छे-अच्छे पोज देती है। शैम्पू उसका टेस्ट किया हुआ है। अपनी फोटो छपवाने को तभी मानी, जब शैम्पू बिलकुल पसन्द आया, आखिर उसकी इज्जत का सवाल है। मैं बारह शीशियाँ बेचता हूँ, एक आपकी...।' उस ग्राहक ने सुझाव दिया, 'अगर गुलाब शैम्पू है तो केवड़ा शैम्पू क्यों नहीं ?' रामलाल का जवाब था, 'अब मैं केवड़ा शैम्पू बनाने के तजुर्बे कर रहा हूँ।'

पाँच-छह सालों से घरों से बिछुड़े लोगों को अपने शहरों की याद सताने लगी। 'सरगोधा बर्तन भंडार' से लोग कड़ाही खरीदकर लाते, तो उन्हें ऐसा महसूस होता जैसे सरगोधे से खरीदकर लाए हैं। अपनी तरफ के लोग अपनों को धोखा नहीं देते। 'जेहलम ज्यूलर्स,' 'पिंडी ज्यूलर्स,' 'पिंडी एम्ब्रॉयडरी,' 'मुलतान चूड़ी वाले,' 'मुलतानी मूँग चावल,' 'लाहौरियाँ दी हट्टी,' 'पिशोरिया दे कतलमें' नामों से कई दुकानें खुल गईं। लोग बोली या उच्चारण के तरीकों से एक-दूसरे को पहचानने लगे। कई विस्थापितों को अपने मुसलमान मित्रों की दोस्ती की याद आने लगी। कहीं-कहीं पत्र-व्यवहार भी होने लगा। नुमाइशों में पाकिस्तानी स्टॉल भी लगने लगे। लोग वस्तुओं में भी अपनी जन्मभूमि की खुशबू ढूँढ़ने लगे।

'बाऊजी, गुब्बारे ले दो,' बच्चा जिद करता। 'बेटा, ये कोई गुब्बारे हैं, गुब्बारे तो पाकिस्तान में होते थे। इनसे दस-दस गुना बड़े, छह-छह रंग वाले। बच्चे गुब्बारे को डोर बाँधकर पतंग की तरह उड़ाते थे।'

'अच्छा बाऊजी, चलो पतंग ही ले दो,' बच्चा फिर जिद करता तो बाप का वही जवाब, 'यह कोई पतंग है, पतंगें तो लाहौर में होती थीं—डायमंड पतंग, ओवल पतंग, चकोर पतंग, तितली पतंग, यह पतंग तो उड़ाई या न उड़ाई, एक बराबर है।' इन तुलनात्मक खुलासों ने कई चुटकुलों को जन्म दिया। इसी चुटकुले को आगे बढ़ाते बेटे की नाराजगी पर बाप बोला, 'ओए मैं तेरा बाप हूँ, कुछ तो शर्म कर।' 'बाप...बाप तो लाहौर होते थे। खुले दिल वाले, अपने बच्चों पर जान देने वाले, यहाँ तो बापड़ियाँ हैं, पैसा माँगो तो चीखें निकलने लगती हैं।'

राशन की दुकान पर दूसरी औरत के राशन कार्ड से उसके परिवार के मुखिया का नाम पढ़कर औरतें रिश्ता निकाल लेतीं। 'मदन लाल आहूजा, अच्छा आप आहूजा हैं, मेरे मायके की जात भी आहूजा थी—बिशन लाल आहूजा, सांगले वाले, मशहूर थे।' 'बिशन लाल आहूजा, सांगले वाले तो मेरे फूफा के बड़े भाई थे। अभी पिछले साल उनका स्वर्गवास हुआ है, पहाड़गंज में।' 'मैं भी वहाँ गई थी लेकिन आप को देखा नहीं।' 'मैं भीतर कोठरी में बैठी फूफी को ढाढ़स बँधा रही थी। उनकी एक लड़की करोलबाग में ब्याही है।' 'मेरे साथ वाले घर में, तुलसी उसका नाम है।' 'हाँ, तुलसी, तुमने बिलकुल ठीक कहा, दस साल की थी, तब देखी थी।' 'अब तो दो

बच्चों की माँ है।' 'वक्त कैसे बीत गया, अपनों से बिछड़े, अपनी-अपनी उलझनों में उलझे, किसी को किसी से मिलने तक की फुर्सत ही नहीं मिली। तुलसी को मेरा प्यार देना, वीरा देवी नहीं रही, पर तुलसी को ही देखकर तसल्ली कर लेंगे।'

राशन की दुकान, कोयले के टाल, मिट्टी के तेल के डिपो, हर ऐसी जगह पर कई टूटे तार फिर जुड़ जाते थे।

19

एक करोड़ अस्सी लाख सरहद पार

रात के अँधेरे में पुष्पा, उर्फ लल्ली वापस पाकिस्तान चली गई, अपने तीन बच्चों के पास, रिहाना, यूसुफ और इमरान, उस दिन गुसलखाना क्लब का विषय था। उस दिन रामलाल अभी गुलाब शैम्पू बेचने नहीं गया था। इस बार वह क्लब में अपने साथ अपने नए तजुर्बों से तैयार केवड़ा शैम्पू लाया था, पर माहौल को देखते उसने केवड़ा शैम्पू के फायदों का बखान नहीं छेड़ा। 'अच्छा कदम उठाया है पुष्पा ने, बिलकुल ठीक फैसला लिया है। यहाँ कौन पड़ा है उसका, माँ कब तक रहेगी। उसका भविष्य तो उसके बच्चे ही हैं। किस्मत में हिन्दू खाविन्द से न सही, मुसलमान से तो हैं, पर हैं तो उसके पेट के जाए। माँ के स्नेह के बगैर बच्चे पल तो जाते हैं, पर उनके विकास में कमी रह जाती है,' अपनी मुलतानी भाषा में रामलाल बोल रहा था। यकीन नहीं हो रहा था कि रामलाल मानव भावनाओं से इस कदर परिचित है।

'लेकिन धर्म?' हरबंस ने चुटकी ली।

'पुष्पा की जगह बैठकर देख, धर्म पहले है, या बच्चे?' दीनानाथ का प्रश्न था।

'गुरु गोविन्द सिंह ने धर्म की खातिर बच्चे कुर्बान कर दिए।'

'इतना महान बनने की कोशिश न कर हरबंसया, ऐसे काम सदियों में एक को करने की जरूरत पड़ती है। कहीं हर कोई राज मिस्त्री लगाकर बच्चों को दीवारों में चुनवाने न लगे—बड़ा बनने की खातिर।'

'धर्म ही एक सत्य है, बाकी सब मिथ्या है,' हरबंस अड़ गया।

'धर्म से हटकर तू अब सत्य पर आ गया है। सत्य को रुका ही रहने दे। सत्य की आड़ में जितनी तबाहियाँ हुई हैं, झूठ की वजह से नहीं। लाखों की संख्या में सेनाएँ आमने-सामने खड़ी होकर अपने-अपने सत्य के लिए लड़ती हैं, और कट-मर जाती हैं। सत्य परिस्थितियों का गुलाम है, इसलिए तेरा सत्य और मेरा सत्य भिन्न हो सकता है,' दीनानाथ हरबंस को सत्य और झूठ से सम्बन्धित अपने तजुर्बों की व्याख्या करके समझा रहा था।

'अब सत्य और झूठ की बहस से ऊपर उठिए, और पढ़िए सत्य का आईना

पंजाब केसरी। वैसे भी अब तक पुष्पा लाहौर पहुँचकर लल्ली बन चुकी होगी। औरत का मामला है, जहाज पर ले गए होंगे। जवान औरत को दो मुल्कों की पुलिस की हिफाजत में कौन छोड़ता है,' किसी ने कहा।

'यह हमदर्दी कैसी? हिन्दू पुष्पा के लिए, या मुस्लिम लल्ली के लिए?' जैसे ही दीनानाथ ने कहा, सब हँसने लगे, और उस दिन का 'मैन ऑफ द मैच' दीनानाथ को घोषित कर दिया।

अगले दिन रामलाल ने क्लब के मेम्बरों में अखबारों के पन्ने बाँट दिए। पहला पन्ना श्रीकान्त के हाथ लगा जिसमें खबर थी—कॉमनवेल्थ सेमिनार के लिए मौलाना लन्दन के लिए रवाना।

'आते रहो, जाते रहो। जहाँ भी रहो, आबाद रहो,' कहकर श्रीकान्त ने नाक साफ की। 'हमें घर से बेघर कर सब फिर से एक हो गए हैं। लीडरों को आजादी चाहिए थी, घूमने और मौज-मस्ती करने की सो मिल गई। बाकी जिन्हें आजाद करवाया, वे जाएँ भाड़ में, सड़ी-गली, भीख में माँगी जगह से पत्थर-कंकड़ निकालते रहें। हम तो तब भी गुलाम थे, आज भी हैं, तब मलिका के, अब मालिकों के। सब चौधरी बन गए हैं। हमने तो जो खोया है, दुबारा बना लेंगे, पर इन्होंने मुल्क का जो नुकसान किया है, उसकी भरपाई नहीं कर पाएँगे।'

श्रीकान्त को ऐसे दौरे पहले भी पड़ते थे। अखबार पढ़ते-पढ़ते भड़क जाता। कभी-कभी तो ऐसी गालियाँ बकता, जिन्हें दोहराना भी मुश्किल है। सांगले से था। कपड़े की दुकान थी। साथ लगी दुकान खरीदकर हाल ही में बड़ा शोरूम बनाया था। ट्रक भरकर माल अमृतसर से खरीदकर अभी सांगले पहुँचा ही था कि सांगला हिन्दू और सिखों से खाली होने लगा। सांगला छोड़ आया, पर अमृतसर के व्यापारी का कर्ज सिर पर बना रहा। उसका कहना था, 'हमने तो आपको उधारी दी है, आप चाहे सांगले रहें, या दिल्ली, हमें क्या फर्क पड़ता है। चुकता कर देंगे, अभी तक तो यही यकीन दिला रहे हैं, आगे प्रभु की मर्जी।' दीनानाथ श्रीकान्त परिवार को जानता था।

'पूरी बात तो पता चलती नहीं, जितनी कलमें, उतनी दलीलें, मजमून हैं। 'आजादी या बरबादी : जिम्मेदार कौन' का लेखक कहता है कि बारहवीं सदी से, जब से इस्लाम भारत आया, हिन्दू-मुस्लिम, दोनों एक साथ अमन-चैन से रह रहे थे, फिर ऐसा क्या हुआ, जो विभाजन का निर्णय लेना पड़ा? लेखक की दलील है कि अक्सर किसी बड़े संघर्ष के खत्म होते ही, उस संघर्ष की इकाइयों में आपसी मतभेद उभर आते हैं। यही मतभेद अठारह सौ सत्तावन के गदर के बाद भी उभर आए थे, लेकिन गाँव और कस्बों तक ही दिखे। कुछ छोटे-छोटे मजहबी आधार पर संगठन बन गए, और लम्बे अर्से तक पलते-पलते उन्नीस सौ तीस में मुस्लिम लीग का गठन हो गया। आम मुस्लिम धारणा थी कि इस्लाम का अल्पसंख्यक होना, उनकी

राजनीतिक सौदेबाजी में आड़े आता है, इसलिए जिन्ना साहब के बयान 'इस्लाम अल्पसंख्यक नहीं, अपितु एक राष्ट्र है'—ने मुसलमानों में बड़ी उम्मीदें जगा दीं, जिनमें एक अलग पाकिस्तान की कल्पना भी थी। दूसरे विश्वयुद्ध में हुए नुकसान ने अंग्रेज हुकूमत की कमर तोड़ दी थी, उनकी मन:स्थिति और आर्थिक स्थिति, दोनों नीचे आ गिरी थीं, उनके लिए दूर-दराज की अपनी छावनियों पर कब्जा रखना मुश्किल हो गया था। उन्होंने कुछ एक अपनी कॉलोनियों को आजाद करने को घोषणा कर दी, जिनमें भारत भी एक था। मुसलमानों की तरह सिखों में भी अलग राष्ट्र बनाने की लालसा जग गई। वे भी दबाव की राजनीति करने लगे, ताकि आने वाले प्रशासन में उन्हें भी एक अच्छा हिस्सा मिल सके। उन्नीस सौ छियालीस के जिन्ना के 'डायरेक्ट ऐक्शन डे' पर मुस्लिम नेताओं के भाषणों ने मुसलमानों को इतना भड़का दिया कि वे बेकाबू हो हिंसा पर उतर आए, और पूर्व संयोजित कार्यक्रम से एक ही दिन में चार हजार से भी ऊपर हिन्दू और सिखों को मौत के घाट उतार दिया। कलकत्ता से शुरू इस कत्लेआम की हवा पूरे देश में फैलने लगी। उन दिनों भारत में लगभग चार हजार शहर थे, और उन सभी शहरों में मुसलमानों की मौजूदगी दर्ज थी। पंजाब पर हिन्दू और मुसलमानों, दोनों की नजर थी। अमृतसर, लुधियाना, गुरदासपुर मुस्लिम बहुल शहर थे। लाहौर, मुलतान, रावलपिंडी और गुजरात हिन्दू बहुल। अखबारों में अल्पसंख्यक, और बहुसंख्यक शहरों की हमेशा चर्चा रहती थी, इसलिए इस गणना को अलग-अलग तरीके से सन्तुलित करने की दोनों तरफ से योजनाएँ बनाई जा रही थी,' कहकर दीनानाथ ने अखबार रख दिया और रामलाल से केवड़ा शैम्पू की शीशी लेकर आगे बढ़ गया। फिर घूमकर बोला, 'आगे वही लिखा है, जो आपने और हमने भुगता है। काम को देरी हो रही है, नहाता हूँ,' कहकर वह गुसलखाने में घुस गया।

अगर हम भी परिन्दे होते, तो हम एक करोड़ अस्सी लाख, इधर से उधर, और उधर से इधर उड़ आते। काफिलों की शक्ल में दो-दो सौ मील पैदल, बैलगाड़ियों में, रुकते, डरते, न उधर से आते, न इधर से जाते। पाकिस्तान जाने वालों को एक तसल्ली तो थी, कि वे अपने नवगठित मुल्क में जा रहे हैं, लेकिन हम तो भारत से भारत आ रहे थे।

गुसलखाना क्लब में विभाजन एक घिसा-पिटा राग रह गया था, क्योंकि जिन्दगी आगे बढ़ने का नाम है, लेकिन तभी सरदार खुशवन्त सिंह की पुस्तक 'ट्रेन टू पाकिस्तान' आ गई। 'खुशवन्त सिंह क्योंकि विभाजन से पहले ही दिल्ली में थे, इसलिए उन्हें उधर से इधर आए लोगों के दुख की बजाय इधर से उधर जाने वालों का दुख ज्यादा गहरा लगा,' यह दीनानाथ का विश्लेषण था, पर पता नहीं उसने वह पुस्तक पढ़ी भी थी या किसी दूसरे का निचोड़ा जूस पिया था।

सीलोन से फिल्मी गानों का प्रोग्राम शुरू हो चुका था, जिसे बिनाका टूथपेस्ट

वाले स्पॉन्सर करते थे। संचालक थे अमीन सयानी। तब अधिकतर घरों में रेडियो नहीं होते थे। लोग रेडियो का मजा पान-सिगरेट की दुकान पर लिया करते थे। जब पान की दुकान पर भीड़ बढ़ जाती, तो वह उस भीड़ को अर्ध गोलाकार में खड़ा होने को कहता था। उस रेडियो से बजता गाना, 'पंछी बनूँ, उड़ती फिरूँ मस्त गगन में, आज मैं आजाद हूँ दुनिया के चमन में' आज भी मेरे कानों तक पहुँच रहा है। कई महीने यह गाना बिनाका गीतमाला के पहले पायदान पर रहा। 'ये रात भीगी-भीगी, ये मस्त है फिजाएँ,' 'जहाँ मैं जाती हूँ, वहीं चले आते हो, चोरी-चोरी मेरे दिल में समाते हो, ये तो बताओ कि तुम मेरे कौन हो' और 'अभी तो मैं जवान हूँ,' गाने कई साल बिनाका के पायदानों पर ऊपर से नीचे, और नीचे से ऊपर चढ़ते रहे। अमीन सयानी के इन गानों को पेश करने का अन्दाज बेमिसाल था। आज भी उस लीजेंड की नकल मनोरंजन के प्रोग्रामों में होती है।

इसी पान की दुकान से विजय मर्चेंट, हजारे, उमरीगर तथा लाला अमरनाथ के चौके-छक्कों का अजमल खाँ रोड पर समा बँधा था।

20

डेड मैन वॉकिंग

मुझे भज्जी के हवाले कर सुबह चार बजे ही दक्षा निकल गई। ड्राइवर और पंडित जी को जगाने की जिम्मेदारी उसकी थी।

'लोधी गार्डन चलते हैं,' मैंने भज्जी को सुझाव दिया। फिर हम बाहर सड़क तक, जहाँ भज्जी की गाड़ी पार्क थी, पैदल गए।

'चलने में कुछ मुश्किल तो नहीं लगी?' भज्जी ने प्रश्न किया।

'नहीं, लेकिन शारदी जी की बेटी ने जब हाथ हिलाकर 'हाय' किया, तब थोड़ी दिक्कत जरूर आई, सोचती होगी, कल कीर्तन करवा रहे थे, आज आवारागर्दी करने जा रहे हैं—डेड मैन वॉकिंग,' मैं गम्भीर था।

'हो सकता है, तुम्हारा अपने पाँव पर खड़ा होकर चलना उसे अच्छा लगा हो, हाथ हिलाकर शुभकामनाएँ दे रही हो,' भज्जी ने मुझे सांत्वना दी।

भज्जी के साथ अगली सीट पर बैठा मैं, जब भी कोई गाड़ी सामने से आती देखता, तो चिल्लाता, 'रोको...रोको।'

'नुक्स मेरी ड्राइविंग में नहीं, तुम्हारी सोचने की शक्ति में है, या तुम्हारे रिफ्लेक्सिंग में है। तुम कमजोर हो चुके हो, हर सम्भावित खतरे से डरने लगे हो। चुपचाप बैठे रहो, मैं हूँ न,' भज्जी ने कहा। उसकी मानूँ तो वह तो चलती गाड़ी के नीचे सिर देने की हिम्मत रखता है।

पार्क बिलकुल वैसा था, जैसा पचास साल पहले था। कुछ क्यारियों को यहाँ-वहाँ करके लैंडस्केप को परिवर्तित किया हुआ था। ट्रैक पर चलते-चलते ट्रैक पर लटकती पेड़ों की शाखाओं से में बार-बार टकरा जाता। जब पीछे मुड़कर देख रहा था, तो एक बड़ी शाखा से टकराकर गिरते-गिरते बचा। भज्जी ने मुझे सँभाल लिया था, 'कहाँ ध्यान है तुम्हारा, इतनी बड़ी शाख तुम्हें दिखी नहीं?'

'दरअसल मैं पीछे मुड़कर देख रहा था उस हरी ड्रेस वाली को। वह याद दिला रही थी, मेरे बीते लोधी गार्डन के दिनों को, जब मैं भी यहाँ लाइट रोमांस के लिए आता था।'

'याद है, उस कोने में बैठकर तुम और शान बिल्डिंग स्केच करते रहे थे। तुम्हारा प्रोजेक्ट था, आर्किटेक्चर ड्यूरिंग लोधी पियर्स।'

मैं बात को टाल गया, जानता था कि बात निकलेगी तो दूर तलक जाएगी। 'थक गया हूँ, अब बैठूँगा,' मैंने इच्छा जाहिर की, और सामने काली बेंच पर जा बैठा।

'कितनी खूबसूरत थी शान! पता नहीं तुम उसे कैसे बुलाते थे, पर हम उसे टिनोपाल कहकर पुकारते थे। टिनोपाल सफेद कपड़े और उजले बनाने के लिए था।'

मैं चुप रहा, पता नहीं क्यों यह भरे जख्म को बार-बार खरोंच रहा है। जिस पीड़ा से मैं मुक्त होना चाह रहा हूँ, उससे भी बड़ी पीड़ा को जगाना चाहता है। जानता है उसकी जड़ें उतनी ही गहरी हैं, जितनी मेरे ट्यूमर की। एक बार फिर से हरी हो गईं, तो उनका इलाज तो मार्शल जॉन के पास भी नहीं।

भज्जी आगे बोला, 'गुलाबी फूलों की प्रिंटेड ड्रेस जब वह पहनकर आती थी, तब फूल और शान में फर्क बताना मुश्किल हो जाता था। हर एक ने चान्स लेना चाहा, पर हाथ किसी के नहीं आई। अरोड़ा ने तो एक दिन उसके ताँगे के पैसे देने की भी जिद कर ली। उलटा ताँगे वाले से डाँट खानी पड़ी।'

'अरोड़ा, जो आँखों में सुरमा डालकर आता था?' मुझे उस पर गुस्सा आ रहा था। 'साला, जीन के ऊपर जो चिकन का कुर्ता पहनकर आता था, वह मैंने उसे दिया था। दोस्ती की कसमें खाता था, और मौका लगते ही ताँगे का भाड़ा तक देने लगा था। जब हमारे साथ ताँगे पर जाता था, तो सबसे पहले उतरकर पटरी पर जा खड़ा होता था।'

'जिस दिन अशोक होटल में इंटीरियर की क्लास थी, तुम नहीं आए क्योंकि बरसात आ गई थी। सभी अपनी-अपनी साइकिलों पर निकल गए, पर बारिश रुकने तक शान वहीं रुकी रही। नितीश ने उसे जबरदस्ती कॉफी पिलाई। कॉलेज में अगले दिन वह सबको होटल का बिल दिखा रहा था : दो कॉफी—तीस रुपए, तीन रुपए सेल्स टैक्स, और साढ़े चार सर्विस टैक्स।'

नितीश, और साढ़े सैंतीस रुपए, और वह भी खुले में सबके सामने बैठकर? लेकिन मुझे अपनी औकात पर शर्म आ रही थी, क्योंकि इतने लम्बे रोमान्स में कभी भी मैंने उसे ब्रेड पकौड़ा और काँच के गिलास में चाय से ज्यादा कुछ ऑफर नहीं किया। वह गिलास भी साढ़े तीन इंच के अर्धव्यास का। बरसात के दिनों में प्याज के पकौड़े एक पाव और मैले कपों में चाय, उस पर भी बेचारी थैंक्स करना नहीं भूलती थी। जिस फूलदार गुलाबी पोशाक का तुम जिक्र कर रहे हो, वह उसने जब खरीदी थी, तो मैं भी उसके साथ था। बिल मैंने अदा करने की पेशकश की थी, पर 'आगे भी कई बिल अदा करने के मौके आएँगे,' कहकर वह टाल गई थी।

'काफी देर से चुप हो, कहाँ खो गए?' भज्जी ने मेरी बन्द आँखें देखकर पूछा।

'नहीं, तुम कहो, मैं सुन रहा हूँ।'

'एक दफा वह राही की साइकिल के कैरियर पर बैठकर कॉलेज आई थी, वह भी बरसात का दिन था।'

'अब घर चलो, मेरी कमजोरी बढ़ती जा रही है,' मैंने अपने आपको बहुत ही कमजोर महसूस करते कहा।

घर पहुँचते ही मैं बिस्तर पर लेट गया, भज्जी ने चाय बनाई, और मिनी ओवन में टोस्ट सेंक लिये। मैंने उससे कहा, यहाँ फ्रिज में सफेद और नमकीन दोनों तरह के बटर पड़े हैं। पर मेरे स्लाइस में वहाँ पड़ा शुगरलेस एप्लीकॉट जाम लगाना। हलका सा लगाकर सैंडविच बना देना।'

'शशि, तुमसे एक बात आज तक नहीं पूछी। यार गजब की सुन्दर चीज, जो दूसरों के बर्गर छोड़कर तुम्हारा ब्रेड पकौड़ा हँस-हँस के खाती थी, कैसे पटाया था उसे?'

'लॉटरी में निकली थी,' मैंने बड़ी बेदिली से कहा।

'इतनी गोरी-चिट्टी लॉटरी से ही निकली होगी। सच बता, अब क्या फर्क पड़ता है, अब तो उसकी बेटी भी नानी बन गई होगी?'

'तुम तो मेरे ब्लैक बॉक्स हो, मेरे मरने के बाद लोग तुम्हें ही रोज खोजेंगे मेरी असलियत जानने के लिए। जहाज टकराने के बाद जब ब्लैक बॉक्स मिल जाता है तो खुशी की लहर फैल जाती है कि अब सब पता चल जाएगा, जहाज किन हालातों में टकराया था।

'तुम्हें याद होगा हम लोगों के एडमीशन के बाद लॉकर अलॉट करने की बात चल रही थी। दो-दो को एक लॉकर, मैं तो वहाँ था नहीं, पर उसकी लॉटरी निकल आई, उसका जोड़ीदार मैं था।'

'लेकिन आरती और शान्तनु, उनके लॉकर तो अलग-अलग थे।'

'वे किस्मत ऊपर से लिखवाकर आए थे, मेरी यहीं लिखी जानी थी। बिना किसी विरोध के उनकी शादी हो गई।'

'और बाल-बच्चे भी। पिछले साल लंदन से आए थे। शान्तनु तो फिर भी पहचाना जाता था, पर आरती तो बिलकुल नहीं। उनका एक बेटा और एक बेटी है, दोनों की शादी कर दी थी, पर बाद में बेटी की शादी बिगड़ गई। लग रहा था, उसी के रिश्ते के लिए आए थे।'

'रामेश्वरी कभी मिली?'

'छोड़ो यार, उसी से तो पंगा पड़ा था, जो तुमने सँभाल लिया, अभी सबको छोड़ो। तुम असली बात को साइड कर रहे हो। ठीक हो जाओगे, तो तुम अमरीका चले जाओगे, मेरी जिज्ञासा जहाँ की तहाँ रह जाएगी।'

'वह दूर से मेरी तरफ दौड़ी चली आ रही थी। आते ही बोली, 'शशि नाम तुम्हारा ही है न?' वह साँस को सँभाल रही थी। इतनी खूबसूरत, और यह उसका रहस्यमय अन्दाज। बिना सोचे मेरी मुंडी ऊपर से नीचे, नीचे से ऊपर चल गई।'

'लॉटरी निकलते वक्त तुम वहाँ नहीं थे। तुम्हारी लॉटरी भी निकल आई...मेरा और तुम्हारा एक ही लॉकर है।'

'और तुम्हारी लॉटरी?'

'वह पर्ची तो उन्होंने पहले ही उठा ली थी। तुम्हारी पर्ची तो बाद में खुली।' दो में से एक चाबी मुझे पकड़ाते वह बोली, 'सँभालकर रखना, वैसे तो दूसरी चाबी मेरे पास है, लेकिन फिर भी...' कहते उसने अपनी चाबी हैंड-पर्स में रख ली।

'वह लॉटरी नहीं लोटो थी, सिक्स थाउजेंड मिलियन डॉलर की,' कहते भज्जी ने मेरी जाँघ पर जोर से थपकी मारी। 'यह तो मेन स्टोरी थी, जिसे हम साइड स्टोरी समझते रहे...बिलकुल फिल्मी,' वह बड़ा उत्साहित था। उसने आगे पूछा, 'उमा और उमेश?'

'उनकी शादी की उम्र निकल चुकी थी। उमा चुलबुली थी, और रमेश गम्भीर...वह बाँसुरी भी बजाता था। संगीत तो कुटिल साँप को भी बस में कर लेता है। दोनों अपने-अपने रिश्ते ढूँढ़ रहे थे तो मिल गए हमपेशा हमसफर, दोनों आर्किटेक्ट।

'एक हम थे, शान और शशि, जिनका तुरन्त शादी का कोई इरादा न था। हम दोनों बीस से कम थे।

'हमारे साथ पढ़ने वाली परमेश्वरी कस्बाई लगती थी, जबकि हम बाकी सब शहरी लगने लगे थे। उसमें प्रेम-उत्साह भी न के बराबर था। सारे व्रत रखती थी, नवरात्र समेत।' सुनते-सुनते भज्जी की हँसी निकलकर बेकाबू हो गई। 'पता नहीं अनजाने में जिन्दगी में क्या-क्या हो गया। परमेश्वरी को सत्यनारायण व्रत तोड़ना था, और हम नहीं चाहते थे कि महफिल से कोई उठकर चला जाए। उसे रोकने के लिए मैं चौकीदार के बैठने की पेटी घसीट लाया। मुझे मालूम था कि उसके

केबिन में एक सत्यनारायण कथा की पुस्तिका भी पड़ी रहती थी। उस पेटी पर उसी पुस्तिका को खोलकर जैसे ही मैं बैठा, बाकी सब उसके सामने अर्धव्यास बनाकर बैठ गए।

'मैंने सत्यनारायण का पाठ शुरू कर दिया। सबकी तो केवल हँसी निकल रही थी, पर शान तो हँस-हँसकर लोट-पोट हो रही थी। जैसे-जैसे कथा आगे बढ़ती गई, सभी गम्भीर हो गए। कथा जब 'सत्यवती गर्भवती हो गई' पर आई, तो 'गर्भवती हो गई' कहते मेरे मुँह से चिक...चिक...निकल गया। मेरे इस एक्सप्रेशन पर सभी इतने जोर से हँसे कि पेट पकड़ने लगे। सबसे ज्यादा शान हँसी थी। किसी की ओछी हरकत पर इतनी हँसी तभी आती है, जब वह दिल में समा चुका हो।

'अगले दिन लॉकर खोले खड़ी शान की हँसी मुझे देखते ही निकल पड़ी, और वह फिर बेकाबू हो गई।'

'क्या आपको मेरा सत्यनारायण कथावाचन अच्छा नहीं लगा?' मैंने गम्भीर भाव से शान से पूछा।

'नहीं, केवल मैं ही नहीं, बल्कि मेरी झाई जी भी रात से इस बात पर हँसती रही हैं, तुम्हें घर पर बुलाया है,' हँसी रोककर वह बोली।

'मैं शर्मीला था, इसलिए याद नहीं क्या बहाना बनाया था जो उसके घर नहीं गया, जिससे शान की झाई जी की मुझे देखने की उत्सुकता और भी बढ़ गई।

'उस दिन 'पर्सपेक्टिव' का क्लास था। लाल किले में हमारा यह क्लास एक अंग्रेज टाउन प्लानर डॉ. बारक्सन ले रहे थे। हम पहले कॉलेज गए, वहाँ से दिल्ली पॉलिटेक्निक की बस पर लाल किले आए। शान क्योंकि चाँदनी चौक के कटरे लच्छूराम में जो कि मैजेस्टिक सिनेमा के पीछे है, वहाँ रहती थी, इसलिए उसका घर से पैदल लाल किले आना ज्यादा आसान था।

'पहला आउटडोर था, इसलिए शान जरा बन-ठन कर आई थी। चूड़ीदार पाजामे के ऊपर उसी से मैच करती तंग कमीज पहने थी। गले में सफेद स्टार्च किया दुपट्टा लपेटकर आई थी। उसके रुक-रुक कर चलने से साफ लग रहा था कि ऊँची ऐड़ी की सैंडिल उसने पहली बार पहनी थी।

'सारे स्टूडेंट डॉ. बारक्सन के गिर्द झुंड बनाकर पर्सपेक्टिव के नियमों की जानकारी ले रहे थे, लेकिन शान और मैं दीवाने आम और बेगमों की हवेली के बीच लगे पानी के फव्वारों के साथ धीमी गति से चल रहे थे। चलते-चलते शान लुढ़क गई, और हाथ बढ़ाकर मैंने उसे सहारा देकर फिर से पाँव पर खड़ा कर दिया। गिरती कन्या को हाथ का सहारा देने का यह पाँचवाँ या छठा प्रयास था। उसके मन में क्या चल रहा होगा मैं नहीं कह सकता, लेकिन अपने आपको हीरो की भूमिका में बार-बार 'री-टेक' देना मुझे बहुत अच्छा लग रहा था।

'बैरकों के सामने हरी घास और पेड़ों की छाया में बैठ सभी खाना खाने लगे,

तो शान ने मुझसे पूछा, 'तुम्हारी सब्जी क्या है?' 'बैगन का भुर्ता,' मैंने बताया तो उसने मेरा बैगन का भुर्ता खाया। मैंने उसकी आलू-गोभी।'

'मेरी नानी कमाल का भुर्ता बनाती थीं। जब मैं अपने ननिहाल लाहौर जाती थी, झाई जी अक्सर बताती हैं कि मैं बैगन के भुर्ते की जिद करती थी।'

'जब तुम लाहौर जाती थीं, तब तुम कितने साल की थीं?' मैंने शरारती अन्दाज में पूछा।

'मुझे क्या मालूम, तब गिनती थोड़े ही सीखी थी। लेकिन विभाजन से भी पहले की बात है, हूँगी पाँच-साढ़े पाँच साल की,' उसने झेंपकर कहा।

'वैसे आप पाकिस्तान में कहाँ रहती थीं?'

'हमारा एक घर शेखूपुरे में था, दूसरा चूड़खाने में।'

'चूड़खाना तो मैंने भी देखा हुआ है, एक बरात में गया था। वहाँ से हमारा कस्बा लगभग चालीस मील था। सड़कें काफी चौड़ी थीं, और बिजली के खम्भे भी थे। बड़ी साफ-सुथरी कनातों में शादी हो रही थी।'

'तब तुम कितने वर्ष के थे?' अब उसने शरारती अन्दाज में पूछा।

'सात का। तब तक मैं सौ तक गिनती गिन लेता था, और दस तक पहाड़े भी। सात और नौ के पहाड़े मुश्किल लगते थे, बाकी तो फररर...।'

'शशि, मेरी सैंडिल बहुत तंग कर रही है, तुम मुझे घर छोड़ सकते हो?' उसने बेतकल्लुफी से पूछा।

'क्यों नहीं, सामने तो चाँदनी चौक है।'

'फिर हम दोनों ने कन्धे पर अपने शोल्डर थैले सँभाले, और बिना एक-दूसरे से बात किए लाजपत राय मार्केट तक आ गए। मोती सिनेमा के पास एक दफा फिर शान लुढ़की और फिर मैंने हाथ देकर इस बार राजकपूर-नरगिस स्टाइल में बचाया।'

'मैंने तुम्हें बहुत परेशान किया है न? सच पूछो तो यह सैंडिल तुम्हें दिखाने आई थी, कल यहीं से खरीदी है,' कहते-कहते उसकी हँसी निकल गई।

'सच पूछो तो इतनी ऊँची, और पतली हील तुम्हें सूट नहीं करती। कोल्हापुरी पहनो, और बेपरवाही से चलो, सस्ती, मजबूत, टिकाऊ।'

'यदि घर तक नहीं चलना, तो मुझे यहीं छोड़ दो, भागीरथ पैलेस से होती अग्रवाल अंकल के घर से निकलकर अपनी गली में चली जाऊँगी।'

'हाँ, इस वक्त घर तो नहीं चल पाऊँगा, लेकिन तुम्हें कैसे सुविधा रहेगी बताओ।'

'बिना कुछ कहे शान चली गई, ग्लानि में मैं कुछ देर वहाँ खड़ा रहा, मुझसे क्या गलती हुई, मैं समझ नहीं पा रहा था।

'अगले दिन जब मैं कॉलेज पहुँचा, मेरा टेबल सजा हुआ था, 'पिक्चर प्लेस' को वाटर कलर करने के लिए पानी का मग भी भरा पड़ा था।'

'शान कैसी हो?' मैंने पूछा तो अपने बोर्ड से नजरें उठाकर उसने मेरे चेहरे की तरफ देखा, और उन्हें फिर ड्राइंग बोर्ड पर टिका लिया।

'कौन-कौन ग्रेड की पेंसिलें तुम्हारे पास हैं?' बात शुरू करने की गरज से मैंने उससे पूछा। उसने पेंसिलों का बक्सा मेरी तरफ धकेल दिया।

'कैंटीन हो आईं, या अभी जाना है?' थोड़े समय के बाद फिर मैंने प्रश्न किया।

'पता नहीं,' उसने झुके सिर से कहा। अब कुछ पूछा तो रो पड़ेगी, मुझे ऐसा महसूस हो रहा था। कॉलेज के बाद उस शाम वोकेशनल क्लास थी।

'अँधेरा हो गया है, चलो तो तुम्हें घर तक छोड़ दूँ!'

'आज मुझे झाई जी लेने आएँगी,' उसने बताया।

'कल ठीक-ठाक घर पहुँच गई थीं?'

'जिससे मेरी कट्टी है, उसे क्यों बताऊँ?'

'अरे कट्टी क्यों?'

'तुम ही जानो,' कहकर मेरा सामान समेटकर वह लॉकर की ओर चली गई।

'फिर भी मैं उसे उसके घर छोड़ने गया तो वहाँ उसकी माँ झाई जी से मेरी मुलाकात हुई। उनको मैंने हाथ जोड़कर नमस्ते की। 'यह शशि है,' कहकर शान ने मेरा परिचय कराया।

'परिचय होते ही वह मुझसे बोलीं, 'क्या हो गया था इसे कल, घर पहुँचते ही थैला फेंका और रोने लगी? बहुत पूछा तो बोली, 'अब मैं यह सैंडिल कभी नहीं पहनूँगी।' 'क्यों नहीं पहनोगी? इतने चाव से तुमने खरीदी है।' जब मैंने पूछा, तो बोली, 'शशि को पसन्द नहीं। छुई-मुई है, इस पगली से झगड़ा न करना। कुछ साल तो तुम्हें इकट्ठे बिताने हैं। घर आने में संकोच न करना। यहाँ सभी तुम्हारे बारे में जानते हैं, और तुम्हारी सत्यनारायण की कथा को भी।' मैंने शरमाकर आँखें नीची कर लीं।'

भज्जी ने ताली बजा दी, 'सचमुच तुम्हारी तो लॉटरी ही थी वह। क्या उससे तुम भी उतना ही प्यार करते थे?'

'उससे कहीं ज्यादा, नींद उड़ा दी थी उसने। उसे अपने निकट लाने की कला मुझे आ गई थी। उसे बुलाकर घंटों अपने पास बिठा लेता, और बातें करता। कई बार तो बिना आँख लगे ही सुबह बिस्तर समेट लेता। बिना झपकी लिये चद्दर में इतने बल पड़ जाते थे, जैसे उस पर सारी रात फ्री स्टाइल कुश्ती लड़ी गई हो।'

'कॉलेज से पहले भी तो कोई ईस्ट पटेल नगर में चक्कर चल रहा था तुम्हारा? तुम्हीं ने तो बताया था कि उसके घर के गिर्द चक्कर काट-काट कर तुमने अपनी नई खरीदी हिन्द साइकिल तोड़ ली थी।'

'सच, वह तो थी ही साइकिल तोड़ लड़की। सुबह-सुबह दुकान सजा रहा था, कि लाहौर मोंटेसरी स्कूल की ड्रेस में वह आई। 'यह साथ वाली दुकान कब खुलेगी?'

उसने पूछा। उसकी नजर, मेरी नजर से चिपक चुकी थी, छूट ही नहीं रही थी, जिससे मेरी रीढ़ की हड्डी में करंट दौड़ गया। उसके जाते मैं स्टूल पर बैठ गया। करीब पन्द्रह मिनट लगे, मेरे होश के लौटने में। पता नहीं वह कहाँ जाकर बैठी होगी, और उसे कितनी देर लगी होगी ? कहाँ रहती है ? कौन सी क्लास में पढ़ती है ? के उलझन में मैं उलझ गया था। मैंने नई हिन्द साइकिल खरीदी, और एक दिन उसका पीछा करता-करता ईस्ट पटेल नगर जा पहुँचा। वह घर में घुस गई, और मैं काफी देर तक उसके घर के बाहर खड़ा रहा। फिर लौट आया।

'चाहे धूप हो या वर्षा, जब भी उसे देखने की मेरे मन में हूक उठती, मैं ईस्ट पटेल नगर की तरफ पैडल चलाते-चलाते पहुँच जाता। कभी उसकी सूखती कमीज देख आता, या कभी दुपट्टा। कभी-कभी दिन में दो बार भी यह हूक उठने लगी। मैं अपनी साइकिल अजमल खाँ रोड से ईस्ट पटेल नगर वाले रूट पर लगा चुका था।'

'उसने फिर कभी तुममें अपना झुकाव दिखाया ?' भज्जी ने पूछा।

'उन दिनों दोतरफा प्यार का युग नहीं आया था। या तो लड़की खिड़की में खड़ी हो किसी लड़के का इन्तजार करती रहती, या लड़का लड़की की गली के गिर्द चक्कर काटता रहता। ऐसे ही एक दिन उसे उसकी उठती डोली दिख जाती। चक्कर काटने-काटते प्रेमियों की सेहत ठीक रहती थी, और अपने गम्भीर प्रेम, अमर प्रेम के संजीदा किस्सों से सबका दिल बहलाते रहते थे। पर हे भज्जी, प्यार क्या है, और इसका अनुभव क्या है, आज तक कोई किसी को बता नहीं पाया। यह ऐसी अदृश्य भावना है, जिसे खुद टोहने से ही इसका सही एहसास हो सकता है।'

'अब खाना खा लें, जुनेजा की आलू-पूरी खा पाओगे, या मद्रासी का डोसा ?' भज्जी ने पूछा। 'कुछ भी खाने की मनाही नहीं, बेझिझक खाओ, जब तक पचा पाओ,' डॉक्टर मार्शल की सलाह थी। इसलिए जुनेजा की पूरी, साथ में कचालू, अचार, और बाद में लस्सी। हाथ धोने तक भज्जी की आँखें बन्द होने लगीं, और मुझे भी मौका मिल गया गुसलखाना क्लब की याद करने का।

उस शाम मोहल्ले की शान्ति को भंग करता, अचानक, झटके से 'जलते हैं जिसके लिए, तेरी आँखों के दीये, ढूँढ़ लाया हूँ वो ही, गीत मैं तेरे लिए,' बजने लगा। उस वक्त मोहल्ले में उपस्थित सभी की नजर परवाना जी के दरवाजे पर लटकती झीनी-झीनी चिक पर पड़ी। वहीं से गाने की आवाज आ रही थी। गौर से देखा तो कइयों को वही ग्रामोफोन बजता नजर आया। वह गाना खत्म हुआ तो दूसरा गाना—'जिन्दगी किस मोड़ पर लाई मुझे, हर खुशी रूठी नजर आई है मुझे,' बजने लगा।

'कितनी पीड़ा है इस गाने में। बजाने वाले का दुख देखा नहीं जा रहा। अब तो

भगवान अविनाश को ही सद्बुद्धि दे, लेकिन है वह अड़ियल, कहीं फिर जूता न ले आए,' जिन्दी ने झूठी हमदर्दी दिखाते स्थिति को बहस के लिए खड़ा किया।

'अपने घर में बजा रहा है, कान्ता जवान हो गई है, इसका मतलब यह तो नहीं कि सब लोग अपने घरों में भी गाना न गाएँ,' दीनानाथ ने झपटकर जिन्दी को जवाब दिया। शायद 'जिन्दगी किस मोड़ पर...' गाने से उनका कोई पुराना रिश्ता था, जिसे वह उस धुन में डूबे खोज रहे थे।

अचानक दरवाजे की घंटी बजी, जिससे भज्जी की नींद टूट गई। उसने भागकर दरवाजा खोला। ज्ञानी कुल्फी वाला था, भज्जी उसे आधे घंटे पश्चात् डिलीवर करने को कह आया था। ज्ञानी ने एक ब्रांच हमारे पड़ोस में भी खोल ली थी।

'तो हम कहाँ थे?' भज्जी का इशारा 'शान कथा' पर था...'तो झाई जी ने तुम्हारी पुनः दोस्ती करवा के उस पर अपनी रजामन्दी की मोहर भी लगा दी?'

21

पत्नी का न्यूड

मैं चुप रहा तो वह बोला, 'घंटों चुप बैठे तुम कभी सपाट छत को, तो कभी बिना फूल-पत्ती वाले पर्दों को देखते रहते हो। शशि, शून्य में खोजोगे तो शून्य ही पाओगे। शून्य को कोई नहीं देख सका आज तक, जो शून्य को देख लेता है, उसे फिर कुछ भी देखने की जरूरत नहीं रहती। वह मोक्ष को प्राप्त हो जाता है।'

'तुम तो जानते हो मेरा भविष्य सील हो चुका है। अपने अतीत को केवल मैं याद कर सकता हूँ, पर अब तक हुई भूलों में से किसी एक को भी सुधार नहीं सकता। अब तो केवल क्षमा माँगने के सिवा मेरे पास कोई विकल्प नहीं रहा। अपने माहौल से भी क्षमा माँगनी है और ऊपर वाले से भी। पहले कैंसर मुझे चेताने आया था, अब जब आएगा, तो उठाने आएगा।

'अब नए भवन नहीं बना सकता, क्योंकि मेरे डिजाइन पुराने पड़ गए हैं। किसी काव्य रचना से जुड़ जाऊँ, या चित्रण कला में लग जाऊँ, नहीं तो सब कुछ अधूरा रह जाएगा। डरता हूँ कि कहीं उन छोड़े अधूरे कामों के इर्द-गिर्द मेरी आत्मा न रह जाए। मैं किन-किन परिस्थितियों से गुजरा हूँ, उन पर मुड़ के नजर डाल लेता हूँ, ताकि जवाब देने के समय कुछ चूक न जाऊँ। कुछ गुदगुदाने वाली घटनाएँ भी याद आ जाती हैं, तो शारीरिक शक्ति अनुसार मुस्करा लेता हूँ। बहुत स्तरों पर जिया हूँ मैं, बहुत घूमा हूँ, नॉर्थ पोल तक हो आया हूँ। किसी को कुछ दे नहीं पाया, तो किसी से कुछ छीना भी नहीं, बस यही सुख लिए जा रहा हूँ। जब मुझे बताया गया कि आपको कैंसर है, मेरे मुँह से झट से निकला, 'मैं तैयार हूँ।' सब पत्ते मैंने एक झटके में फेंक

दिए, न बादशाह समेटे, न पप्लू की अहमियत जानी। पहले भी छोड़ चुका हूँ। जानता हूँ, अब फिर छोड़ना है सब कुछ।'

'प्लीज गमजदा बातें न करो। वह सोचो, जो तुम्हें सुख देता है। अगर शान से फिर से बात करने को मन करता है, तो उससे बात करो, वह तो तुम्हारे जिगर में समाई है, उसे तो कहीं से लेने नहीं जाना,' भज्जी मुझे समझा रहा था।

'झाई जी को मैं अच्छा लगने लगा था, इसी कारण उनके परिवार में घुल-मिल गया था। कई बार शान की छोटी बहन के मुँह से शशि भैया की बजाय शशि जीजाजी भी निकल जाता, तो शान गम्भीरता से कहती, 'पगली है, इसकी बात का बुरा न मानना।' 'इसमें बुरा मानने की क्या बात है,' मैं कह देता, तो वह शरमा जाती।

'झाई जी से जब पाकिस्तान का जिक्र छिड़ा, तो उन्होंने बताया कि शान से बड़ी उनकी एक लड़की और है, जिसका नाम सत्या है। उनके पिता सूद और रेहन का काम करते थे। तीन-चार लाख बाजार में लगा था। लाहौर में खुद की अनारकली नाम की कपड़े की दुकान थी। दंगे-फसाद में दुकान तो जल गई, पर वसूली के चक्कर में वह वहीं रह गए। अपने आपको घर में ही कैद कर रखा था। भगवान की कृपा रही कि शामली तो जल गया, पर इनका घर बच गया। मुसलमानों से अच्छे सम्बन्ध थे, उन्होंने आखिर तक उन्हें बचाए रखा। उनका प्यार देख, उन्होंने वहीं रहने का मन बना लिया। सत्या उनके पास रहकर उनका हिसाब-किताब देखती थी, सो वह भी वहीं रह गई। अब एक छोटा सा स्कूल घर में ही बना रखा है मानसिक विकलांग बच्चों को आत्मनिर्भर बनाने के लिए। उन्हें खुद पॉटी जाना, कपड़े बदलना, पानी पीना, खाना खाना सिखाती है। शादी की उमर निकल गई है, वहाँ कोई कामकाजी हिन्दू लड़का मिला नहीं। कहती है, जब मिल जाएगा सोचेगी। लेन-देन का सरकारी लाइसेंस बनवा रखा है, और अब भी नाना का हिसाब सँभालती है।

'वहाँ उसका भविष्य क्या है?' मैंने जब पूछा तो जवाब था, 'औरत का भविष्य क्या होता है—उसके बच्चे। अब भी कोई अच्छा वर मिल जाए, तो हमारे मन का बोझ भी उतर जाए। कह रही थी, लोकल चुनाव लड़ूँगी, पर वह तो दूर की बात लगती है।'

'आप वैसे कहाँ से हैं?' झाई जी ने मुझसे पूछा। 'आपके शेखूपुर से चालीस मील दूर, उसी लाहौर-सरगोधा रोड पर, हमारा कस्बा था पिंडी भट्टियाँ, जहाँ का लोकगीत लोहड़ी पर गाया जाता है।' 'चालीस मील क्या होते हैं, यहाँ से मालवीय नगर जाओ और वापस आ जाओ।' 'वहाँ बाप-दादा का जमा-जमाया कारोबार था, लोहे का काम था, काश्त के लिए जमीनें थीं, थोड़ी-बहुत साहूकारी भी कर लेते थे। यहाँ अभी कोई खास कारोबार जमा नहीं। माल डालते हैं, और साल-डेढ़ साल में उसे खा-पी लेते हैं, तो फिर डालते हैं। दो बहनों की शादी कर दी है, एक मुझसे बड़ी बहन की बाकी है। अब तो सब कुछ खत्म हो गया है। हमारे लिए तो असली पाकिस्तान

अब बना है। सोच रहा हूँ शाम की क्लासें ले लूँ, और दिन में किसी काम-काज में लग जाऊँ,' मैंने अपनी मौजूदा हालत बेबाक बता दी।

'बात समझदारी की है, शान के पिता से बात करूँगी। उनकी आर्किटेक्चर के प्रबन्धन में जान-पहचान है।' पास बैठी शान कभी मुझे देखती थी, कभी झाई जी को, एक-आध दफा तो उसने मेरे कन्धे पर हाथ की थाप भी दी।

'ओए शशि, यह तो फिल्मी प्लॉट है,' भज्जी ने मेरे कन्धे पर थाप देते कहा।

'काश ये प्लॉट बम्बइया न होता,' ठंडी साँसों के साथ यह वाक्य मेरे मुँह से निकल गया, लेकिन मैंने अपनी भूल को सँभाल लिया।

'मजा आ रहा है, आगे बताओ...आज की शाम शान के नाम,' कहते मेरे कन्धे पर उसने एक दूसरा हाथ भी जड़ दिया।

'मुझे शान की कक्षाओं में तबादला मिल गया। कॉलेज पहुँचा तो क्लास का पता पूछा, वहाँ पहुँचा तो मेरे टेबल के साथ शान का टेबल भी था। मुझे देखते शान की हँसी निकल गई। हँसते-हँसते बोली, 'मैं भी कुछ काम करूँगी। किसी प्राइमरी स्कूल में पढ़ा लूँगी। साठ-सत्तर दे देते हैं, कागज, रंगों, ब्रशों का खर्चा तो निकल ही आएगा। नितीश पैंतालीस रुपए का जियोमेट्री बॉक्स लाया है, और वाट्समेन का छह रुपए का एक कागज,' एक साँस में वह सब कहती जा रही थी। अभी भी बात करती-करती बीच-बीच में हँसने लगती थी, वह खुश थी कि हमारा साथ छूटा नहीं।'

'आज इतना हँस क्यों रही हो?'

'तुम्हें हैरान देखकर। जब तुम्हारी बात चल रही थी, मैंने भी अपने काम करने की बात रख दी। सच पूछो शशि, तो अब पाकिस्तान वाली बात नहीं रही। डैडी का इन्ग्रेविंग का काम है और करने वाले भी एक ही हैं। जब से जिंक ब्लॉक शुरू हुए हैं, इन्ग्रेविंग, जो एक कला थी, खत्म होती जा रही है। लेकिन डैडी दीवान हरदयाल सलूजा के पुत्र हैं, किसी की नौकरी तो करेंगे नहीं, इसलिए कमाई भी निश्चित नहीं है। घर आओगे, तो तुम्हें दादा जी की मूँछों वाली तसवीर दिखाऊँगी। फोटो तो चिरमिरा गई है, पर मूँछें वैसी की वैसी तनी हुई हैं। खानदानी थे, साज-सजावट तो वहीं रह गई, पर घर से निकलते वक्त यह तसवीर दरवाजे के निकट टँगी थी, इसे उतार लाए। दादा सिर्फ हमारी ही नहीं, बल्कि सारे खानदान की शान थे। पहले तो डैडी भी अपने आपको दीवान प्रेमपाल सलूजा लिखने लगे, लेकिन ऐसा करने के लिए दीवान साहब ने मना कर दिया। उनका कहना था कि टाइटल परिवारों की जागीरें नहीं, सेवा का प्रसाद हैं।'

'उस रात जब मैं घर जा रहा था, मेरा मन बहुत हलका होकर उछल रहा था। मैं खुद से कह रहा था, शशि, आज तेरी दोस्ती दीवान परिवार से हुई है, लगा रहेगा तो दीवान परिवार का दामाद भी हो जाएगा।

'अगली शाम जब मैं कॉलेज गया, तो वह हमारे कामकाज का सामान दूसरी

बिल्डिंग के लॉकर से ला रही थी। 'यहाँ लॉकर फुल हैं, इसलिए उस लॉकर का कब्जा छोड़ना नहीं चाहिए। यहाँ यदि फिर लॉटरी निकली और हमारे लॉकर अलग-अलग हो गए, तो फिर एक होने मुश्किल हो जाएँगे,' वह बोली।

'ऐसा न कहो, लॉकर तो हमें नजदीक लाए हैं।' मेरे रोमांटिक होने पर उसके गाल गुलाबी से लाल होने लगे, और नजरें झुकाए मेरे साथ वह अपनी क्लास में आ गई।

'भज्जी, उस दिन मैंने तुम्हें पहली बार देखा था, ढीली सी पगड़ी बाँधे तुम अरोड़ा के साथ खड़े थे। अगले ही दिन हमारे डिपार्टमेंट, और दूसरे डिपार्टमेंट की संयुक्त आउटडोर पार्टी थी। शान, उमा, आरती और रामेश्वरी, एक ग्रुप में खड़ी थीं और मैं, उमेश और शान्तनु अलग एक ग्रुप में, बाकी सभी मिल-जुलकर घूम रहे थे। लड़कियों ने लड़कों को खाना खिलाने का ऑफर दिया। बाकी लड़कियाँ भाजी-सलाद दे रही थीं, रीता पूड़ी परोस रही थी। लड़के एक पूड़ी के बाद दूसरी...पूड़ी पर पूड़ी खाए जा रहे थे, तब रामेश्वर ने मुझ से कहा कि 'अगर किसी आटे की दुकान का पता हो तो मुझे बता दो। सब पूड़ियाँ तेजी से खाए जा रहे हैं। आटा कम पड़ जाएगा,' तो मैंने कहा कि 'तुम सिर्फ रीता से पूड़ी परासने की जिम्मेदारी वापस ले लो, आटा पूरा पड़ जाएगा।' मैंने सोच-समझकर उसे यह सुझाव दिया था। वह हैरान था कि यह कौन सा टोटका है, जो आटा बचा देगा। लेकिन उसने वैसा ही किया। तब आटा केवल पूरा ही नहीं पड़ा बल्कि दस-बारह पूड़ियाँ उन बच्चों के लिए भी बच गईं, जिन्होंने सामान उठाने में हमारी मदद की थी।'

'यार, तुम्हारा टोटका तो कारगर रहा, क्या चक्कर चलाया तुमने?'

'कुछ भी तो नहीं, दरअसल रीता बहुत ही लो-कट कुर्ता पहनकर आई थी, इसलिए जब वह पूड़ी पूछने के लिए झुकती थी, तो उसके दोनों स्तन अपने पूरे रूप में सामने झूलते दिखते थे, इसलिए किसी का पेट नहीं भर रहा था।'

'रामेश्वर से मेरी यह बेतकल्लुफी इसलिए थी कि वह साधना को, जो सुबह की शिफ्ट में आर्ट स्कूल की स्टूडेंट थी, प्यार करता था, और मेरी कहानी भी वह जानता था। भज्जी, उस दिन तुम कहीं भी नजर नहीं आए, क्योंकि तुम तो अरोड़ा के साथ ही चिपके रहते थे।'

'वहाँ हमारी पूछ ही कहाँ थी। सब कुछ तो तुम लोगों ने बाँट लिया था। गीदड़ों की तरह पीछे-पीछे घूमना हमें अच्छा नहीं लगता था,' भज्जी का जवाब था।

'तुम्हें याद होगा, एक दिन इंटीरियर के क्लास टीचर मि. रमन नहीं आए थे, इसलिए समय काटने के लिए सबने लाइफ स्कैचिंग का मन बनाया। शान को मॉडल बनाया गया और सबने स्कैचिंग शुरू कर दी, लेकिन जब मैंने उसे देखकर पेंसिल पेपर पर रखी ही थी, तो वह उठ खड़ी हुई। 'नहीं शशि, तुम नहीं,' उसने कहा। हैरान सा मैं पीछे हट गया। सभी की स्कैचिंग फिर शुरू हो गई। थोड़ी देर के बाद मैंने कागज पर फिर लाइन खींची ही थी कि वह फिर उठ खड़ी हुई और घेरे से

बाहर आ गई। मुझे लगा कि सब कुछ खत्म हो गया है। मैं भौचक्का सोच रहा था कि क्यों न क्लास छोड़कर चला जाऊँ। जब सब बिखर गए, तो वह मेरे पास आई, और उसने पूछा, 'कुछ किया तो नहीं ?' 'जब सब तेरी स्कैचिंग कर सकते हैं, तो मैं क्यों नहीं ?' मेरे चेहरे पर तमतमाता गुस्सा था, मुझे देखकर वह हँसी और हँसती ही गई। 'जब तुम मुझे देखकर स्कैच बुक पर पेंसिल रखते हो, तो मुझे गुदगुदी होती है,' कहकर वह फिर हँसने लगी, पहले से भी ज्यादा...और मेरी हँसी भी निकल गई।

'रविवार की क्लास के बाद वह मेरे साथ ही हमारी दुकान पर आ गई और बोली, 'मैं क्रॉस स्टिच के बड़े कवर बनाऊँगी, बताओ तो तुम्हें कौन सा रंग पसन्द है?'

'जो तुम्हें पसन्द हो, तुम्हारी पसन्द तो अच्छी है। वैसे सफेद रंग तो अच्छा है, पर मैला जल्दी हो जाएगा,' मैंने स्वाभाविक ढंग से कहा, 'लेकिन जल्दी मैला हो, या देर से, सीना भी तुम्हें है, और धोना भी तुम्हें है,' मैंने काँपती हँसी और काँपते शब्दों में कहा। दरअसल अपने मन की बात कहने से मैं डरता था कि कहीं मेरी कही बात बिगड़ न जाए। वह जैसा भी चाहे करे, पर मेरे साथ बनी रहे।

'इन्तजार, दीदार, और वस्लेयार, दिन अच्छे कट रहे थे। जीवन का मजा आ रहा था। मैं वी.आई.पी. समझा जा रहा था। वो देखो खुशनसीब शान का प्रेमी जा रहा है—लोग कहते। निडर होकर कॉलेज की बाकी लड़कियाँ भी मुझसे बेझिझक बात करने लगी थीं। अच्छी-अच्छी लड़कियों के मन में मेरे 'जीजा जी' होने का एहसास बनने लगा था। वीणा तो मुझे दूर से देखती, तो दोनों हाथ जोड़कर नमस्कार करती। वस्तुतः वह मेरी ही नकल करके मुझे चिढ़ाती थी। उन लड़कियों में कुछेक खलनायिकाएँ भी थीं, जो आदतवश मुझे शान से छीनना चाहती थीं। बेशक छीनकर गड्ढे में ही डाल देतीं।

'भज्जी, याद करो हर रविवार की आउटडोर, कभी अशोका होटल, कभी होटल जनपथ, तो कभी होटल इम्पीरियल। और जब सुबह की आर्ट क्लासों से उमा, उमेश और आरती, शान्तनु भी हममें आ मिलते थे, तो हम कुतुबमीनार, निजामुद्दीन के मकबरे, लोधी गार्डन वगैरह में उनकी रविवार की लैंडस्केप क्लासों में चले जाते थे। बाकी स्टूडेंट एक-एक, दो-दो बैठते थे, हम छहों एक ग्रुप में बैठते थे। एक दफा मैं और शान लैंडस्केप के लिए पानी भरकर ला रहे थे, तो हमें देखकर सभी बोले, 'तुम्हारी जोड़ी बहुत सुन्दर है।' शान्तनु के मुँह से तो निकला था, 'अति सुन्दर,' लेकिन उमेश ने तो 'सुन्दरतम' ही कह डाला था। यह सुनते ही शान इतना शरमा गई कि उसके हाथ से पानी से भरा मग ही गिर गया, और वह उसे भरने के बहाने वापस भाग गई।

'दिल्ली पॉलिटेक्निक में आर्किटेक्चर का कोर्स करने के कारण गुसलखाना

क्लब में मेरा रुतबा बड़ा ऊँचा हो चुका था। मेरी गिनती पढ़े-लिखे लोगों में होने लगी थी। पढ़ने के लिए मुझे भी अखबार का पन्ना मिलने लगा था।'

'यह गुसलखाना क्लब क्या है? इसका जिक्र कहाँ से आ गया?' भज्जी ने पूछा।

'गुसलखाना क्लब जिमखाना क्लब की टक्कर का था, क्योंकि उसमें तब आर्किटेक्ट, इंजीनियर, ऐंटरप्योनर्स सभी शामिल हो चुके थे।' यह सब मैं भज्जी को इसलिए बता रहा था, क्योंकि वही तो मेरा ब्लैक-बॉक्स था। मेरे गायब हो जाने पर उसे ही तो सबको तलाशना था। उससे मैंने गुसलखाना क्लब के सभी पात्रों से परिचय भी कराया, और पिछले दस-बारह सालों से बड़े हो रहे बच्चों का जिक्र भी दोहराया, जो अब अच्छे-अच्छे कॉलेजों में दाखिला प्राप्त कर चुके थे, जैसे कि मैं।

आगे मैंने भज्जी को बताया कि 'एक दिन शान और मैंने चाँदनी चौक से निकलकर ज्ञानी की कुल्फी खाई, और सदर की ओर चल दिए। खारीबावली से निकल रहे थे कि रास्ते में रामलाल की गुलाब शैम्पू की दुकान का बोर्ड दिखा। उस पर गुलाब शैम्पू, केवड़ा शैम्पू और नीबू शैम्पू लिखा था। मैंने शान को रामलाल के बारे में बताया, और उसकी शैम्पू प्रगति कथा भी सुनाई। तभी सामने कन्धे पर दो डिब्बे लादे रामलाल आता दिख गया। 'ओए शशि तू कहाँ? बोर्ड ठीक लगा? तू तो आर्किटेक्चर है, तुझसे अच्छा इसे कौन समझ सकता है। भैन जी भी आर्किटेक्चर हैं। चलो आओ तो,' कहकर वह हमें अपनी दुकान पर ले गया, और वहाँ पहुँचकर बोला, 'लेबल छपवाकर लाया हूँ। अब तो नीबू शैम्पू भी जुड़ गया है। तेरी चाची ने दो नए पोज दिए हैं। अभी डिब्बे खोल नहीं सकता, नहीं तो तुझे दिखाता। पहले मन्दिर में भगवान के आगे मत्था टिकवाना है।' वह बात कर ही रहा था कि कंचे वाली दो बोतलें आ गईं। 'भैन जी पहली बार दुकान पर आई हैं, तो मुँह तो मीठा कराना है। राज सोडा वाटर है। राज मेरा दोस्त है। मुलतान में मेरे साथ पढ़ता था। तवारीख की सारी किताबें इसकी रटी हुई थीं। बिना किताब खोले बता देता था, हुमायूँ किस का बेटा है और किसका बाप। अब तो इधर आ गए, अब हुमायूँ कहाँ। बोतल कैसी लग रही है, है न नम्बर वन? अगर इस बोतल में नली घुसेड़ने का जुगाड़ राज कर ले तो यह दुनिया की नम्बर वन सोडा बोतल बन सकती है, यह मेरी शर्त है।' उसका मोनोलॉग खत्म होने को ही नहीं आ रहा था।

'जरा सदर जा रहे थे, कुछ कागज खरीदने थे,' मैंने रामलाल से छुट्टी लेने की गरज से यह बात कही।

'कागज लेने हैं, तो चौक से तीन दुकानें छोड़कर दीवान जी की दुकान है। खुद कागज कटवाकर जिल्दें बनवाता है। हम अपने सारे बहीखाते उसी से लाते हैं। धागा बड़ा पक्का लगाता है। तुम्हें तो पता ही है, व्यापार में तो एक-एक सफे पर हजारों

का लेन-देन होता है। कोई भी सफा इधर से उधर हो जाए, तो दिवाला पिट जाए। वैसे तो दीवान भी हमारे स्कूल में पढ़ता था, पर दो क्लास हमसे ऊपर था। हमसे बात नहीं करता था। अच्छी पढ़ाई के साथ बन्दा मगरूर भी तो हो जाता है।'

'चलो शान, चौक से तीसरी दुकान,' कहकर मैंने शान को हाथ से धकेला और खुद भी चल पड़ा। दरअसल अब हमारा आरती के घर जाने का प्लान था।

'आरती का घर मुझे पहले मालूम था। एक दफा आउटडोर से लौटते उसके घर में चाय पी थी। आरती के पिता का दावा था कि वह आदमी का माथा देखकर उसका चाल-चलन बता सकते हैं। उसके मन में उस वक्त क्या चल रहा है, यह भी जानने का उनका दावा था। कहीं उलटे-सीधे अन्दाजे लगाकर मुझे बदनाम न कर दें, इसलिए उस दिन के बाद, मैं कभी उसके घर नहीं गया था।

'सीढ़ियाँ चढ़ते ही आरती की माँ जी दिख गईं। मैंने हाथ जोड़कर नमस्ते की, 'हम आरती की क्लास से हैं,' मैंने अपना परिचय दिया। 'अच्छा तो तुम शशि और शान हो। तुम्हारी बातें तो अक्सर शान्तनु करता रहता है। आरती घर से निकली हुई है। पहले तो स्कूल में पढ़ाती थी, अब तो वह भी छोड़ दिया है। कहती है अपनी पेंटिंगों की प्रदर्शनी लगाऊँगी। पास ही शान्तनु का स्टूडियो है, वहाँ चली जाती है, कहती है वहीं काम कर रही हूँ। आर्ट पर तो भरोसा नहीं किया जा सकता, कहते हैं कि हजारों घर उजड़ते हैं तब जाकर एक कलाकार कामयाब होता है। नौकरी हो तो रिश्ता भी अच्छा मिल जाता है, जितनी जल्दी हमारी चौकीदारी खत्म हो, यही सोचते रहते हैं।'

'आरती की छोटी बहन नीबू-पानी बनाकर लाई, पीकर हमने इजाजत चाही। 'आरती से मिलकर जाना, कहो तो घर दिखवा दूँ,' मम्मी जी ने सुझाव रखा। 'नहीं, मैंने घर देखा हुआ है,' कहकर हम नीचे उतर आए।

'मैंने शान से कहा, 'एक दिन रंगनाथ के साथ यहाँ आया था। उसने पिछली गली में एक बरसाती ले रखी है। एक कमरा, जिसमें एक बड़ा बेड आ जाता है। बाहर एक छोटी सी किचन और टायलेट। शादी के बाद तो उन्हें दूसरा घर लेना पड़ेगा।' 'वे न भी लें तो चल जाएगा। आरती कोई भैंस तो नहीं कि उसे सोने के लिए तबेला चाहिए। अगर कमरे में पलंग बड़ा समा सकता है, तो जहाँ एक, वहाँ दो भी सो सकते हैं,' शान ने कहा। 'मुझे लगता है, उनके बारे में हमें इससे आगे नहीं सोचना चाहिए,' मैंने हँसते हुए कहा। 'शशि, तुम भी...' कहकर वह शरमा गई।

'दरवाजे पर दस्तक दी, अन्दर से कोई जवाब नहीं। दुबारा दी, तब भी भीतर से चुप्पी के सिवा कुछ सुनाई नहीं दिया। तीन-चार बार दस्तक के बाद दरवाजा आधा खुला, और शान्तनु ने आधा सिर बाहर निकाला, 'ओह, आप लोग, जरा रुको, पैकअप कर रहे हैं, लाइफ स्टडी चल रही थी,' कहकर उसने दरवाजा फिर बन्द कर लिया।

'बिना बताए हमें नहीं आना चाहिए था,' शान गम्भीर थी।

'अगर हम दोनों के पास फोन भी होता, तो क्या कहते, दरवाजा खुला रखना, हम आ रहे हैं। जाहिर है, जो काम बन्द कमरे में होना था, उसे तो दरवाजा बन्द करके ही होना था।'

'अचानक भीतर से ठक-ठक की आवाज आई। 'अब क्या हो रहा है?' शान ने गम्भीरता से पूछा। 'टेबल घसीटा होगा, जगह तो उतनी ही है कि जमीन पर बैठना हो, तो टेबल तो हटाना ही पड़ेगा।' 'चलो वापस चलें, हम इन्हें डिस्टर्ब कर रहे हैं,' शान उत्तेजित थी। 'अरे, जो कुछ भी कर रहे थे, उसे कभी तो खत्म होना ही था, व्यर्थ में फैक्टर एक्स को फैक्टर वाई न बनाओ।' फैक्टर एक्स उन दिनों शक या अनुमान को कहते थे, और फैक्टर वाई, शक को सच्चाई में बदल जाने को।

'दरवाजा खुला तो एक निम्न वर्ग की मांसल कन्या, हाथ में मैला सा बटुआ लिए, हमसे सँभलती सीढ़ी से नीचे उतर गई। थोड़ी शर्मिंदगी लिए शान्तनु बोला, 'आओ भाई, कहो सदर में आना कैसे हुआ?' 'यूँ ही चलते-चलते आरती के घर गए, तो पता चला कि वह यहाँ है, इसलिए चले आए।' आरती खिड़की के पास खड़ी खिड़की से बाहर देख रही थी। मैंने शान्तनु से कहा, 'माफ करना, आपके काम में विघ्न डाला, हमारी वजह से आपकी 'सिटिंग' डिस्टर्ब हो गई।' 'नहीं, वह तो चलता ही रहता है, कभी हम कसर निकाल लेंगे।'

'भीतर गए तो आरती आपराधिक बोध में बैठी थी। हमें देख हलका सा मुस्कराई। 'खूब मेहनत हो रही है, सुना है एकल प्रदर्शनी कर रही हो,' आरती की ओर देखकर मैंने कहा। 'हॉल तो बुक कराया है, देखो...' उसने संक्षिप्त सा उत्तर दिया। मैं उठा और सामने पड़े कैनवसों को उलट-पलट करने से पहले मैंने पूछा, 'इन्हें क्या मैं देख सकता हूँ?' 'क्यों नहीं, दिखाने के लिए ही तो बनाई हैं।' दोनों कैनवस लगभग एक से थे। एक पर दर्शक से आँख सम्पर्क साधती एक युवती थी, जिसके हाथ में पीला फूल था। दूसरे कैनवस पर भी वैसी, पर पहली से एक-दो साल बड़ी निर्वस्त्र कन्या चित्रित थी, लेकिन इसके हाथ में नीले रंग का फूल था। तीसरा कैनवस, मैंने देखते ही घुमाकर वापस रख दिया, और चैन से कुर्सी पर जा बैठा।

'शान्तनु चाय बना चुका था। 'कुछ पकौड़े भी बना लो,' शान्तनु ने आरती से कहा। 'पहले पूछ लो, अगर इच्छा हो तो... ।' 'नहीं यार, रहने दो, अभी-अभी ज्ञानी की कुल्फी खाकर आए हैं, पिस्ते अभी दाँतों में अटके हैं। बस चाय ही काफी है।' आरती, जो थोड़ा हिली-डुली थी, वापस कुर्सी पर स्थिर हो गई।

'कुछ रंगनाथ के बारे में बात हुई, कुछ रीता के बारे में। रीता, जिसने तुगलकाबाद फोर्ट की पिकनिक में पूड़ी परोसने का जिम्मा लिया था। 'लड़की बुरी नहीं, बस थोड़ा सा ड्रेस-सेंस कम है,' मैंने चुटकी ली। 'और पूड़ियाँ खाने का मन है?' शान ने बन्द मुट्ठी से मेरी पीठ पर मुक्का मारा।

'रंगनाथ को क्या तुम पहले से जानते थे?' भज्जी ने मुझसे पूछा।

'नहीं, पहली बार वह मुझे उसी पिकनिक में मिला था। हमारे ग्रुप में लड़कियाँ थीं, इसलिए वह बार-बार हमारे बीच आ बैठता था। जब उससे कोई बात नहीं करता, तो वह जाकर आर्ट सर के पास खड़ा हो जाता, और अपने मार्क्स के बारे में बात करता। लड़कियों के मामले में हम सभी सुरक्षित थे, इसलिए बिना विरोध वह हमारे कैम्प में घुस ही आया।'

'चलो आगे क्या हुआ... ?'

'होना क्या था, चाय पी और जब हम वापस चलने लगे, तो 'चलिए, मैं नीचे तक छोड़े आऊँ,' शान्तनु का शिष्टाचार के नाते प्रस्ताव था। 'नहीं, तकल्लुफ कैसा, हम चले जाएँगे,' कहकर हम नीचे उतर आए।

'वह पेंटिंग, जिसे तुमने झट से वापस रख दिया, क्या थी?' शान की जिज्ञासा उसमें अटकी थी। 'आरती का न्यूड बिना ढके। ढकने को तो फूल था उसके हाथ में, पर उससे तो उसने सिर्फ अपनी नाभि को ढका था।'

'क्या आरती और शान्तनु ने सचमुच जीवनसाथी बनने का इरादा बना लिया है?' 'बना ही लिया होगा, वरना वह पचास घंटे उसके सामने नंगी लेटकर बॉडी-स्केच न कराती।' 'आखिर है तो स्टडी, इसे इतना घिनौना क्यों बना रहे हो?' शान ने हलके से गुस्से में कहा। 'और अगर इरादा पक्का है, तो क्या कल और क्या आज, उन्हें तो एक-दूसरे के न्यूड करते-करते ही जिन्दगी बितानी है,' मैंने भी गम्भीर स्वर में कहा।

'अगर ऐसे ही विचार थे, तो तुम भी आर्ट कॉलेज में भर्ती हो जाते, क्या जरूरत थी ईंट-गारे की रखवाली करने की?' कहते वह मुझसे दूसरी तरफ देख रही थी।

'तुमने मेरा मतलब नहीं समझा। मेरा कहना है कि नुमाइश भले लगाओ, पर अपनी पत्नी के न्यूड्स की नहीं। डर था कि मेरे कहे दो शब्द कहीं मुझे पटरी से न उतार दें।

'जानती हूँ, और इसके खिलाफ भी हूँ, पर इस विषय पर इससे आगे कोई बात नहीं करनी चाहती।'

'तुम भी यह न समझ लेना कि मैं किसी मकसद की भूमिका बना रहा हूँ। जो देखा उसी के बारे में बात कर रहा हूँ। कोई मन गठित तसवीर नहीं पेश कर रहा।'

'अब इस बात को बन्द नहीं करोगे क्या?' उसकी हँसी निकल चुकी थी।

'एक दिन ग्राहक से निपट गल्ला गिन रहा था। नजर उठाकर देखा तो शान का सारा परिवार सामने खड़ा था। डैडी, गोरे-चिट्टे, उस समय के ऐक्टर मोतीलाल जैसे। उन पर सफेद पैंट-शर्ट बहुत सज रही थी। माँ सिने ऐक्ट्रेस पूनम जैसी, वैसा ही

गोल मुँह, घुँघराले बाल और कमर बिलकुल वैसी ही। हाँ, वक्ष उससे थोड़े भारी जरूर थे। बच्चों की किस्मत कि वह खुशमिजाज थीं। उन्होंने एक बेबी लड़की उठाई हुई थी।

'डैडी, यह शशि है, जिसे आपने ईवनिंग क्लास दिलाई थी।' मैंने नमस्ते के साथ थैंक्स भी कह दिया। 'कितने दिनों से घर पर नहीं आए?' झाई जी ने पूछा। 'यूँ ही, थोड़ा बिजी चल रहा था।' 'किस काम में बिजी थे, कल सारा दिन तो तुम शान के साथ थे,' झट से शान के पिता (दीवान) प्रेमपाल जी सलूजा ने कहा। मैं दुविधा में पड़ गया। चुप रहता तो बेअदबी लगती, और इस हफ्ते जरूर आऊँगा कहता, तो न जाने प्रेमपाल जी इसका क्या अर्थ निकालते। 'आगे क्या करने का इरादा है? यही काम करना है, या नौकरी वगैरह का इरादा है?' प्रेमपाल जी ने पूछा। 'कॉलेज के बाद यह काम छोड़ दूँगा। कोई नौकरी भी करूँगा, और साथ-साथ अपना काम जमाऊँगा। भाई साहब कनाडा जाने की क्यू में हैं, वहाँ उनका साला है। तब यह दुकान बेच देंगे। नेशनल पार्क में दो सौ गज का एक प्लॉट पड़ा है, उसी पैसे से घर बनवा लेंगे,' मैंने अपनी योजना चन्द शब्दों में समझा दी।

'बच्चों की ड्रेसेज बनवानी थीं, डायमंड की दुकान ढूँढ़ रहे थे, स्कूल खुलने ही वाले हैं।'

'कपड़े के चक्करों में क्यों पड़ते हैं, तीसरी गली में एक स्कूल ड्रेसेज का स्टोर है। दिल्ली के सभी स्कूलों के बैज उसके पास हैं, और ड्रेसेज के रंग, कपड़े और डिजाइन की पूरी जानकारी भी। दस मिनट में बैज लगाकर ड्रेस आपके हवाले कर देगा। कपड़ा लेंगे, तो दर्जी के चक्कर, कभी निक्कर ढीली और कभी तंग। अभी काज बनाने हैं, बटन तो लग गए हैं, पर प्रेस नहीं हुई, सौ झंझट,' प्रेमपाल जी और झाई को सम्बोधित करते मैं सब कुछ कह रहा था।

'इसकी क्या जरूरत थी?' कोकाकोला हाथ में पकड़ते प्रेमपाल जी ने कहा। 'जरूरत तो बेबी शालिनी को है, बताओ बेबी, क्या पियोगी?' मैंने बच्ची को प्यार करते कहा।

'यह तो अभी माँ से पी रही है। पीती भी रहती है, और रोती भी रहती है,' प्रेमपाल जी ने कोक की नलकी से मुँह हटाकर कहा।

'कुछ छिटपुट खरीदकर चलते हैं। बाद में बच्चों को लाकर उन्हीं के नाप ट्राई कर खरीदेंगे,' झाई जी ने प्रेमपाल जी को सलाह दी। शान खुश थी कि मैं प्रेमपाल जी पर अच्छा प्रभाव जमा रहा हूँ।

चलते वक्त शान ने रुककर मुझसे कहा, 'कल ठीक समय पर आ जाना, प्रोजेक्शंस के बारे में क्लास है।'

उनके जाने के बाद सन्नाटा-सा छा गया। थोड़ी देर बाद सामने वाले ब्रिज ने आकर पूछा, 'तुम्हारे ससुराल वाले थे?'

'ससुराल तो तब कहना, जब वह मेरे परिवार को भी अपना ससुराल कहेगी।' इसके सिवा मैं और क्या कहता।

22

शाबाश, बढ़िया पटाई

'**भज्जी,** मैं उस दिन को याद कर रहा हूँ, जब मैं तौलिया, और साबुनदानी लेकर गुसलखाना क्लब में खड़ा था। रामलाल बड़े उत्साह से मेरे पास दौड़ता आया। 'शाबाश शशि, मेरा आशीर्वाद तेरे साथ है। कुड़ी अच्छी ही नहीं बहुत अच्छी है। शकल–सूरत से खानदानी लगती है, और नैन–नक्श भी अच्छे हैं, बिलकुल तेरी चाची की तरह। ब्याह कर मोहल्ले में आएगी तो रौनक हो जाएगी। बस काबू करके रखना, जैसे मैंने तेरी चाची को कर रखा है। लेमन शैम्पू के लिए तेरी चाची ने बड़े जानदार पोज दिए हैं। इस बार उन पोजों के लेबल बनवाए हैं, सेम्पल घर पर लाया हूँ। तेरी चाची ने दरवाजा बन्द कर रखा है, कपड़े बदल रही है। प्राइवेसी की तो सबको जरूरत है। मुलतान की बात और थी। बारहदरी थी, पुश्तों से चली आ रही थी, इतने कमरे थे कि कहीं घुस जाओ। वहाँ प्राइवेसी की कोई जरूरत नहीं थी। जनाना कमरों की तरफ कोई आदमी जाता ही नहीं था। जब मेरी शादी हुई थी, तेरी चाची तेरह साल की थी, बालड़ी। पर्दा होता था। जब मेरे पिता उसे छोड़ने उसके मायके जाते थे, तो वह आगे और मेरी कव्वार उनकी तरफ पीठ करके उनके पीछे बैठती थी।

'अब खारी बावली कब आना है?'

'एक दिन पापड़ लेने जाना है,' अचानक मेरे मुँह से निकल पड़ा। 'पापड़ की दुकान मैं बताता हूँ। तेरी चाची को भी पापड़ खाने का बड़ा शौक है। मिर्ची पसन्द करती है, मैं भी मिर्ची वाले पापड़ खा लेता हूँ। जिन्दगी में मेरी एक बात याद रखना, वही करो, जो कव्वार को पसन्द हो। जिन्दगी एक बैलगाड़ी है। कव्वार और मर्द, इसके दो पहिए। एक गति से चलेंगे तो स्पीड पकड़ लेंगे, नहीं तो घींचू–घींचू बच्चे। जो सवारियाँ हैं, तब तक बैठेंगी, जब तक गाड़ी ठीक चलेगी, वरना कोई ताँगे पर, तो कोई ऑटो लेकर अपनी दिशा में चला जाएगा। वह मिर्ची खाती है, तो तुम भी मिर्ची खाओ। वह सी...सी...करे, तो तुम भी सी...सी...करो। हौजकाजी मस्जिद की तरफ से खारी बावली आओगे, तो बाएँ हाथ की पहली गली में पहली तीन दुकानें छोड़कर चौथी पापड़ की दुकान है। मेरा नाम ले देना, कहना वह पापड़ दो जो रामलाल ले जाता है। वह मेरा दोस्त है, मुलतान में हम एक ही क्लास में पढ़ते थे। बड़ा शरारती था। दो मिनट में पेड़ पर चढ़ जाता था। जरा जल्दी में हूँ। ग्यारह वाली

गाड़ी से जाना है। आर्किटेक्चर बहन जी से मेरी नमस्ते कहना।' मेरे कन्धे को दबाकर रामलाल जल्दी से निकल गया।

रामलाल की किस्सागोई में भज्जी की आँख लग गई। उठते ही उसने पूछा, 'रात को क्या खाना है? सुबह की पूड़ी थोड़ी भारी हो गई थी, फ्रिज में देखें, क्या रखा है।' फ्रिज खोला तो उसे वेज सैंडविच बनाने का सामान मिल गया। झट से उसने सैंडविच तैयार किए। अभी एक सैंडविच मुँह तक ही बढ़ाया था कि वह बोला, 'आगे क्या हुआ?'

'भज्जी, सुनना है तो ठीक तरह सुन, यह कोई बेडटाइम स्टोरी नहीं, जो ऊँघते-ऊँघते सुन लो।'

'चाय बनाते हैं, तुम्हें सुनाने में भी मजा आएगा, मुझे सुनने में भी,' कहते उसने चाय के लिए पानी चढ़ा दिया।

'भज्जी, तुमने तो मुझे पचास साल पीछे फिर पॉलिटेक्निक में खड़ा कर दिया है। सुनना तुम्हें कैसे लग रहा है?'

'शशि, तुम्हारी याददाश्त मुझसे काफी चुस्त है। इतनी बारीकी से बयान कर रहे हो।'

'मेरी याददाश्त की न कहो, मैं तो कभी भी, कुछ नहीं भूला। निरन्तर उसी याद में जीता रहा हूँ। बाकी जिन्दगी एक पटरी पर चलती रही है, यह शाने पॉलिटेक्निक दूसरी पटरी पर, अलग-अलग, बिना एक-दूसरे को प्रभावित किए। जानते हो अपनी शादी पर मैंने उसे बेहद याद किया था, उसे न्योता जो भेजा था, बेशक डाक से...।'

'डाक से क्यों, खुद क्यों नहीं गए?'

'इतनी हिम्मत नहीं थी मुझमें, मेरे से ज्यादा हिम्मत वाली तो वह थी, चाहती तो आ सकती थी।'

'उसकी भी तो कुछ मजबूरियाँ हो सकती थीं। हो सकता है, उन्हीं दिनों उम्मीद से हो।'

'सोचा जा सकता है, पर तुम्हें तो याद होगा, चूर-चूर दिल के बावजूद भी मैं उसकी शादी पर गया था। भज्जी, वह स्थितियों को अपने मुताबिक मोड़ना सीख चुकी थी, और खुद को स्थितियों के अनुसार मोड़ना भी। मैं उसे दोष नहीं देता क्योंकि अभी भी मैं डरता हूँ कि अगर मेरा सोचना उसे पसन्द नहीं आया तो बुरा मान जाएगी। उससे मेरा रिश्ता दिल का था, आज भी जब मेरा दिल जोर से धड़कता है, तो मुझे लगता है, शायद शान दस्तक दे रही हो।

'भज्जी, मेरा प्यार वासना रहित था। मौके मिलने के बावजूद उसे मैंने कभी छुआ तक नहीं था। ऐरे-गैरे हाथ मिला जाते, मैंने तो कभी हाथ भी नहीं मिलाया था। न बिछुड़े थे, न बिछुड़कर मिले थे, फिर हाथ मिलाने की औपचारिकता कैसी? मन में अपने आपको एक-दूसरे का मान चुके थे, तब जल्दबाजी कैसी? मैं छिछोरा नहीं

था, यही मेरा गुण था, और आम लोगों की भाषा में बोलें, तो यही मेरा अवगुण था।

'एक छुट्टी के दिन हम 'हेरिटेज स्केच' करने तुगलकाबाद फोर्ट में गए। रामलाल के छोटे भाई से मैंने स्कूटर माँग लिया था, और उसे लालकिला बस स्टॉप से उठाया था। सामान लगाने और पेंसिल ड्राइंग करने के दौरान वहाँ पाँच-छह जोड़े आ चुके थे। तभी भज्जी, घनघोर काले बादल आए और पूरे आसमान को दहाड़ते हुए उन्होंने घेर लिया। तब एक जोड़े को छोड़ सभी पाथ-वे से भाग गए। पानी से भरी बालटियाँ आसमान से गिरने लगीं। सेकंडों में सब कुछ भीग गया। सब कुछ घसीटकर हमने दीवार में बनी एक डाट पर चढ़ा दिया, और खुद भी उसके ऊपर चढ़ गए। शान बार-बार भीगते दुपट्टे को निचोड़ रही थी। कभी-कभी वह सलवार को दोनों हाथों में जकड़कर हाथ ऊपर से नीचे ले जाती, जिससे सलवार का काफी पानी चप्पल पर गिरकर नीचे जमीन की ओर चला जाता।

'अचानक सामने वाली दीवार की डाट पर नजर पड़ी, हम दोनों की एक साथ। वहाँ डाट में एक जोड़ा चिपका खड़ा था, जो होंठों से एक-दूसरे से गुत्थमगुत्था हो रहा था। शान ने नजर मोड़कर दीवार की तरफ कर ली, और मैंने भी, जानता था उधर नजर चुराकर भी देखा तो बेअदबी हो जाएगी। हवा का रुख पलटा और पूरी बौछार हम पर गिरने लगी। शान ने दुपट्टे में अपना सिर भी ले लिया। बारिश हलकी हो गई, शान फिर दुपट्टा निचोड़ने लगी। पानी उसके कपड़ों के अन्दर जाकर कई जगहों पर रुक गया था, वह दुपट्टे से उसे ठीक करती रही, लेकिन जो पानी उसकी ब्रा में चला गया था वह बहुत परेशान कर रहा था। दीवार की ओर मुँह करके उसने कई तरह से कोशिश की, पर कामयाब नहीं हुई। अन्त में उसने दोनों हाथों को पीछे ले जाकर, ब्रा का क्लिप खोलने की कोशिश की। उसके नाकामयाब होने के कारण, मुझे लगा कि इसकी मदद करनी चाहिए। जैसे ही मैंने अपने दोनों हाथ बढ़ाकर क्लिप खोलना चाहा, वह पीछे हट गई। उसने मुझे खबरदार करने वाली आँखों की मुद्रा से देखा। मैंने नजर नीची कर ली। 'मैं अपनी सुहागरात सच्ची सुहागरात की तरह से मनाना चाहती हूँ,' कहते उसका क्लिप उसके अपने हाथ से ही खुल गया।

'बारिश थम चुकी थी। हमने गीला सामान इकट्ठा किया, और चाय की दुकान की तरफ चल पड़े, जहाँ स्कूटर खड़ा किया था।'

'बाबूजी, आज तो फँस गए,' चाय पकड़ाते झोंपड़ी वाला बोला।

'बाबूजी नहीं, फँसी तो बीबीजी होंगी,' पीछे खड़े एक बदतमीज लड़के ने कहा।

'तो तुम शान को घर छोड़ आए?' भज्जी ने पूछा।

'मैं शर्मिन्दगी से स्कूटर चलाता रहा, जब तक उसकी गली नहीं आई। बार-बार दोहराना अच्छा तो नहीं लगता, पर हर बार जब मैं उससे अलग होता, मुझे अपने में एक अजीब सा खालीपन लगने लगता। जाते हुए हर बार वह मेरा कुछ-न-कुछ निकाल कर ले जाती, कभी दिल, कभी जिगर, बिना उनके मैं सो नहीं पाता था।

'भज्जी, प्यार का हो जाना उन दिनों आम बात हो चुकी थी। एक-एक गली में दो-दो, चार-चार को होने लगा था। फिल्मों से प्रेरित प्यार। दिलीप कुमार की फिल्म 'आन' आई, तो अकेली बीना राय ने घर-घर प्यार के बीज बो दिए। वह खूबसूरत थी बहुत। 'तू मान मेरा एहसान कि मैंने तुझसे किया है प्यार' सुनकर प्यार के ज्वार-भाटे उठते, तट से टकराकर बूँद-बूँद हो जाते। छत पर कपड़े सुखाने की तरह छत पर पतंग उड़ाना भी एक बहाना बनकर रह गया था। हिन्दी शब्दकोश में 'लड़की पटाना' एक नया शब्द जुड़ गया था। वासना प्रेरित प्यार सताने लगा था।

'सच बताऊँ भज्जी, उस तूफान के दिन, उसके गीले वस्त्रों से झाँकते उसके अंग वासना का नहीं, बल्कि उन्हें ढकने की जिम्मेदारी का एहसास करा रहे थे। उस क्लिप को खोलना चाहना भी उसके प्रति मेरी जिम्मेदारी का अंग था। मैंने उस घटना को कई कोणों से सोचा और आँख के देखने और भावना को समझने में जो अन्तर उभरा मुझे शर्मिन्दा कर रहा था।'

'इतने दिनों में झाई जी से फिर कोई बात?' भज्जी ने पूछा।

'तुम्हें तो पता है भज्जी, उन दिनों इतना पैसा तो होता नहीं था कि हर रोज घूम-घूमकर बाहर खाया जाए। शान ही के घर में सलूजा साहब का इन्ग्रेविंग स्टूडियो था, जिसमें एक टेबल इन्ग्रेविंग प्रिंट्स निकालने का, तथा एक टेबल प्लेट मेकिंग व प्लेट कटिंग का था। साथ में एक छोटा सा टेबल था, जिस पर दो कुर्सियाँ लगी रहती थीं। एक सलूजा साहब के लिए, तथा दूसरी किसी कस्टमर के लिए। सलूजा साहब रात को काम करते थे, इसलिए वह टेबल अक्सर खाली ही रहता था। शान सलूजा साहब की कुर्सी पर बैठ जाती थी, और मैं मेहमान की कुर्सी पर। दो-तीन घंटे इधर-उधर की सुनाकर उठते और कॉलेज चले आते। इसी बीच एक-आध दफा वहाँ कोई बच्चा आ जाता, या झाई जी दो समोसे और चाय रखने आतीं। खड़ी-खड़ी एकाध बात करतीं, और चली जातीं। उस घर में शान के सिवा मैंने कभी किसी से फिजूल बात नहीं की। हाँ, यदि शान उनके बारे में बताती तो मैं सुनता रहता। हममें से शॉर्ट टर्म प्रोग्राम किसी के नहीं थे। उन्हें तसल्ली थी कि उनके कन्धे का बोझ कम हो रहा है, मुझे तसल्ली थी मेरा प्यार परवान चढ़ रहा है।'

'तो बातचीत क्या होती थी? अभी न जाओ छोड़कर कि दिल अभी भरा नहीं?'

'नहीं भज्जी, हम बड़ी जिम्मेदारी से प्यार कर रहे थे। शब्दों की बजाय भावनाओं से एहसास दिलाना, चुप रहकर प्रेम तरंगों का आदान-प्रदान, एक-दूसरे को देखना। वहाँ प्लेट में एक दुर्लभ पत्थर पड़ा था, कई-कई बार मैं ब्रश से उसके ऊपर पानी डालता, और उसका नीचे प्लेट में आने का इन्तजार करता। भज्जी, तूने कभी प्यार नहीं किया इसलिए तू प्यार की इन बारीकियों को नहीं समझ पाएगा, तुझे मेरी बातें, मेरी हरकतें सब बचकाना लगेंगी।

'मेरे साथ उसने कभी अभावों का जिक्र नहीं किया था। हाँ, जब वह शेखूपुर,

अपने दादा दीवान हरदयाल सलूजा व चूड़खाने वाली बड़ी हवेली की बात करती, तो मुझे एहसास हो जाता कि कहीं जीवन में कुछ अभाव महसूस हुआ है, तभी तो घाटे के बँटवारे की याद आई है। भज्जी, जमींदारों को बड़े सुख थे। सब हरी उपज खेतों से आ जाती थी। लोग तरबूज के साथ एक-दूसरे से खरबूजे बदल भी लेते थे। चाहे छोटे पैमाने पर ही सही। तब भी 'बारटर सिस्टम' कायम था। घर में गाय होती थी। भूसा, चारा, खली वगैरह सब खेत से आ जाते थे। दिन में दो दफा दूध दुहा जाता था। बार-बार डिब्बा लेकर मदर डेरी नहीं जाना पड़ता था। घर की पूरी अर्थव्यवस्था मर्दों के हाथ होती थी। मजाल कि कोई औरत किसी दुकान पर कुछ खरीदती नजर आती। शान की उम्र की लड़कियों ने तो पैसे तक की शकल भी नहीं देखी होती थी।

'भज्जी, तुम होशियारपुर से हो, पहले भी थे। अब भी हो। तुम कभी विस्थापित नहीं हुए, न कभी तुम्हें अपने ही घर से भगाया गया। इसलिए जैसे इश्क की पीड़ा तुम नहीं समझते, वैसे विस्थापन की पीड़ा भी तुम्हारे लिए सुनी-सुनाई घटना है। मैं पिछले पचास वर्ष से दिल्ली में रह रहा हूँ, ईंट-ईंट करके सम्पदा जुटाई है। सम्पदा की भी कमी नहीं। भारत की राजधानी, दिल्ली, और उसके भी दक्षिण में जिस पर सभ्यता की मोहर लगी है। सब आराम है। जो सपने में भी नहीं सोचा था, उसे भोग रहा हूँ, लेकिन पता नहीं क्यों, आज भी पिंडी भट्टियाँ का नाम कानों में पड़ते ही रुला देता है। माँ तो माँ ही होती है, चाहे वह मैले दुपट्टे में हो या बनारसी साड़ी में। एक दिन रेडियो पर फिल्मी गानों के फरमाइशकर्ताओं में एक पिंडी भट्टियाँ वाले का नाम सुना, तो मन गद्‌गद हो गया।'

'मैं तुम्हारी पीड़ा को समझ सकता हूँ, पर हर बीमारी का एक इलाज होता है, अगर भूल जाना ही इलाज हो, तो उसे बार-बार क्यों कुरेदना।'

'नहीं भज्जी, मैं यहाँ छठे दशक के शुरुआत की बात कर रहा हूँ, जिन लोगों के काम-काज उनका जीवन-यापन नहीं कर पा रहे थे, उन लोगों की बात कर रहा हूँ। उस मध्यवर्ग की बात कर रहा हूँ जिसमें शान और मैं दोनों शामिल थे। जिनके पास पैसा बनाने का तैयार हुनर था वे तो आज लाखों-करोड़ों में खेल रहे हैं। जिनकी गाड़ी पटरी पर नहीं चढ़ी, तो नहीं चढ़ी, और जिनकी गाड़ियों के लिए पटरियाँ बनी थीं, वे तो ठुक-ठुक करते कहाँ से कहाँ निकल गए।

'शान की झाई तो इसी पर खुश थी कि मुझे और कुछ नहीं, तो सरकारी स्कूल में ढाई सौ रुपए की ज्योमेट्रिकल ड्राइंग सिखाने की नौकरी तो मिल ही जाएगी, और शान को भी वैसी ही। पाँच सौ का नियमित घर आ जाना बड़ी बात थी। बारह रुपए गज दक्षिण दिल्ली में कई जमीनों का भाव था और उत्तरी दिल्ली में तो चार-चार रुपए गज में जमीन मिल जाती थी। पचकुइयाँ रोड का मशहूर समोसा, जिसकी एक-एक भुजा छह-छह इंच की होती थी, चने समेत दो आने, यानी कि आज के बारह

पैसों का मिल जाता था। आज देखो तो उन पैसों का वकत जीरो से भी कम हो गया है, क्योंकि पचास पैसे तक का सिक्का अब बाजार में चलता ही नहीं।

'लेकिन शान की माँ सिर्फ स्वार्थवश अपने नजरिए से सोच रही थी, हालाँकि उसे मालूम भी था कि मेरी अभी बिनब्याही बहन, और माँ, जिसने मुझे अपना दूध नहीं बल्कि अपना खून पिलाकर पाला है, वे भी मेरे जीवन में उतना ही महत्त्व रखती हैं, जितना मेरी सम्भावित पत्नी।'

'क्या वह तुम्हारे घर भी कभी आई थी, तुम्हारी माँ से मिलने?'

'आई क्यों नहीं थी, कॉलेज के दूसरे साल ही आई थी। मेरी माँ, भाभी, और बहन, तीनों घर पर थीं। सबने मिलकर खाना खाया। खाना खाते ही वह पलंग पर जा लेटी, जिससे उसकी आँख लग गई, और पूरे ढाई घंटे के बाद वह जगी थी। वह भी, जब चाय तैयार थी, तभी उसे जगाया गया। उसने चाय पी, और मैं उसे लाल किले की बस पर चढ़ा आया।'

'तुम्हारा छोटा सा कमरा... ?'

'यदि उस पर एतराज होता, तो उसे नींद कैसे आती? भज्जी, जब दिल मिले होते हैं, तो कमरे नहीं नापे जाते।'

'चन्द ही हफ्ते बीते कि शान ने बताया, कल झाई जी को करोलबाग जाना है, तुम्हारे घर जाकर तुम्हारी माताजी से भी मिलेंगी। मुझे यकीन था कि वह मेरी और शान की शादी की बात चलाने आ रही है। लेकिन उसी दिन रंगनाथ भी दुकान पर आ टपका। जैसे ही शान और गोद में बच्चा लिये झाई जी दुकान पर पहुँचीं, तो रंगनाथ की बाछें खिल गईं। वह इतना खुश था कि उसके मोनोलॉग खत्म ही नहीं हो रहे थे। उन्हीं के साथ उसने कोला पिया, बाद में चाय मँगाई, तब भी वह वहाँ था। हारकर झाई जी ने कहा, 'शशि, अगर तुम्हारा घर नजदीक है, तो तुम्हारी माँ जी से भी मिल लें।' 'चलिए, चलिए, मैं ले चलता हूँ,' रंगनाथ का जवाब था। वह उठ खड़ा हुआ, और झाई जी का बैग भी उसने उठा लिया। 'शशि तुम भी चलोगे, या दुकान सँभालोगे?' उसने जोड़ा। शान ने मेरे चेहरे पर फोकस करते मुझे देखा। मैं भी उठ खड़ा हुआ। शान, रंगनाथ, बच्ची समेत झाई जी, और मैं अजमल खाँ रोड से निकलते उस नौ बाई नौ फुट वाले कमरे की तरफ जा रहे थे।

'माँ, बहन और भाभी तीनों घर पर थीं। ओंकारा के बच्चे अभी स्कूल से लौटे नहीं थे। हीनभावना ग्रस्त माँ पिंडी भट्टियाँ के किस्से खोल बैठी, झाई जी कभी चूड़खाने की, और कभी शेखूपुरे की बात करतीं। एकाध दफा माँ ने काले की मंडी वाले मकान का भी जिक्र किया, वह शेखूपुरे से नजदीक था। बीच-बीच में रंगनाथ भी अपनी बात छेड़ देता। समोसे, ब्रिटानिया के बिस्कुट और चाय पर सब कुछ खत्म हो गया, लेकिन झाई जी को असली बात करने का मौका ही नहीं मिला। रंगनाथ और मैं उन्हें लाल किले की बस पर चढ़ा आए। दोस्तों ने दुकान पर पहुँचते

ही पूछा, 'बातचीत हो गई क्या ?' तो मैंने कहा, 'अभी तो रंगनाथ की हुई है। बाकी बात करने का तो मौका ही नहीं मिला।'

'तब तक तुम्हारी और मेरी दोस्ती हो चुकी थी, क्या ?'

'नहीं, वह सीन अभी नहीं आया, जब आएगा, तुम्हें जगा दूँगा,' कहते हम दोनों हँस पड़े।

'फिर सामान्य दिन बीतने लगे। वह कभी छोटी डिब्बी में खीर ले आती, 'झाई जी ने भेजी है, आज कंजकें बिठाई हैं।' और कभी बेसन का लड्डू, 'आज महाशिव-रात्रि है, भोग लगाया था।' इसके अलावा टेबल साफ करना, कैंटीन से एक चाय पी आना और मेरे लिए ब्रेड पकौड़ा लपेटकर ले आना। मैं कभी-कभी गफ्फार मार्केट से बादाम की टॉपिंग वाली आलू की टिक्की या स्टैंडर्ड से पनीर पकौड़ा ले जाता। सामान्य लोगों का सामान्य प्यार निभ रहा था।

'हेरिटेज बिल्डिग में हो रहे रख-रखाव के कारण आर्ट कॉलेज की क्लासें भी हमारी बिल्डिंग में लगने लगी थीं। लैंडस्केप और बिल्डिग स्केप की क्लासें तो इकट्ठी ही हो गई थीं, इसलिए आरती, शान्तनु, उमा, उमेश, और रंगनाथ, और हम सबका एक ही ग्रुप बनने से वही तुगलकाबाद वाली गपशप का माहौल बन गया। रीता भी थी, पर बाँटने के लिए पूड़ियाँ न थीं।

'झाई जी का सन्देश है, रात को इधर से होते जाना, वैसे भी रेल के पुल तक तो तुम रोज आते ही हो, बस पुल ही तो पार करना है,' एक दिन शान ने कहा।

'वह भी पार कर लूँगा,' रोमांस फिल्मी हो रहा था, इसलिए मुँह से डायलॉग भी फिल्मी निकलने लगे।

'तो वहाँ क्या हुआ ?' भज्जी आतुर था।

'बैठा रहा जब तक बाऊजी नहीं आए। जब वह आए, तो उनके साथ किन्नी अंकल भी थे।' 'भाभी, एक नीबू-पानी बना देना,' किन्नी अंकल ने बेतकल्लुफी से कहा। 'शान के साथ सिविल आर्किटेक्चर में हैं। नेशनल पार्क में दो सौ गज का प्लॉट है, खुद प्लान बनाएँगे, और अपने ही सुपरविजन में घर बनाएँगे,' गिलास में नीबू निचोड़ती झाई जी बोलीं। 'लड़का होनहार है, कॉलेज में मैंने इसे काम करते भी देखा है,' बाऊजी ने कहा, और दोनों नीचे इन्ग्रेविंग स्टूडियो में चले गए। मैंने इजाजत चाही, तो इतनी रात होने के बावजूद शान मुझे गली के कोने तक छोड़ने आई।

'अंकल कैसा लग रहा था ? शरीफ या चालू ?' भज्जी ने पूछा।

'व्यक्तित्व तो अच्छा लग रहा था। गोरा-चिट्टा, हेमन्त कुमार सी बारीक मूँछें, हीरे की अँगूठी, सफेद बूट।'

'किस व्यवसाय में था ?'

'मैं कैसे पूछता, फिर मुझे कौन सी उसकी बेटी ब्याहनी थी !'

'समय फिर सामान्य कटने लगा। दुकान की छुट्टी वाले दिन मैं शेव करवाकर,

नहा-धोकर, यदि कोई कपड़ा नया सिलवाया हो, तो उसे पहनकर शान के घर चला जाता, और सारा दिन शान के सामने बैठता। फिर समोसा और चाय पीकर कॉलेज चला जाता।

'एक दिन वह मुझसे मिलने के लिए घर से निकली, लेकिन जब पहुँची तो काफी लेट थी। उसने बताया कि 'लाल किले से बस मिली नहीं। बहुत देर तक इन्तजार करके कनॉट प्लेस के लिए फोर सीटर लिया। वहाँ से पाँच नम्बर लेकर आ गई।'

'अगले हफ्ते फिर घर से निकली, लेकिन पहुँची नहीं। काफी इन्तजार के बाद मैंने उसकी गली में फोन लगाया, तो झाई जी के बजाय वह खुद फोन पर आ गई, और बताया कि 'कनॉट प्लेस तक पहुँची थी कि मुझे चक्कर आ गया। बस रुकवाई गई, सवारियों में से एक भली महिला मुझे लाल किले तक छोड़ गई। मैं घर आ गई।'

'मैंने सोचा, पता नहीं कहाँ गुम हो गईं।'

'गुम होने वालियों में से नहीं, बेफिकर रहना।'

'मेरे घर बच्चे की बर्थडे पार्टी थी। जब तम्बू उतर गए तो शान पहुँची और बोली, 'मेरी सहेली के बेटे की भी आज बर्थडे पार्टी थी। सोचा था वहाँ हाजिरी देकर निकल आऊँगी, पर किसी ने निकलने ही नहीं दिया।'

'प्रेमी का दिल मेड इन चाइना होता है, जरा सा ठेस के अंदेशे से भी टूटने लगता है। इतने बड़े संसार में किस पर शक करूँ? वह कौन स्मार्ट है, और शादी लायक भी? कोई आर्किटेक्चर विभाग से, या कला विभाग से या इंजीनियरिंग का कोई लुच्चा?

'उस दिन शान कॉलेज आई, तो उसके साथ-साथ हमारी ही क्लास का राजेन्द्र सेठ भी चल रहा था। उसे देखते ही मेरे सारे फ्यूज उड़ गए। मेरे चेहरे की लाली पाउडर बनकर नीचे गिर गई। मैं देख तो रहा था, पर किसे देख रहा हूँ, मुझे मालूम नहीं था।'

'शशि, आज जल्दी आ गए?' उसने पूछा।

'मेरा जवाब अर्थहीन हो चुका था, मेरी आँखें पथरा चुकी थीं। शायद मुझे मेरे प्रश्नों का उत्तर मिल गया था : राजेन्द्र सेठ।

'शान की हर बात का मैं हाँ, या हूँ में जवाब देने लगा। दस-पन्द्रह दिन के पश्चात् मैं कुछ सँभल गया था या मैंने अपने आपको सँभाल लिया। पता चला कि राजेन्द्र सेठ किसी विदेशी कम्पनी के लिए इंटीरियर का काम कर रहा है, हम जो भविष्य अपने लिए तलाश रहे हैं, वह उसका वर्तमान है। उसके बड़े भाई को सरकारी बँगला मिला हुआ है, जिसका एक-एक बाथरूम नौ बाई नौ फुट से बड़ा है। पढ़ा-लिखा है, खानदानी है। चेहरा भी अच्छा है, और मधुर भाषी है। मेरे पास क्या है, एक शक्ल, जो चन्द हफ्तों में कुढ़-कुढ़कर खत्म हो जाएगी। मेरी माँ है, बहन है, ओंकार भाई का पाँच बन्दों का परिवार है। कल वह अलग रहने की जिद करेगी, तो माँ का क्या होगा? जिस सुहागरात की वह कल्पना कर रही है वह इस नौ बाई नौ

फुट में क्या मुमकिन है? मेरी हर कमजोरी, हर बेबसी पिंडी भट्टियाँ पर जा खत्म होती। इस बार मैंने अपने मन से वायदा कर लिया कि अब जिन्दगी में चाहे जो भी हो, अपने दम से करूँगा।

'उस दिन शान ने लॉकर से मेरा सामान भी निकाला, तो बेदिली से। मुझे दो दफा खुद जाकर लॉकर खोलना पड़ा, जिसे मैंने कभी हाथ भी नहीं लगाया था। मैं बेबस था, सोचता था सब क्या कहेंगे? 'जो कल शान के साथ अकड़कर चलता था, आज जमीन में नजरें गड़ाए जा रहा है।' 'सँभल नहीं पाया बेचारा, पैसे के आगे हार गया।' 'कहाँ गई अब इसकी हास्य-चेतना, किस-किस का मजाक इसने नहीं उड़ाया।' बिना कोई अपराध किए, मैं अपराधी बन चुका था। शान भी मेरी हालत को जान चुकी थी। 'क्या हुआ?' वह पूछती तो मैं बेबसी की हँसी हँस देता।

'शान जान चुकी थी कि मुझे कोई गहरी चोट लगी है। कॉलेज की बाउंडरी वॉल पर बैठे धूप सेंक रहे थे कि मैंने गम्भीर भाव से उससे कहा—

'शान, हो सकता है मुझे कॉलेज छोड़ना पड़े,' मेरी नजरें झुकी हुई थीं।

'क्यों, क्या हुआ?'

'कुछ हालात ऐसे बन रहे हैं,' कहकर मैं बाउंडरी से नीचे फिसलकर अन्दर कमरे में चला गया। जब बाहर आया तो उसके साथ राजेन्द्र सेठ खड़ा था। मैं उनकी बातचीत में बाधा नहीं बना, और बस स्टॉप की तरफ चल दिया। रंगनाथ बस स्टॉप पर खड़ा था, उसे बुलाकर हम पैदल घर की तरफ चल दिए। रास्ते में वह मुझे कई कहानियाँ सुनाता रहा, मैंने एक भी नहीं सुनी। मेरे भीतर मेरी ट्रैजिक कहानी चल रही थी, जिसके डायलॉग मैं खुद तैयार कर रहा था।

'अगले दिन कॉलेज गया, तो साइकिल पर सामने से राजेन्द्र सेठ को आते देखा, उसने सेहरा बाँध रखा था, और गुलाबी कमरकस भी। वह मेरी तरफ ही आ रहा था। 'कहो शशि?' उसने जैसे ही कहा, मेरी आँखों से उसका सेहरा और कमरकस हट गया। 'ठीक हूँ,' कहकर मैं एक तरफ हो गया। हर रोज मैं स्थितियों से समझौता करता पर हर बार स्थितियाँ और विकराल रूप ले रही थीं।

'गुसलखाना क्लब में भी मेरा मन नहीं लगता था। रामलाल ने पूछा, 'शशि, तुम तो आर्किटेक्चर भैनजी के साथ दुकान पर आने वाले थे।' बात को टालकर मैं उससे लेमन शैम्पू के बारे में पूछने लगा। 'तुम्हारी चाची ने बड़े अच्छे पोज़ दिए हैं। इस बार फोटो लाल किले के सामने जैन मन्दिर वाले से खिंचवाए हैं। दूसरों को एक पोज की तीन कॉपियाँ देता है, मैंने उसे तीन पोजों की एक-एक कॉपी देने के लिए मना लिया। इस तरह अब मेरे पास दो पोज़ों की बजाय छह पोज़ हैं। आर्किटेक्चर भैनजी की फोटो खिंचवानी हो तो उसी जैन मन्दिर वाले से खिंचवाना। उसके पास कार का फोटो भी है, हवाई जहाज का भी। सामने बिठाकर भी खींच लेता है, और ट्रिक फोटोग्राफी से भी बना देता है। अगली दफा मैं कव्वार का फोटो गुलाब के फूल के

साथ बनवाऊँगा। वह उसमें ट्रिक फोटोग्राफी का कमाल दिखाएगा। मैंने पिताजी के उठाले पर भी उसी से फोटो बनवाया था। वह फ्रेम भी बनवा देता है।'

'रामलाल को क्या पता कि अब वह मेरे लिए नहीं, राजेन्द्र सेठ के लिए पोज देगी। दिन बीतने लगे, राजेन्द्र सेठ को मैं स्वीकार कर चुका था। उसकी मौजूदगी तब मुझे परेशान नहीं करती थी। समय के पास मरहम के ड्रम के ड्रम होते हैं। वह हर किसी के जख्म भर सकता है।

'मैं अपने काम की गहराई में खोने लगा। मेरे काम में सुधार आने लगा, जब कोई मेरे काम की तारीफ करता, तो शान भी मेरा कन्धा थपथपा देती। मुझे अपनी शक्ल के बजाय काम पर भरोसा होने लगा। मेरी शक्ल मुझे धोखा दे चुकी थी, पर मेरा काम प्रेरणा दे रहा था। अच्छा काम कभी धोखा नहीं देता। मैं वास्तविक धरातल पर जीना सीख चुका था। तब राजेन्द्र सेठ, अरोड़ा, या मेहता, मुझे सब एक से लगने लगे थे। कर्म और फल, बाकी कुछ नहीं। तब शान को भी मैं उसके प्रश्नों का जवाब देने लगा था।

'मुझे देखकर शान फिर से मुस्कराने लगी थी। मुझे सांत्वना पुरस्कार मिला, तो मुझसे ज्यादा वह खुश थी। राजेन्द्र सेठ वाली कहानी मेरे मन में भरी हुई थी। सब कुछ ठीक हो जाने के बावजूद मैं अपने आपको असुरक्षित क्यों महसूस कर रहा था, तब भी मेरी समझ में नहीं आ रहा था। हम फिर दूसरों के रोमांसों की चर्चा करने लगे, लेकिन मैंने अभी भी 'आई लव यू' सुरक्षित रखा। राजेन्द्र सेठ यदि सामने से आता दिख जाता, उसके सिर पर सेहरे की बजाय, मुझे उसकी पैंट का एक पायँचा ऊँचा और दूसरा नीचा नजर आने लगा।'

23

मुझसे शादी करोगे

'**छुट्टियों** में बोर हो रही है, इसे पिक्चर क्यों नहीं दिखा लाते,' झाई जी ने मुझे सुझाव दिया।

'सोमवार की छुट्टी है, आज ही टिकट रिजर्व करा लूँगा।'

'सुना है, उमा और उमेश ने शादी कर ली है, शान खबर लाई है।'

'कर ली होगी, दोनों कमा रहे हैं। उमा टीचिंग की जॉब कर रही है, उमेश इंश्योरेंस कम्पनी में है। एक दफा डिलाइट सिनेमा गया था। बगल में ही उसका ऑफिस है।' मैंने झाई जी को बताया।

'शादी दिल मिलने की बात है, दोनों एक-दूसरे के स्वभाव को जानते हैं। अच्छी कट जाएगी। शादी पर तुम्हें भी नहीं बुलाया?'

'मुझे बुलाता, तो शान को भी बुलाता। आजकल जितना खर्च बच जाए ठीक है। आगे घर-गृहस्थी भी तो सँभालनी है,' उसी के साथ मैंने जोड़ दिया।

'तुम्हारी बड़ी बहन कितनी पढ़ी है?'

'मेरे साथ मैट्रिक की थी, फिर मैं इंटर साइंस के चक्कर में पड़ गया, और उसने सिलाई-कढ़ाई का डिप्लोमा ले लिया। चाहे तो टीचर बन सकती है, जब भी अच्छा लड़का मिल जाएगा...।'

'लड़का तो है। मेरी भांजी की लड़की शान्ता से उसकी शादी होने वाली थी मगर शान्ता को एक लड़के से प्यार था इसलिए उसने उसे छोड़ किसी दूसरे लड़के से शादी कर ली। प्यार में धोखा खाया वह बेचारा बड़ा दुखी है। इनके कन्धे पर सिर रखकर रोया है। उसकी माँ टीचर है, पर लड़के का रंगीन कागज बनाने का कारखाना है। इन्हें भी जब रंगीन कागज चाहिए होते हैं, उसी से लेते हैं। कारखाना बड़ा है, चालीस-पचास लोग काम करते हैं।'

'घर बात करके देखता हूँ,' कहकर प्रस्ताव को मैंने टाल दिया। बॉल जब एक बार टप्पा खा लेता है, तो दिशाहीन हो जाता है।

'कूचा लच्छूराम से निकलकर मैं मोती सिनेमा हॉल चला गया, जहाँ से मैंने सोमवार मैटिनी की दो टिकटें बुक करा लीं, और खुशी-खुशी लौटा। फिर सोचता रहा कि उसे अपने दाएँ बिठाऊँ या बाएँ? अँधेरे में उसका हाथ पकड़ लूँ? अब तो कोई डर नहीं, झाई जी मेरे साथ हैं। लेकिन बुरा मान गई तो? तुझे अपने प्यार पर भरोसा नहीं? जिन्हें रुसवा होते देखा है, उन्हें भी तो अपने प्यार पर भरोसा था। खैर, इन्तजार करूँगा। शायद वह ही मेरा हाथ पकड़ ले। मुझे अच्छा लगेगा।

'सोमवार आ गया। नाई से शेव करवाई, बेशक चार आने लेता है, पर चेहरे को तपा देता है। कपड़े प्रेस करवाने तीसरे ब्लॉक गया, हालाँकि स्कूल में बिना आयरन, कपड़े प्रेस करने सिखाए गए थे : पतीले में जलते कोयले डाल लो, और किसी बेकार कपड़े से उसे पकड़कर, कपड़ा प्रेस कर लो। पहले कनॉट प्लेस के लिए फटफटी ली, और फिर रीगल से चाँदनी चौक होता पहुँच गया कूचा लच्छूराम। झाई जी बच्चे को दूध पिलाती-पिलाती, उसे दूसरे हाथ से पंखा कर रही थीं।

'आ गए शशि, तुम्हारा इन्तजार करके शान अभी निकली है। वह टेबल पर शिकंजी का गिलास रखा है, तेरे लिए बनाकर रख गई है। पिछले महीने किन्नी अंकल की माँ का स्वर्गवास हो गया था, उसे माँ के फूल लेकर हरिद्वार जाना था। शान के बाऊजी को साथ ले गए। जब शान को साथ ले जाने की जिद की तो शान ने शर्त रख दी कि एक दिन आगे मसूरी भी जाना होगा। एक ही क्यों, दो दिन—किन्नी अंकल मान गए। जल्दीबाजी में तैयार हुई, दुपट्टा तो यहीं भूल गई है। तुम्हारे आने तक रुकना चाहती थी, पर किन्नी का तो तुम्हें पता ही है, जल्दी करो, जल्दी करो का शोर मचा देता है।'

'वह अपनी माँ की नहीं, दरअसल मेरी अस्थियाँ ले गया था। बिना अस्थियों का मेरा शरीर गिरने वाला था।

'जल्दी से पानी पी लो, गर्म हो जाएगा, और तुम चाहो तो विभा को साथ ले जाओ।' मैं अभी पहले झटके से उबरा भी नहीं था कि झाई जी ने एक सोच और दे दी।

'दरअसल मुझे भी एक जरूरी काम आ गया था, पर शान से वायदा जो कर रखा था। मैं सोचता हूँ, क्यों न विभा और प्रीतो चली जाएँ। मोती सिनेमा हॉल चार कदम पर ही तो है। छोड़ मैं दूँगा, ले आप आइएगा।' प्रीतो झट से तैयार हो गई। दोनों के मैंने अपर क्लास गेट पास करवाकर उन्हें भीतर भेज दिया।

'दोपहर की धूप, मुझे किधर जाना है, पता नहीं था। अब इस ताजे शेव से बने चिकने चेहरे को कहाँ लेकर जाऊँ? जहाँ भी जाऊँगा, मेरे इतने सुलझे हुए कपड़ों से कोई कुछ और ही मतलब न निकाल ले। सड़क पार करके लाल किले के मैदान में जाकर घास पर लेट गया। नींद लग गई। वैसे तो यदि घायल सो जाए तो उसे राहत मिलती है, पर जब मैं जगा तो मेरे साथ मेरी पीड़ा भी जग गई। दिल को सहलाता मैं पॉलिटेक्निक की तरफ चलने लगा। वहाँ जाकर मुझे थोड़ा सुकून मिलता था।

'रात को मेरा मित्र श्याम मुझसे मिलने घर पर आया और बोला, 'इश्क तेरे बस का नहीं, कहीं तुम्हें ले न डूबे, दिन-रात सोचता हूँ।'

'नहीं श्याम, ऐसी कोई बात नहीं। यदि फ्रॉयड की मानें तो गहरे से गहरे इश्क की उम्र ढाई साल होती है। बाकी जिद में उसे कोई-कोई घसीटता रहता है। चाहे आँसू बहाकर घसीटो, या उस भार को कन्धे पर लादकर खुद घिसटते रहो। उस इश्क से चिपका रहना आशिक की आदत, और मजबूरी बनकर रह जाता है। वह हारा हुआ जीवन मैं नहीं जीना चाहता।'

'तुझे क्या समझाना, जो मर्ज तुम्हें लगा है, उसके तो तुम खुद डॉक्टर हो। यदि इस प्रकार के तर्क ही दवा हैं, तो दिन में तीन दफा, बिना दूध-शक्कर की चाय, बियर, या रम के साथ लेते रहो, चलता हूँ,' कहकर वह निकल गया।

'तीन दिन के बाद शान लौट आई। 'कैसे हो शशि? सॉरी। असल में हुआ यह कि किन्नी अंकल जिद करने लगे। हालाँकि उन्हें मालूम था कि मैं तुम्हारे साथ फिल्म देखने जा रही हूँ, पर 'न' सुनना तो उन्होंने सीखा ही नहीं। मुझसे तो बिलकुल भी नहीं। अपनी बेटी से ज्यादा प्यार करते हैं मुझे।'

'अस्थियों का विसर्जन ठीक ढंग से हो गया?'

'वह तो उनके घर में बहुत दिनों से पड़ी थी। शायद वह ब्रेक चाहते थे। काम की टेंशन जो हर वक्त रहती है।'

'कल नई सड़क के खालसा से ब्रश लेने जाना है, तुम्हें भी चाहिए हो तो...।'

'कोई जरूरत नहीं खरीदने की, किन्नी अंकल को मैंने एक, तीन, पाँच, आठ नम्बर के तीन-तीन ब्रश लाने को बोल रखा है, एक-दो दिन में आ जाएँगे। जो चार-पाँच तुम्हें चाहिए होंगे, ले लेना।'

'मैं क्यों किन्नी अंकल से ब्रश लूँगा?'

'तुम्हें उनसे थोड़े लेने हैं, मुझे तुम्हें देने हैं। फिर किन्नी अंकल पराए थोड़े ही हैं। बाऊजी के भाई बने हुए हैं। सारा दिन इकट्ठे रहते हैं।' उसकी बात में मेरे लिए प्यार था, जिसने मेरा गुस्सा दबा दिया।

'अगले सोमवार हम हेरिटेज स्केच करने ज्यादा दूर नहीं वहीं पास में, कोटला फिरोजशाह तक गए। 'यहीं बाहर से बनाते हैं,' शान का सुझाव था। हमने काम शुरू कर दिया। ड्राइंग करते शान मसूरी के बारे में बता रही थी। सबसे अच्छा उसे रात के समय देहरादून को जगमगाते देखना अच्छा लगा था। किन्नी अंकल अभी ब्रश नहीं लाए, वह दिल्ली स्टेशनर्स से खरीदते हैं, शायद उधर जाना नहीं हुआ होगा।

'शशि, तुमने कार के हॉर्न की आवाज सुनी?'

'हाँ सुनी, तीन-चार बार बजा है।'

'जरूर यह किन्नी अंकल हैं। हो सकता है दिल्ली स्टेशनरी जा रहे हों। मैं चलती हूँ,' कहकर उसने सामान समेटा और चली गई। खँडहर से उसके निकलते ही, कोटला के पत्थर मेरे ऊपर गिरने लगे। कागज पर जो रंग फेंका था, पूरे कागज पर फैलकर दूसरे रंगों को उसने मटियामेट कर दिया। कागज पर तब मुझे और कुछ नहीं, सिर्फ सूखते धब्बों का भद्दापन दिख रहा था। मैंने जोर के साथ स्ट्रेचर से कागज खींचा, और उसे टुकड़े-टुकड़े करके हवा में उड़ा दिया। शायद अब वह मेरी परवाह नहीं करती। मैं उठा, सामान समेटा, और भारी पाँव से जामा मस्जिद की तरफ चल दिया, जहाँ से नई सड़क को मुड़ जाऊँगा, इस इरादे से। मुझे किसी से ब्रश नहीं चाहिए। मैं अकेला चलूँगा। बस आखिरी बार, इसके बाद नहीं। मैं किसी के हाथ की यो-यो नहीं, जो वह मुझे कभी तो अपने निकट लाए, और कभी दूर छोड़ दे। मैं तो कॉलेज भी छोड़ दूँगा। आर्किटेक्ट हो जाना ही तो हर जीवन का लक्ष्य नहीं, लोग दूसरे धन्धों से भी तो जीवनयापन कर रहे हैं। जिसके लिए कला साधना ही है, वह साधन भी जुटाएगा।

'लेट क्यों हो गए?' क्लास में आता देख मुझसे शान बोली।

'यूँ ही प्रॉपर्टी डीलर के पास चला गया था। उसने दो कमरों वाले तीन मकान दिखाए, अभी कोई जँचा नहीं।'

'जल्दबाजी मत करो, शशि। किन्नी अंकल की दरियागंज वाली कोठी खाली होने जा रही है। बस अब आखिरी तारीखें लगनी रह गई हैं। किन्नी अंकल ने सबसे सेटिंग कर ली है। घर छोड़कर भागते कई मुसलमानों से उन्होंने कागज खरीद लिए थे, कौड़ियों के भाव। कल किन्नी मुझे न्यू दिल्ली स्टेशनरी ले गए थे। कुछ कलर

भी लाई हूँ,' कहते उसने ब्राउन लिफाफा मेरे सामने लुढ़का दिया। लगभग बीस ऐक्रेलिक की ट्यूबें होंगी, दो-दो औंस वाली। 'अपने लिविंग रूम के लिए वह चार बाई छह फुट की पेंटिंग चाहते हैं। पेंटिंग तो हमने सीखी नहीं, जब मैंने उन्हें बताया तो बोले कोई बात नहीं, स्काई-स्क्रेपर्स का कोलाज बना देना। मेनहेटन की किसी गैलरी में उन्होंने ऐसी पेंटिंग देखी थी। न्यूयार्क उनका आना-जाना लगा रहता है। उसमें तुझे मेरी मदद करनी पड़ेगी।' मैंने 'हाँ' में सिर हिला दिया।

'चार बाई छह फुट का कैनवस ठुकवाकर हम काम में लग गए। शाम को किन्नी अंकल आते, सुलगते सिगरेट वाले हाथ को घुमा-घुमा कुछ समझा जाते, और इन्ग्रेविंग स्टूडियो में सिटिंग के लिए उतर जाते। मैं समोसा खाकर घर लौट आता।

'तसवीर खत्म होने के बाद शान के घर मेरा आना-जाना कम हो गया। प्यार की हूक उठनी भी थोड़ी कम हो गई थी, और बिना किसी ठोस बहाने के मुझे वहाँ पड़े रहने से संकोच होने लगा था। कभी-कभार जाता और इन्ग्रेविंग स्टूडियो में बैठकर चला आता। 'किन्नी अंकल की कोठी की कोर्ट में आखिरी तारीख अगले महीने की इक्कीस तय हुई है। बारह कमरे हैं उसमें। झाई ने अपने लिए चार और शशि तुम्हारे लिए दो कमरों की बात कर ली है। अब दलालों के चक्कर में न पड़ना।' मैंने न 'हाँ' की, न 'न'। आरती-शान्तनु के बारे में दो बातें हुईं, उमा-उमेश के बारे में दो। एकाध टिप्पणी, और प्लेट में पड़े उस हरे पत्थर पर ब्रश से कुछ पानी डालना। जब तक वह पानी नीचे प्लेट पर नहीं उतरा मैं वहीं बैठा रहा।

'उसके प्रति मेरे मन में फैक्टर वाई जाग गया था। बच्चे की तरह आशिक का मन भी बड़ा सन्देह वाला होता है। कौन उसे दिलोजान से प्यार करता है, वह नजर भर से परख लेता है। प्यार तो वह करती थी, पर अब दिलोजान से नहीं। मुझे सन्देह होने लगा था, लेकिन प्रेमिका पर बार-बार सन्देह की तोहमत न लगे, इसलिए सभ्य भाषा बोलने वाले उसे फैक्टर एक्स कहने लगे, जब शक यकीन में बदल जाए, तो उसे फैक्टर वाई।'

'लेकिन तुम्हें किस पर शक था, और किस बात का?' भज्जी ने भौचक्के होकर पूछा।

'यह मैं नहीं बता पाऊँगा, और न ही पूछना, मैं अभी भी शान से प्यार करता हूँ। पर दोस्त, माफ करना मेरी कहानी अब आगे जरा फिल्मी होने जा रही है। कुर्सी से पाँव नीचे कर लो, हो सकता है फिर उठाकर रखने पड़ें।

'शान का फोन था—शशि, आज शाम को मुझे मिलो, जरूरी काम है। चार बजे आ जाना, झाई जी भी कुछ बात करना चाहती हैं।'

'क्या बात हो सकती है, मैंने नहीं सोचा। मैंने न तो कपड़े प्रेस करवाए, न ही शेव बनवाई, पर चला गया। 'चाय बनाऊँ? झाई ने पूछा। 'नहीं हम बाहर जा रहे हैं, वहीं पीएँगे,' शान ने कहा।

'कूचा लच्छूराम से निकल हम बाहर फाउंटेन पर आ गए। 'पैदल चलते हैं, जल्दी पहुँच जाएँगे,' वह बोली। वह उस रास्ते पर रोज की आने-जाने वाली थी। उसे मालूम था कि अगर रिक्शे पर घूमकर दूसरे पुल के नीचे से जाना हो तो रास्ता तीन गुना हो जाता है।

'रेलवे का पुल पार कर हम कार्लटन के साथ वाले रेस्तराँ 'सचदेवा' में गए। यह सोचकर कि वहाँ केबिन थे, इसलिए बात इत्मीनान से हो जाएगी।

'बैरा पानी रखकर चला गया। हमने दो-दो घूँट पानी पिया। शान ने तरल द्रव्य गले से नीचे धकेला पर वह गर्दन से नीचे जाते दिखा नहीं। 'तुम मुझे बताओ कि तुम्हारा और मेरा रिश्ता क्या है?' इतनी बड़ी बात जो वह सालों पूछ नहीं पाई थी, आज पूछने में उसे सिर्फ पाँच सेकंड लगे। उस दिन तक मुझे मालूम नहीं था कि हम एक-दूसरे को प्यार करते भी हैं, या नहीं।

'हालात को देखते हुए कुछ भी कहना गिड़गिड़ाने से कम नहीं था। यह प्रश्न सुनते मैं उछल पड़ता अगर रिश्तों में फैक्टर एक्स न उभरा होता। अगर मैं दोषी होता, तो बस यही कहना था कि मैं तुम्हें प्यार करता हूँ। लेकिन मेरे मुँह से सिर्फ यही निकला, 'हम अच्छे दोस्त हैं।'

'अच्छा, बात लम्बी नहीं करते, मैं तुम्हें बताती हूँ, हम एक-दूसरे से बेइंतहा प्यार करते हैं, और शादी भी करना चाहते हैं। सबकी शादियाँ हो चुकी हैं, जो आरती और शान्तनु का शक था, वह बताती हूँ, तीन महीने पहले मन्दिर में वह शादी हो चुकी है।' मैं सुन्न बैठा था।

'शशि, मैं तुमसे कुछ छिपाना नहीं चाहती, किन्नी अंकल के पाउंड बॉम्बे रेसकोर्स में पकड़े गए हैं, यह एक महीना पुरानी बात है, और कलकत्ता की बैटिंग में डॉलर भी, यह पिछले हफ्ते की बात है। सब जगह छापे पड़ चुके हैं। लॉकर भी सील हो चुके हैं। दो दफा पुलिस हमारे घर भी आई है। सारे घर को उथल-पुथल कर गई है, पर हमारे यहाँ से उसे कुछ नहीं मिला। बाऊजी दो आने पत्ती के साझेदार हैं। ब्लॉकों की इन्ग्रेविंग का जिम्मा इनका था। अभी अग्रिम जमानतें नहीं हुईं। सभी यहाँ-वहाँ छिप रहे हैं। वकील अपना काम तो कर रहे हैं, पर हैं सभी किन्नी अंकल के। गवाहियाँ भी वही तैयार करवा रहे हैं। छापे में किन्नी अंकल के घर से अपने छापे पाउंड, और डॉलर मिल गए हैं। उन्हें तो पकड़कर ले भी गए थे, पर वह इस खेल के पुराने खिलाड़ी हैं, उस रेड टीम से कम्प्रोमाइज करके अभी बच गए हैं। पाउंड और डॉलर के अलग-अलग केस बनेंगे।'

'धाराप्रवाह बोलते, अचानक वह चुप हो गई, और टकटकी लगाकर मेरे चेहरे के भावों को देखने लगी, और मैं बिना फोकस किए उसकी आँखों में देख रहा था। मेरे पाँव के नीचे की जमीन खिसकी जा रही थी। 'क्या सोचते हो?' उसने कहा और फिर चुप हो गई। थोड़ी देर तक जवाब न पाकर उसने चाय बनानी शुरू कर दी। बैरा

कब केतली रख गया, मुझे होश नहीं था।

'अब किन्नी अंकल से डैडी ने अपना हिसाब माँगा, तो उनका कहना है कि अगर आपको दूँगा, तो सबको देना पड़ेगा। सबको एकजुट रखने के लिए घर का खर्चा जो दे रहे हैं, वह सिर्फ चूल्हा-चौका चलाने भर का है। मम्मी से उनकी बात हुई तो मम्मी ने उनसे कहा कि शान के लिए लड़का देख लिया है, उसकी शादी करनी है। तो उनका कहना था कि शान की शादी का खर्चा, चाहे जितना भी हो, वह खुद उठा लेंगे, पर नगद कुछ नहीं दे पाएँगे।

'उस दिन जब तुम्हें घर बुलाया था, तो अंकल किन्नी तुम्हें देखने आए थे, उन्हें तुम पसन्द थे। नीचे वर्कशॉप में जाते ही उन्होंने बाऊजी को बधाई भी दे दी थी।'

'अपनी शादी पर होने वाले खर्चे को छोड़ो, शादी तो हम तीन कपड़ों में भी कर सकते हैं। लेकिन बड़ी समस्या यह है कि अभी मेरी बड़ी बहन की शादी नहीं हुई है। यदि तुम मुझे कॉलेज खत्म होने तक का समय दो, तो ज्यादा अच्छा रहेगा। बाकी, मुझे अपने घरवालों से बात कर लेने दो, शायद कोई रास्ता निकल आए। सोमवार को मेरी छुट्टी है। फव्वारे से फटफटी पकड़कर ठीक सुबह दस बजे कनॉट प्लेस पहुँच जाना, मैं तुम्हें उसी स्टैंड पर खड़ा मिलूँगा।'

'सोमवार को शान आई तो सफेद चूड़ीदार पाजामे के ऊपर सफेद अनारकली चोगा पहने, और बिना दुपट्टे के बहुत सुन्दर लग रही थी। गोरे रंग पर सफेद रंग, उस पर बड़ा फबता था। इसी सफेदी के कारण ही तो उसे टिनोपाल कहा जाता था। 'स्टैंडर्ड' रेस्तराँ में ऊपर हम कॉफी के लिए गए। किन्नी अंकल का उस दिन कोई जिक्र नहीं उठा, न ही पाउंड और डॉलर का। सारी बातचीत परिवार के आसपास ही घूमती रही। मानो वह असली मुद्दे को भूल गई थी। वहाँ से लगभग बारह बजे उठे और कनॉट सर्कस में विंडो शॉपिंग की। प्लाजा के सामने वाली गली में गोवर्धन पर एक प्लेट चने भठूरे, और एक प्लेट पापड़ी, हमने मिलकर खाई। फिर एक-एक गुलाबजामुन, पेट भर गया। अब कहाँ चलें ? शीला थियेटर में अंग्रेजी फिल्म 'फैनी' लगी थी। 'अभी ढाई बजे हैं, फिल्म देखते हैं,' मैंने प्रस्ताव रखा, तो वह मान गई। 'फिल्म अच्छी है, किन्नी अंकल भी देखकर गए हैं।' किन्नी अंकल, किन्नी अंकल...इस नाम से मुझे एलर्जी हो चुकी थी। साला नकली नोट छापने वाला, अगर अमीर नहीं होगा, तो और कौन होगा, मेरे मन में आया, लेकिन मैंने अपने आपको सँभाल लिया। कितनी खुश-खुश आई है, क्यों न उसे उतनी ही खुश-खुश वापस भेजूँ। मैं अपनी जिम्मेदारी समझता था।

'ऑटो पर बैठे, तो वह मेरी दाईं बगल में थी। इसके कन्धों पर हाथ या बाजू रख दूँ ? नहीं, वह तो प्यार का इजहार है, न रखूँ तो लगेगा, मैं अनाड़ी हूँ जिस इरादे से आई हूँ, उसे भी नहीं जानता। लेकिन मैंने ऑटो में बैक गद्दी के ऊपर

से हाथ घुमाकर खुला छोड़ दिया। मेरा ढीला हाथ जब उसके कन्धे को छूता, तो उसके चेहरे पर लाली दौड़ जाती, और शर्म से सिर झुकाकर कभी अपनी कमसिन हँसी को सँभालती, तो कभी उस हँसी को रूमाल के भीतर समेटने लगती। मैं तृप्त था, गद्‌गद था। इतनी सुन्दर, इसे मैं कहाँ छिपाऊँगा? ऑटो देशबन्धु गुप्ता रोड पर हवा के विपरीत भागने लगा, तो उसके कपड़ों के फड़फड़ाते रेशमी स्पर्श ऐसे लग रहे थे, जैसे खुद अनारकली पंख से मेरी त्वचा को सहला रही हो। इसे मेरी किस्मत मानो, या इत्तफाक, हमारा ऑटो जैसे-जैसे आगे बढ़ रहा था, उसी तरह दुकान-दर-दुकान, जो वादा किया वो निभाना पड़ेगा की अनुभूति बार-बार हो रही थी। उस दिन जैसा सुख, उसके बाद मुझे कभी नहीं मिला।

'थियेटर में घुसे, तो बत्तियाँ बुझ चुकी थीं। बैटरी ने रास्ता दिखाया। हम दोनों का ध्यान फिल्म में कम हमारे बीच जो हाथ रखने के लिए कुर्सी का हत्था था, उस पर ज्यादा था। जब वह उससे हाथ उठाती, तो मैं रख देता, और उसके हाथ के आने का इन्तजार करता कि शायद वह मेरे हाथ के ऊपर हाथ रखकर कह दे कि मेरी तरफ से तो हाँ है ही, चलो तेरी भी हाँ। मैं भरसक कोशिश करता पर हाथ आगे न बढ़ा पाता, वह परशुराम के धनुष की तरह भारी हो गया था। इसी बीच मध्यांतर हो गया।'

'पॉपकॉर्न लाऊँ?' किसी ने पूछा तो 'हम कोई पेटू थोड़े ही हैं,' मुस्कान के साथ उसका उत्तर था। लेकिन यह मुस्कान उलाहने की मुस्कान थी। मेरा इरादा बनते-बनते फिर ठहर गया। मेरा निर्णय दिल से उछलकर फिर दिमाग के पाले में चला गया। अभी इन दोनों के बीच ठोकरें खा ही रहा था कि फिल्म खत्म हो गई। उँगलियों की कंघी बनाकर अपने बालों में फेरी, अपने कपड़े कहीं-कहीं से झाड़े, आँखें कई बार खोलीं, बन्द कीं।

'घर छोड़ आऊँ?'

'जाओगे, फिर वापस आओगे, मैं खुद चली जाऊँगी।'

'सदर की तरफ से या लाल किले की तरफ से?'

'जिधर से भेज दोगे।'

'शान को मैंने डिस्पेंसरी के बस स्टॉप से लाल किले के लिए बिठा दिया, और खुद उलटे रास्ते जाती चलती बस पर लटककर घर आ गया।'

'मौका था, हाथ पकड़ लेते, तो हाँ भी हो जाती, और तुम्हें सोचने का और समय भी मिल जाता,' भज्जी ने पचास साल पहले की हुई भूल का सुधार अब बताया।

'नहीं भज्जी, प्यार में चुप्पी भी एक भाषा होती है। किसी भी प्रेमी का उस भाषा का अनपढ़ होना नामुमकिन है। वह जरूर समझ गई होगी कि अभी तक मैं किसी नतीजे पर नहीं पहुँच पाया। मुझे कुछ समय और चाहिए। हम समाज में रहते हैं, तो

कई तरह से सोचना पड़ता है। कमियाँ मुझमें कुछ कम न थीं। सबसे बड़ी कमी तो यह थी कि आर्थिक तौर पर हम पुनः स्थापित नहीं हो पाए थे। शादी करके उसे कहाँ ले जाऊँगा? उस नौ बाई नौ फुट में, जहाँ हर शाम पहले ही सोच पड़ जाती है कि आज रात चारपाई पर कौन सोएगा? भइया-भाभी, या चारपाई पर सोने के लिए जिद करते बच्चे? मेरी खातिर माँ तो हर तरह का त्याग कर सकती थी, लेकिन भज्जी, देवरानी और जेठानी, ऐसा खेल मैं नहीं खेलना चाहता था। उधर से डोली तो ले आऊँ, उसे उतारूँगा कहाँ? हर लड़की के सपने होते हैं, पहला अपनी पसन्द का वर, फिर अपनी पसन्द का घर। अपनी सुहागरात, जिसे वह सुहागरात की तरह मनाना चाहती थी। यहाँ तो कोरी रात मनाना भी मुश्किल था।

'भज्जी, यह हालत अकेले मेरी नहीं थी, मेरी ही किश्ती में सवार कम से कम तीस-चालीस लाख विस्थापितों की यही दशा थी। यदि सबका सब कुछ ठीक चल रहा होता, तो दीवान हरदयाल सलूजा मुझ जैसे विस्थापित से अपनी बेटी की शादी करने की बात न सोचता। उसकी बेटी सुन्दर थी, सुशील थी, पढ़ी-लिखी थी, क्या कमी थी उसमें।

'...और फैक्टर एक्स?' भज्जी ने दबी आवाज में पूछा।

'भज्जी, वही तो मुझे खाए जा रहा था। मेरा शक कैंसर बन चुका था, मेरे दिमाग में वह गहरी जड़ें जमा चुका था। बहुत इलाज करता था उसका पर बार-बार वह अंकुरित हो जाता था। न मुझे सोने देता था, न जागने। भज्जी, मेरी हालत वैसी थी, जैसे साँप के मुँह में छिपकली, छोड़े तो अन्धा हो जाए, खाए तो कोढ़ी।

'जिन्दगी ठीक चल रही थी। तीन साल के बाद हम एक अच्छे ब्रांडेड कॉलेज से आर्किटेक्ट बनकर निकलते। इसी बीच मेरी बड़ी बहन की शादी भी हो जाती। नेशनल पार्क वाले प्लॉट पर दिल्ली ऐडमिनिस्ट्रेशन से बीस हजार का कर्ज भी मिल सकता था, चार--पाँच अपने से डालकर इतनी जगह बन जाती कि कर्ज उतारने के लिए मकान का एक हिस्सा किराए पर भी उठाया जा सकता था। सब कुछ बड़े आराम से निपट सकता था।

'फैक्टर एक्स के लिए तुम किसे जिम्मेदार ठहराते हो?' भज्जी ने पूछा।

'पचास साल के बाद इस प्रश्न का उत्तर देना...नहीं भज्जी, जिसकी चर्चा मैंने आज तक किसी से नहीं की, उस बात को न छेड़ो...मैं उत्तर नहीं दे पाऊँगा। हाँ, सिर्फ यह बता सकता हूँ कि अकेली शान को उसके लिए जिम्मेदार ठहराना उचित नहीं।

'वह जमाना और आज का जमाना भिन्न है। उन दिनों घूस लेने वाले को समाज धिक्कारता था। आज घूस लेने वालों को तमगे दिए जाते हैं। उनके जरिये छह महीने में होने वाला काम छह दिन में हो जाता है। आज उन्हीं की वजह से देश चल रहा है, जो देश की तरक्की को रफ्तार देते हैं। आज कोई नोट छापकर पकड़ा जाए,

उसे लोग दिलदार बताते हैं। जो जोखिम उठा लेता है, खतरों का खिलाड़ी है। गब्बर खाँ के डायलॉग फिल्मी गानों से भी ज्यादा पसन्द किए जाते हैं। लड़की के चाल-चलन की बात करो तो एक ही जवाब मिलता है—चाल देखो। अब चाल-चलन तो हर किसी का व्यक्तिगत मामला है, किसी को उससे क्या, बस अपने काम से काम रखो। शराफत की यही पहचान है।'

'तो तुम जमा, तकसीम करते रहे, और फैसला... ?'

'उसके हक में दे दिया, यही सोचकर कि जो तेरे बस में नहीं, वह समय के बस में तो होगा, खुद राह बना लेगा।

'उस शाम, मैंने फिर नाई से शेव बनवाई, कपड़े इस्त्री करने वाले से कपड़े इस्त्री करवाए। बूट पॉलिश करवाई। बालों में ब्रिल क्रीम लगाई। दाएँ बालों पर हाथ रखा, और उसे हलका सा घुमाकर फूल बनाया, और रोहतक रोड से सोलह नम्बर बस लेकर कश्मीरी गेट जा उतरा। बस से उतरकर फिर कपड़े झाड़े। कंघी से हलके-हलके बाल ठीक किए, और पहुँच गया आर्ट बिल्डिग में, जहाँ उस दिन हमारी बिल्डिग मॉडलिंग की क्लास थी। मॉडलिंग विंग और आर्ट बिल्डिग पुल के साथ जुड़ी थी। क्लास उस अनेक्सी में थी।

'इधर से मैं जा रहा था, उधर से वह आ रही थी। पुल के मध्य में हम दोनों रुके।'

'शशि, तुम बाजी हार गए हो, कल मेरी मँगनी हो गई है,' उसने कहा।

मैं स्तब्ध-सा रह गया, मेरे शब्द मेरी राय लिए बिना ही मुँह से निकल पड़े, 'किससे?'

'मेरी मौसी की लड़की शान्ता ने जिस लड़के से अपनी दोस्ती तोड़ी थी, उसी से, तुमने उसको देखा हुआ है,' कहकर वह मेरे दाएँ से आगे निकल गई, और मैं बुझे दीये की तरह, जिसकी लौ का धुआँ भी लड़खड़ा जाता था, आहिस्ता-आहिस्ता अनेक्सी में चला गया। मैं बाजी हार गया था। मेरा प्यार दाँव पर लगा हुआ था, और मुझे मालूम भी न था। जो लॉटरी में निकला था, वह आज मैं दाँव में हार गया।

'तभी कमरे के भीतर झगड़े की आवाज आई, कुछ लड़कियों ने भज्जी तुम्हें घेरा हुआ था, हालाँकि झगड़ा मेरी आदत नहीं थी, पर फिर भी मैं लड़कियों से भिड़ गया। भज्जी, मैं पहले से तपा हुआ था, तेरी हालत ने मुझे और भी तपा दिया।'

'उस रात तुम मुझे शर्मा मिष्टान्न भंडार ले गए, और हमने जलेबी वाला दूध पिया था।'

'सच भज्जी, उस समय मुझे उस दूध की जरूरत थी।'

24
शान की बरात

'**सब** कुछ हारकर मैं घर पहुँचा, तो माँ ने पूछा, 'खाना खाओगे, तवा रख दूँ?' 'नहीं, भूख नहीं, मैं दूध पी आया हूँ,' कहकर मैं खटिया पर लेट गया। मुझे लगता था कि मैं, दिल और दिमाग को अलग-अलग खानों में रखने वाला, अपने आपको सँभाल लूँगा। लेकिन ऐसा हो नहीं पाया। खाट पर सीधा लेटा मैं आसमान की तरफ टकटकी बाँधे देख रहा था। काले बादल तेजी से उत्तर से आते और दक्षिण की तरफ भाग रहे थे। उन बादलों में बनी मैली-सफेद आकृतियाँ भी उन्हीं की रफ्तार से भाग रही थीं। आगे क्या है, सोचते फिर मुझे जालंधर स्टेशन की याद आ गई। गाड़ी के लिए पटरी खाली, पर आगे फट्टा स्टॉप।

'वह दस गजिया, पिछले दो साल से इन्तजार में था कि कब छींका टूटे, और मक्खन-मलाई उसके हाथ लगे। वह बेशर्म था, किसी की भी थाली से उठाकर खा लेता था। शान्ता न सही, तो शान ही सही, वह रो-रोकर बुदबुदाता था। वह नायक नहीं था, न ही खलनायक, प्यार की दुनिया से गिरा-पड़ा उठाने वाला वह एक्सवेंजर था।

'मैं शान का सामना कैसे करूँगा? एक 'लूजर' शायद मैं ज्यादा ही उछल पड़ा था। इश्क के लायक नहीं था मैं, नौ बाई नौ फुट कमरे का काबिज। ये खेल अमीरों के हैं। उस दस गजिये की मॉडल टाउन में पाँच सौ गज की कोठी है, और उस संरक्षक किन्नी अंकल की रायसिना पहाड़ पर बारह सौ गज की। मेरी तरह इनमें से कोई भी लुटा-पिटा नहीं था। फिर पिंडी भट्टियाँ की याद आई तो मैंने अपने मुँह पर चपत मार ली। तू अकेला नहीं जिसने खोया है, वह तेरा था ही कहाँ, फिर सोचा कॉलेज छोड़ दूँ। तो क्या भाई की दुकान पर बैठकर कपड़ा नापूँ, जो साठ रुपए महीने का नौकर भी कर सकता है। दिल्ली पॉलिटेक्निक का नाम है, इज्जत है। आज जो मेरी इज्जत है, इसी कॉलेज के टैग की वजह से ही तो है।

'बस एक ही विकल्प मेरी समझ में आया कि 'सेन्स ऑफ ह्यूमर' का प्रयोग करूँ। यानी कि जो दूसरों को मुझे तीर चुभोने हैं, मैं खुद ही अपने सीने में वे तीर चुभोकर हास्य-शैया पर लेट जाऊँ।

'हाय हीरो!' एक ने कहा।

'हम हीरो कहाँ हैं, हीरो तो वे हैं, जिन्हें लड़की पटाने का हुनर आता हो, हम तो पटी-पटाई लड़की खोने वाले हैं, 'लूजर' कहो मुझको,' यह डायलॉग मैं हँसते-हँसते बोल जाता, और बात भी वहीं रुक जाती।

'अगले दिन रामलाल गुसलखाना क्लब में मिल गया। 'शशि, तुम्हें पता है परवाना जी लौट आए हैं?' 'भाड़ में जाएँ परवाना जी, और साथ में तुम,' मैंने मन ही मन

सोचा पर ऊपर से मुस्कुरा दिया। 'कल आर्किटेक्चर भैन जी एक लड़के के साथ ज्ञानी की कुल्फी खा रही थीं। बाद में मेरे शोरूम पर भी आईं। वे शादी के लिए मेवे खरीदने आए थे। देखते ही उन्होंने मुझे पहचान लिया। मैंने उन्हें कुन्दन लाल की दुकान दिखा दी। कुन्दन मेरा दोस्त है। मुलतान में हम एक ही स्कूल में पढ़ते थे। क्लासें अलग-अलग थीं, पर फुटबाल इकट्ठा खेलते थे। वे दो भाई हैं, एक अन्दर से सामान लाता है, दूसरा गल्ले पर बैठकर उसे तौलता है। आर्किटेक्चर भैन जी ने किशमिश चखते ही हाँ कर दी। माल पसन्द हो तो बस तुलवा लेना चाहिए, दूसरे ग्राहकों का क्या भरोसा, पूरी की पूरी बोरी तुलवा लें।' आर्किटेक्चर नहीं आर्किटेक्ट, मैं रामलाल को पहले कई दफा टोकना चाहता था, पर अब आर्किटेक्चर कहे, या आर्किटेक्ट, मुझे क्या फर्क पड़ता है।

'किन्नी अंकल का फंड रिलीज हो चुका था। शान ने मुझसे अलग एक जीवन की शुरुआत कर ली थी। बिस्तर की जिन मैली चद्दरों को मुझे धोना था, उस जिम्मेदारी को उसने उमे सौंप दिया था। मैं शान को कूचा लच्छूराम छोड़ने का सुख खो चुका था, पर शुक्र था कि किसी ने मुझे शान का पिटा हुआ आशिक कहकर सम्बोधित नहीं किया। यह पता नहीं मेरे प्रभामंडल की वजह से था, या शान के कारण। पर मुझे अफसोस भरी निगाहों से भी किसी ने नहीं देखा, न लड़कों ने, न लड़कियों ने। हाथों में छह-छह लिफाफे लेकर शान कॉलेज आती, और कभी सामने से टकरा जाती, तो मैं मुस्कराकर आगे बढ़ जाता, और कभी-कभी वह भी ऐसा ही करती।

'मंडप सजा था। हाथों में तोहफे लिये लोग फूलों से सजे गेट के भीतर जा रहे थे, मेरे हाथ में भी तोहफा था। भीतर पहुँचा तो सामने वाले टेबल पर ही उमा-उमेश, तथा आरती और शान्तनु बैठे थे। जानता नहीं था कि अब तक मैं उस क्लब का मेम्बर रहा था या नहीं। पास जाकर मैंने पूछा, 'क्या मैं अब भी आपके साथ बैठ सकता हूँ?' शान्तनु सीट से उठा, 'अरे भाई बैठो-बैठो,' कहते वह बैठ गया, और मैं भी। कोई फूलों की तारीफ कर रहा था, तो कोई कुर्सियों को पहनाई पोशाक की। कुर्सियों पर रिबन बाँधने का फैशन तभी चला ही था। बच्चा उठाए झाई जी निकलीं तो सभी के अभिवादन का उन्होंने जवाब दिया, लेकिन जब उनकी नजर मुझ पर फोकस हुई, तो शर्मिन्दगी की मुस्कराहट देकर वह तेजी से वहाँ से निकल गईं।

'कॉलेज के तीन-चार ने अपनी कुर्सियाँ भी हमारे टेबल के साथ लगा लीं। मेरी किस्मत थी कि मुझे एक 'बट ऑफ दी ह्यूमर,' जिसे देसी भाषा में, 'बजाने का एक झुनझुना' कहते हैं मिल गया। मैं पूरी उम्मीद से था कि अब सबको हँसा-हँसाकर कुर्सी से गिराने से मुझे कोई रोक नहीं सकता। दो चुटकुले सुनाते ही मैं वजूद में आ गया। सबको लोट-पोट होते देख, कुछ और लोग भी उसी घेरे में आ गए। समाँ बँध

चुका था, लेकिन भीतर से शान का सन्देश आया कि भीतर आ जाइए। दोनों जोड़े उठे, और चलने लगे, लेकिन दो कदम के बाद ही उमेश लौट आया, और मेरा हाथ पकड़कर भीतर ले गया। शान पहले उमा, उमेश के गले लगी, फिर आरती और शान्तनु के। मेरे लिए वह जरा सा झिझकी, पर गले जरूर लगी। कई सालों की वफादारी का मेरे लिए यही इनाम काफी था।

'थोड़ी देर में संयोजक किन्नी अंकल आए। उन्हें देखकर शान उनकी तरफ लपकी, और दोनों ने कसकर एक-दूसरे को बधाई दी। उसे देखते ही मेरे चेहरे की बत्ती टिमटिमाने लगी, जिसे सँभालता मैं बाहर निकल एक दूसरी महफिल में जा घुसा और अपने आपको हँसाने लगा। यदि किसी अनजान से पूछा जाता कि तुम्हारे खयाल से इस शादी में सबसे ज्यादा खुश कौन है, तो मुझे यकीन था कि वह मेरे नाम के अलावा किसी दूसरे का नाम न लेता। शादी में सभी नजर आए, पर बाऊजी कहीं नहीं दिखे।

'बरात आ गई, कुछ जयमाला देखने भागे, मैं बाकियों के साथ वहीं बैठा रहा। डरता था कि कहीं मेरी मिलनी शान्ता से न करा दें। शान्ता दूल्हे की एक्स थी। खाना वगैरह खाकर, हम बाहर पान की दुकान पर आए। उमेश और शान्तनु पेट भरने के बाद धूम्रपान के शौकीन थे, रंगनाथ से माचिस लेकर मैं सिगरेट सुलगा ही रहा था कि पान की दुकान के रेडियो से धुन बदली, और 'क्यूँ इतना तुम मुस्करा रहे हो, क्या गम है जिसको छिपा रहे हो' बजते ही एक-एक बार सभी ने मेरे चेहरे की तरफ देखा, और जल्दी ही चेहरा दूसरी तरफ मोड़ लिया—शायद वे मुझे रुलाना नहीं चाहते थे।'

'तो क्या फिर कभी तुम शान से नहीं मिले?' भज्जी का स्वाभाविक प्रश्न था।

'समय बीतने लगा, शान गर्भवती हो गई। कॉलेज में तब मेरा ध्यान शान के चेहरे की बजाय उसके पेट के उभार पर अधिक जाता था। एक दफा तो उसे सामने पाकर मेरे हाथ खुद-ब-खुद जुड़ गए और मुँह से नमस्कार भी निकल गया। यह मेरी आदत में शुमार था। तब मुझे महसूस हुआ कि तूफान थम गया है, और शान मेरे लिए, आम दूसरी लड़कियों की तरह हो गई है।

'एक दिन अचानक प्रेमपाल सलूजा जी मेरी दुकान पर आए। 'आजकल क्या कर रहे हो?' कोक पीते उन्होंने मुझसे पूछा।

'एक आर्किटेक्ट की फर्म ज्वाइन कर ली है। जब वहाँ छुट्टी हो जाती है, मैं भाई का हाथ बँटाने यहाँ आ जाता हूँ।'

'तुम्हारा तो काम अच्छा था, तुम्हें नौकरियों की क्या कमी?' उनका सोच में डूबा सवाल था।

'बहन की शादी कर दी?'

'हाँ, शादी में शान अपने पति के साथ आई थी, पर रुकी नहीं,' मेरे बोलने के अन्दाज में मायूसी थी, जिसे छिपाना मुश्किल था।

'कभी घर पर आओ।'

'जरूर, क्यों नहीं।'

'अगले सोमवार दशहरा है, दोपहर को मैं भी घर पर मिलूँगा।'

'मैं 'न' न कह सका।'

'सलूजा साहब चले गए। मैं अपने शरीर में वापस आ चुका था। उनकी बातों के अन्दाज से पता चल गया था कि वह शान से छोटी बेटी के लिए वर ढूँढ़ रहे हैं। जाऊँ न जाऊँ, मन में वाद-विवाद चल रहा था। बस यही समझ आया कि जब झाई जी, मेरी माँ से मिलने आई थीं, तो रंगनाथ ने चिपककर काम बिगाड़ा था, अब भी क्यों न उसी से काम बिगड़वाऊँ। वैसे तो शान की नम्बर दो खूबसूरत थी, उसने मिरांडा हाउस से बैचलर कर रखा था। जरूरत से भी कम बोलती थी, पर जो घाव दब गए हैं, उन्हें दुबारा हरा करूँ, यह मेरी मन:स्थिति से परे था।

'मैंने रंगनाथ को फोन लगाया, 'शान मिलना चाहती है, मुझे और तुझे अपने मायके में बुलाया है, दशहरे के दिन।'

'चले चलेंगे, हो सकता है अपनी बहन का रिश्ता तुमसे करना चाह रही हो।'
'मुझसे, या तुझसे, यह तो जाकर ही पता चलेगा।' रंगनाथ मान गया।

'दशहरा आ गया, हम सलूजा साहब के घर कूचा लच्छूराम पहुँच गए। जो सोचा है, हो सकता है गलत हो, यह भी तो हो सकता है कि इमारत में कोई स्ट्रक्चरल अदला-बदली करनी हो, जिसके लिए दूसरी राय चाहते हों।

'चद्दरें धुली हुई बिछी थीं, समोसे और बर्फी पहले से रखी थी, हमें पलंग के पास रखी दो कुर्सियों पर बिठाया गया। 'शान क्या गई, तुम तो हमें भूल ही गए,' झाई जी ने मुझे सम्बोधित किया। 'इधर तो अक्सर आते-जाते रहते हैं, पर शान के यहाँ न होने से थोड़ा संकोच रहता है,' रंगनाथ ने फौरन उनकी बात का उत्तर लौटा दिया, बैडमिंटन खेल की तरह। समोसे और बर्फी व कॉफी टेबल पर परोस दी गई। रंगनाथ ने दो समोसों में एक चुनकर खाया। बर्फी का एक कोना तोड़ कर मैंने शान की आखिरी बहन को खिलाया। 'अब तो सब कुछ खा लेती है, तुम इतने दिनों बाद आए हो, लेकिन इसने पहचान लिया है,' झाई जी ने कहा। इस बात में रंगनाथ के दखल की कोई गुंजाइश नहीं थी। फिर बहन की शादी हो गई, घर बनके तैयार हो गया, नौकरी कहाँ कर रहे हो, बड़ा भाई कनाडा कब जा रहा है, इत्यादि कई प्रश्न झाई जी ने पूछे। नौकरी की बात हालाँकि झूठ थी, पर जिस झूठ से अब उनका कुछ लेना-देना नहीं, वह झूठ कहाँ...।

‘इजाजत ली और लौट आए। रंगनाथ को शब्दों में शुक्रिया अदा तो नहीं किया, किन्तु मन ही मन मैं उसका आभारी था कि उसने एक नए अध्याय के खुलने से मुझे बचा लिया।’

‘तो, तुम्हारी प्रेम कथा के फूल विसर्जित हो गए?’

‘ऐसा नहीं कहते।’

भज्जी हमेशा दुनियादारी की बजाय हथौड़ा मार बातें करता था, तभी तो उस दिन लड़कियों ने उसे घेर रखा था।

‘दीवाली के तीसरे दिन उमा मुझे बस में मिल गई। भइया दूज की रस्में पूरी करके आ रही थी। ‘गए थे शान के घर, झाई जी और बाऊ जी तुम्हें याद कर रहे थे?’ उमा ने मुझसे कहा।

‘हाँ, सलूजा साहब खुद दुकान पर आए थे, झाई जी से मिलने के लिए कह रहे थे।’

‘शान की छोटी बहन प्रीतो से तुम्हारे रिश्ते के लिए कह रहे थे। शान भी एक दिन मिली थी। मैंने जब उससे पूछा, कभी शशि की भी याद आती है तुम्हें? तो उसका कहना था कि उसी के रिश्ते के लिए तो प्रीतो को मनाया है। एक बार शशि घर आ जाए...कहती वह रुक गई।’

‘लेकिन मैं अपने दिल की बात उसके आगे रखने से रोक नहीं पाया, और उसे बयान करने के लिए पंचतंत्र का सहारा लिया :

जंगल में जब शेर बूढ़ा हो गया, तो अपने आपको शिकार करने में असमर्थ पाया। उसने गीदड़ से सौदा किया कि जो भी शिकार अपनी बातों में फँसाकर तुम मेरे पास लाओ उसमें से आधा तुम्हारा। वह एक गधे को अपने शब्द जाल में फँसाकर ला ही रहा था कि भूखा शेर उस आते शिकार पर झपट पड़ा। शेर बूढ़ा था, गधा जवान, वह अपने आपको बचाता वहाँ से भागने में कामयाब हो गया।

‘तुम्हारा लाया शिकार तो भाग गया,’ शेर ने गीदड़ से शिकायत की।

‘आप जल्दबाज हैं, उस पर झपटकर आपने अपनी नीयत का खुलासा कर दिया।’

‘किसी तरह फिर उसे ले आओ, इस बार मैं धैर्य से काम लूँगा।’

गीदड़ दुबारा गधे के पास गया, ‘यार, भाग क्यों आए, वह पर उपकारी तो तुम्हारे गले मिलने आ रहा था। चलो, सच में तुम्हारे से दोस्ती करना चाहता है।’

गधा चल पड़ा। शेर से उसकी मुलाकात हुई। ‘मैं स्नान करके आता हूँ, तब तक बैठकर आराम करो,’ शेर उससे बोला और स्नान करने चला गया। गीदड़ को गधे के भेजे का स्वाद पहले से मालूम था। उसने लेटे हुए गधे का सिर दबोचकर भेजा निकाला और खा लिया।

लौटकर शेर ने जब गधे का सिर टटोला तो भेजा गायब पाया।

'इसकी खोपड़ी में भेजा तो है ही नहीं,' शेर दहाड़ा।

'हुजूर, अगर इसकी खोपड़ी में भेजा होता, तो यह दुबारा यह यहाँ क्यों आता?'

'तो तुम्हें फैक्टर वाई के बारे में पहले से मालूम था। हम तो तुम्हें भोला समझ रहे थे, लेकिन तुम तो निकले बम का गोला।' बेशक तुलना के शब्द घिसे-पिटे थे, पर इससे अच्छी तुलना हो ही नहीं सकती थी। वह केवल फैक्टर एक्स तक सीमित नहीं थी, बल्कि फैक्टर वाई को भी पार कर चुकी थी।'

'और प्रीतो?' मैंने दबे स्वर में पूछा।

'वह मिरांडा में पढ़ती थी, और होटल 'मेडन' तो पास में ही था...आगे तुम खुद समझ जाओ, वहाँ कौन हो सकता है!'

'मैंने उमा की बात पर पूरा यकीन नहीं किया, लेकिन उससे इनकार भी नहीं कर सका, क्योंकि शेर की मांद से बिना किसी समझौते, गोश्त का टुकड़ा निकाल लाना, मुश्किल ही नहीं, बल्कि नामुमकिन था।

'फिर कभी शान से मुलाकात हुई, कहीं आते-जाते?' भज्जी ने मुझसे पूछा।

'नहीं। शान मिल भी जाए तो शायद मैं उसे पहचान भी न पाऊँ। पचास साल अरसा कम नहीं होता, किसी की पहचान खोने के लिए। लेकिन मुझे पहचानने में उसे कोई दिक्कत नहीं होनी चाहिए, क्योंकि शान के जाने के बाद मैं काम में डूब गया था। अखबारों, मैगजीनों, टेलीविजन पर मेरा चेहरा अक्सर दिखता रहा है, और मुझे जानने वालों के पास मेरी कला-यात्रा का पूरा ब्योरा है।

'भज्जी, तुम तो मेरे ब्लैक-बॉक्स हो। याद है जब हम आर्किटेक्चर का प्रोफेशनल नेशनल डिप्लोमा लेकर कॉलेज से बाहर आए थे। हमने कई आर्किटेक्चर फर्मों में एक साथ नौकरी की। लेकिन कम्प्यूटर आ गया, और कई नए सॉफ्टवेयर भी। इससे ड्राइंग बनाने का काम आसान हो गया, इसलिए बिना नए कोर्स लिए दिन-प्रतिदिन वह प्लानिंग का काम हमारे हाथ से निकलता गया। मेरे पास सेंस ऑफ ह्यूमर था, मैंने कुछ लेख लिखे, तो छपने लगे, मैंने कुछ कार्टून बनाए, वे भी छपने लगे। उनका श्रेय मैं उमा-उमेश, और आरती-शान्तनु को देता हूँ, क्योंकि उनके साथ उठने-बैठने से मुझे और शान को रेखा ज्ञान हो गया था।'

'फिर शान का नाम...' भज्जी ने चिढ़कर कहा।

'उससे मैं बच नहीं सकता, जब तक मेरे दिमाग की हार्ड डिस्क निकालकर तुम दुबारा फॉर्मेट नहीं करते।

'मैंने नियमित प्रिंट और इलेक्ट्रॉनिक मीडिया के लिए काम शुरू कर दिया, क्योंकि यही एक धन्धा था, जहाँ मुझसे किसी ने सर्टीफिकेट नहीं पूछा। मेरे काम के साथ मेरे फोटो छपने लगे, टेलीविजन में मेरे इंटरव्यू आने लगे। मुझ पर दूरदर्शन ने

एक कमीशंड डाक्यूमेंटरी बनवाई, जो साल में तीन-चार बार दिखाई जाने लगी। मैंने प्राइम टाइम रिअलिटी शो में लगातार अपनी मौजूदगी दिखाई, सात कला प्रदर्शनियाँ लगाईं। मैं 'लिटिल स्टार' बन चुका था। चौराहे पर मेरी गाड़ी के बगल खड़ी गाड़ी वाले 'हेलो, आर यू शशि?' पूछने लगे। बारह पुस्तकें लिखीं जिनके पिछले कवर पर मेरे फोटो थे। यह सब लगातार तीस साल होता रहा। दिल्ली में रहते उसने मुझे न देखा हो, ऐसा हो ही नहीं सकता। हाँ, इतना जरूर कह सकता हूँ कि अपने हर प्रोग्राम में मैंने उसे निमंत्रण भेजा, पर वह एक में भी नहीं आई। जबकि हर उद्घाटन-समारोह में दीया जलाने तक मेरी नजर भीतर आने वाले दरवाजे पर लगी रहती थी, लेकिन मैं जानता था कि जिस शान को मैं ढूँढ़ रहा हूँ, उसे दुबारा नहीं देख पाऊँगा, उस पर भी समय की कई पर्तें चढ़ चुकी होंगी।

25

सुलक्षणी इन लाहौर

'**एक** दिन मैं दिल्ली को गूगल कर रहा था कि कर्सर लाहौर जा लगा। लाहौर-सरगोधा रोड पर कर्सर बढ़ा तो पिंडी भट्टियाँ दिख गई। हमारा कस्बा इंटरनेट पर...थ्री डी सर्च लगाई, तो पिंडी भट्टियाँ की गलियाँ भी दिखने लगीं। आकलशाह के दरवाजे से पिंडी में घुसो तो दो गलियाँ छोड़, तीसरी के कोने वाला हमारा घर, जिसकी छत दिखी। आँखें भर आईं, कितना खिंचाव था उसमें। जबकि सारे पाकिस्तान के घरों की छतें आम छतों की तरह थीं, लेकिन यह मेरे लिए खास छत थी। उन्नीस सौ के मध्य में मैं यहाँ पैदा हुआ था।

'पिंडी भट्टियाँ खोला तो लाइन लग गई, पिंडी भट्टियाँ की गतिविधियों की। वहाँ के ताजियों की, शादियों की, शादियों में हो रहे मुजरों की, पिंडी वासी उस पर नोट लुटा रहे थे। एक ने तो अपने दाँतों में सौ का नोट दबा रखा था, और रक्कासा को उसे अपने मुँह से खींचने को उकसा रहा था।

'मुझे न तो उस रक्कासा से कुछ लेना था, न ही ताजियों से, मेरा तो पिंडी, मेरा जन्म स्थान, जहाँ की जमीन पर मैं घिसटना सीखा था, से ही वास्ता था। मेरी जिज्ञासा तो अपने बाप-दादा के घर में थी, उनकी दुकान में थी, बाकी उनका क्या-क्या था, उससे मेरा कोई वास्ता नहीं था। वह रिजक था, मेरा घर नहीं, मेरी जमीन नहीं। मुझे उन गलियों से गुजरना था जहाँ मैं नौ-नौ इंच कदम चला था।

'मन इतना अधीर हो गया कि मैंने अपने एक पत्रकार दोस्त से पाकिस्तान जाने की तरकीब पूछी। वह हाल ही में पाकिस्तान से लौटकर आया था।

'उसने कहा, 'इसरार अहमद को फोन लगाओ, वह पाकिस्तानी दूतावास में

फोन 011-7312 6712 पर बैठता है। अपना नाम बता देना, और अगर न पहचाने तो अपने पेपर का ब्योरा देना, तुम्हारा काम कर देगा।'

'मैंने उसे फोन किया तो उसका कहना था, 'शशि साहब, गुजारिश है कि यह वीजा हम नहीं देते, यह पाकिस्तान से आता है। आप यहाँ तशरीफ ले आइए, आपको एक फार्म भरना होगा। उसे हम इस्लामाबाद भेजेंगे। आपका वीजा आने में कोई दिक्कत नहीं आनी चाहिए, पर फिर भी, आप तो अखबार-नवीस हैं, हालात तो आप देख ही रहे हैं।'

'मैं अगले दिन पाकिस्तानी दूतावास गया। फार्म भरा और चाय पीकर आ गया। ठीक एक महीने के बाद मित्र का फोन आया, 'तुम्हारा वीजा पाकिस्तानी दूतावास में आकर पड़ा है, जाकर ले लो।'

'अब मुद्दा यह था कि अकेला जाऊँ, या किसी जाते पत्रकार के साथ हो लूँ। पुलिस की छाया में जाऊँ, या किसी गाइडेड टूअर के साथ। पर यह मुझे पसन्द नहीं था कि कोई मुझे पटरी पर तमाशा देखने के लिए रुकने न दे। बस सिर्फ पन्द्रह मिनट के लिए अपने घर ले जाए, और मुझे बाहर सहन में बिठा खुद कमरे में घुस जाए। मैंने अपनी कम्पनी के कम्प्यूटर से बीस-पच्चीस ई-मेल दूसरे अखबारों के दफ्तरों में किया, इस हिदायत के साथ कि वे उसे अपने नोटिस बोर्ड पर लगा दें : पाकिस्तान में मैं सोशल स्टोरी करने जा रहा हूँ, यदि कोई अपने खर्चे से, अपने काम से, और अपने मतलब से मतलब रखकर साथ चलना चाहे, तो मुझे इसी लिखे पते पर ई-मेल करे : शशि कुमार।

'टाइम ग्रुप के चेन्नई ऑफिस से एक महिला का ई-मेल आया कि वह अपने संडे एडीशन के लिए पाकिस्तानी शादी कवर करना चाहती हैं, यदि आपका कोई पूर्वग्रह न हो, तो कृपया बताएँ कि एक महिला पत्रकार के साथ जाने में आपको कोई दिक्कत तो नहीं—सुलक्षणी दामोदरन। मैं राजी हो गया।

'मध्यवर्ग परिवार की सुलक्षणी के रंग से जाहिर हो रहा था कि खूब तपकर बड़ी हुई है। मैंने हेलो कहा, उसने हाथ जोड़ दिए। 'मैंने लगेज चेकइन करा लिया है, आप भी करा लीजिए,' उसने कहा तो उसकी तरफ से ध्यान हटाकर मैंने लगेज चेक करा लिया।

'मेरी सीट थरटीन है, आप थरटीन बी के लिए कहिए,' उसने पीछे से आवाज लगाई।

'लेकिन मेरी माँ ने मुझे सलाह दी थी कि किसी अनजाने के साथ न बैठना, और कोई लफड़ा भी न करना, पाकिस्तान के कानून बड़े सख्त हैं। इसलिए मैंने ऐसा कोई प्रयास नहीं किया।

'हम लाहौर एयरपोर्ट उतरे, चेक आउट किया। सुलक्षणी बोली, 'होटल गुलिस्तां हमें ऐडिटर बोला था। उसकी बात तो मैं नहीं टाल सकती। तुम भी होटल गुलिस्तां चलो।' मैंने ऑटो वाले से होटल गुलिस्ताँ कहा, तो वह हमें ले गया। वहाँ पहुँचकर

वह मुझसे बोली, 'शशि, इधर पाकिस्तान में मुझे बहुत डर लगता है। तुम्हें ठीक लगता है तो तुम एक कमरा ले लो। ठहरो मम्मी को फोन लगाता है,' कहकर वह होटल के फोन में तमिल बोलने लगी। फिर मुझसे कहा कि 'हम मम्मी को बोला, शशि बहुत शरीफ आदमी है। एच.टी. में काम करता है। सेपरेट बेड का बड़ा कमरा लेगा। शरीअत कानून बड़ा सख्त है, सबको मालूम है, इसलिए गड़बड़ का कोई चांस नहीं, तुम ऐगरी करता है न?' 'ओ.के.' मैंने कहकर होटल डेस्क पर आपका पासपोर्ट रख दिया।

'कमरा अच्छे साइज का था, पर मुस्लिम शैली में काफी गहरे रंगों में सजा था। पीतल के गुलदस्तों के ऊपर हरे, लाल, नीले रंग की मीनाकारी, और इसी तर्ज के पीकदान। दो-तीन चौथाई चाँद वाले कैलेंडर और मुकद्दस मक्के का एक बड़ा कैलेंडर, जिसमें नमाज पढ़ने का सीन दर्ज था।

'मैंने अपना पलंग, उसके पलंग से दूर सरका लिया। मैं एक दीवार की तरफ मुँह करके लेट गया, वह दूसरी दीवार की ओर। 'शशि अभी तुम सोया नहीं?' अँधेरे में उसने पूछा। 'नहीं, मुझे नींद आने में कुछ देर लगती है।' 'पहले तुम सोएगा, तभी तो हम सोएगा, आपके जागते हम सोने का नहीं। शशि अंकल, यहाँ का कानून बड़ा सख्त है। पिछले साल सलमा का स्टोरी नहीं पढ़ा? आधा जमीन में गाड़कर पत्थरों से मार देते हैं। डर्टी माइंड से जो हाथ उसे छुआ, वही काट दिया, और आँखें भी निकाल दीं।'

'अगली शाम उसके पास जमील न्याज की मँगनी की दावत थी। उसने कहा, 'साथ चलोगे, मैं स्टोरी बनाएगा, तुम वीडियो बनाएगा। सबको पता चलेगा कि हम एक हैं, मतलब एक ग्रुप के हैं।'

'मैं उसके साथ गया। वहाँ मेहँदी की रस्म एक बारादरी में हो रही थी। हवेली का दरवाजा फूलों से सजा था, और भीतर भी हर आर्क पर फूल सजे थे। एक शहंशाही कुर्सी पर होने वाले दूल्हे मियाँ बैठे थे। रेशमी पोशाकों में चन्द महिलाएँ और लड़कियाँ आईं और 'मेहँदी वे मेहँदी...' गाकर बन्ने को मेहंदी लगाकर चली गईं। यह रस्म बिलकुल पंजाबी हिन्दुओं जैसी थी। दरअसल पूरे पंजाब में हिन्दू और मुस्लिम रस्में एक सी थीं। फर्क था तो सुन्नत और जनेऊ का। मुसलमान सुन्नत करने का जश्न मनाते थे, सुन्नत में बच्चे की मूत्र नली के ऊपरी मांस के अगले हिस्से को काट दिया जाता है। ऐसा क्यों करते हैं, मुझे नहीं मालूम और यह भी नहीं मालूम कि जनेऊ क्यों पहनते हैं। जब भी दोनों धर्मों के लोगों के बीच दंगे-फसाद होते हैं, तो हिन्दू और मुसलमान की पहचान इसी सुन्नत से की जाती है। अगर सुन्नत है तो मुसलमान, नहीं तो हिन्दू। इससे एक-दूसरे को कत्ल करने में काफी मदद मिलती है।

'फिर मेहँदी गाने वाली लड़कियाँ जनाने में चली गईं, और जश्न का दौर शुरू

हुआ। ताँगे से उतरकर कंजरियाँ आईं, और नाचते-नाचते ही हवेली में प्रवेश किया। फिर माधुरी दीक्षित की भौंड़ी नकल कर वहाँ खड़े आदमियों को एक, दो, तीन, चार गिनकर अपने साथ उन्हें भी नचाने लगीं, बन्ने को खींचती वे 'आ जा पिया आई बहार' गा रही थीं। हर किसी ने जी खोलकर रुपए लुटाए, नाचे और गाए। यह कार्यक्रम घंटों चला और अन्त में एक झगड़े के साथ खत्म हुआ।

'खाना लग गया, खाना लग गया...का शोर हुआ तो सभी दस्तरखान की ओर चल पड़े। सुलक्षणी दो प्लेटें ले आई, और एक प्लेट मुझे देती बोली, 'ताकि सबको लगे कि हम एक हैं। ये लोग सिर्फ नॉनवेज खाता है, जल्दी चलो, कहीं सब कुछ मिक्सअप न हो जाए। एक ट्रे, दूसरी ट्रे, तीसरी, चौथी, सब नॉनवेज। आगे चावल, बिरियानी तथा कई तरह के मीट चावल, चिकन चावल, लेम्ब चावल... । दूर आखिरी ट्रे को देख सुलक्षणी ने मेरी बाजू पकड़कर मुझे घसीटा, 'चलो, चलो, वह वेज। हम खाने के टेबलों की एक तरफ आगे भाग रहे थे, तभी एक व्यक्ति उनकी दूसरी तरफ से भागा। वह रेस जीत गया, और उस ट्रे पर मीट की टॉपिंग लगाने में कामयाब हो गया। अब खाओ, क्या खाते हो। अगर मैं एक मिनट भी पहले पहुँच जाता, तो चावल निकाल लेता।

'हम होटल वापस पहुँचे। 'आप टी.वी. नहीं देखते?' सुलक्षणी ने पूछा, और टी.वी. ऑन कर दिया। उन दिनों पाकिस्तान में एक ही चैनल था। दूसरा चैनल होटल वाले खुद तैयार कर लेते थे, वीडियो चैनल। स्टेट चैनल पर कोई मजहबी प्रोग्राम चल रहा था, लेकिन जब वीडियो चैनल खोला, तो वहाँ साउथ की ऐक्ट्रेस सिल्क सुमिता का डांस चल रहा था। दूसरा डांस था साउथ की किसी आइटम गर्ल का। 'बड़े बोल्ड सीन करती हैं हमारे साउथ की ऐक्ट्रेसेस।' 'बन्द करो इसे और सो जाओ, तुम तो पाकिस्तान के सख्त कानून जानती हो,' मैंने हँसते हुए कहा, और वह सो गई।

'अगले दिन मंगलवार था, होटल के मेन्यू पर साफ लिखा था, 'ट्यूजडे, नो मीट डे।' मेन्यू खोला तो पाया कि यहाँ सिर्फ लाल मांस को ही मीट कहते हैं। आमलेट ऑर्डर किया तो आमलेट आ गया, पर इस कदर घी में लबालब कि समझ में नहीं आ रहा था इसे कहाँ से पकड़कर तोड़ा जाए।

'आमलेट के साथ एक मक्खन की टिकिया भी पड़ी थी, एक्स्ट्रा, शायद आमलेट खाने के बाद निगलने के लिए। पहले तो सुनते थे कि पंजाब में दूध की नदियाँ बहती हैं, पर यहाँ तो ऐसा लग रहा था, जैसे पाकिस्तान में दूध की सुनामी आती है।

'चाय मँगवाई, तो 'साई कितने दूध की, एक पाव की, या आधे सेर की?' रूम ब्वाय ने पूछा।

'नो मिल्क,' सुलक्षणी ने उसे डाँटते कहा।

'नो मिल्क टी पीकर हमने एक साइकिल रिक्शावाले को दो-चार जगह घुमाने

के लिए कहा। हमने सबसे पहले देखा मिनारे पाकिस्तान। यहीं बैठकर कायदे-आजम और अलामा मुहम्मद इकबाल नए पाकिस्तान का तसुव्वर करते थे। फिर सड़क के पार सामने आलमगीर के दरवाजे से निकलकर उसने बादशाही मस्जिद दिखाई। उसके बाद लाहौर फोर्ट, जिसके बाहर तख्ती पर लिखा था, 'यह किला राम के पुत्र लव ने बनवाया।' इस शहर का नाम लाहौर भी लव के नाम से पड़ा था। लोव आवर, जो संक्षिप्त होते-होते लाहौर हो गया। रिक्शावाला जिद करने लगा, साहब यहाँ तक आए हो तो अलामे इकबाल का मकबरा जरूर देखकर जाना, और वह उस तक ले जाए बिना नहीं माना। यह लाहौर किले और बादशाही मस्जिद के मध्य में एक छोटी सी इमारत है। हमारे जाने से पहले वहाँ दो-तीन लोग मौजूद थे। उनकी मौजूदगी में हम पसोपेश में पड़ गए, क्योंकि हमें मालूम नहीं था कि सजदा कैसे किया जाता है। एक ने दो हथेलियाँ ऊपर उठाईं, मैंने भी वैसे ही उठा दीं। उसने उन हथेलियों को जोड़ा। मैंने भी जोड़ दिया। उसने कुछ पढ़ना शुरू कर दिया, यहाँ मैं मात खा गया। गर्दन कन्धों से नीचे झुकाकर मैं मजार से बाहर सुलक्षणी के पास आ गया। बूट के तस्मे बाँधने लगा तो देखा, लड़के-लड़की का एक जोड़ा आलिंगन की मुद्रा में बैठा था, जो समय-समय पर होंठ और हाथों, दोनों का इस्तेमाल कर रहा था। यह दृश्य सुलक्षणी ने भी देखा और मुँह मोड़ लिया। 'अब निकलो यहाँ से...' मैंने सुलक्षणी को इशारा करते कहा, और साथ में 'यहाँ का कानून...' भी जोड़ दिया।'

'बाऊ जी मियाँ, इस्लामी मुल्क में अब खुदा का खौफ नहीं रहा, इबादतों की जगहें वीरान होने लगी हैं, और उन वीरान जगहों पर क्या-क्या हो रहा है...अल्लाह ही मालिक है। चलिए, आपको कुछ हिन्दुओं के मन्दिर दिखाऊँ। टेलीविजन में 'रामान' देखा था। उसमें राजा के दो लड़के थे। लव और कुश। लाहौर लव ने बसाया था, और कसूर कुश ने। मैं कसूर का हूँ। जब लव-कुश दिखा रहे थे, तो इस बात का यहाँ बहुत जिक्र था। यहाँ बड़े-बड़े कॉलेज हैं, फिल्में बनती हैं, मसव्वरी का कॉलेज है, वहाँ से मुझे बहुत सवारियाँ मिलती हैं। जिया साहब तक यहाँ आते हैं। मन्दिर बाहर से देख लो, अब सरकार ने इन्हें बन्द किया हुआ है। महाराजा रंजीत सिंह की भी दरगाह है, पर बन्द है, एक सरदार ही वहाँ रहते हैं। 'बस दोस्त, अब वापस होटल ले चलो,' मैंने कहा तो रिक्शा चलाते उसने मुड़कर कहा, 'बाबू जी वह गाना गाने वाली नूरजहाँ भी आई थी, पर उससे किसी ने गाना नहीं गवाया, वापस इंडिया चली गई,' और वह तेज पैडल मारते 'अभी तो मैं जवान हूँ' गाने लगा।

'शशि आगे तुम्हारा क्या प्रोग्राम है? सुलक्षणी ने पूछा।

'कुछ भी तो नहीं, बस यहाँ अपना छोड़ा घर देखने पिंडी भट्टियाँ जाऊँगा। कल बृहस्पतिवार है, सोचता हूँ इस्लामाबाद और रावलपिंडी का चक्कर लगाता चलूँ।'

'एक बात बोलूँ, आज शाम की शादी मेरे साथ देख लो, कल हम भी तुम्हारे साथ इस्लामाबाद जाएगा, वहीं से वापस इंडिया चला जाएगा।'

'बाऊ जी मियाँ, तुम पिंडी भट्टियाँ को गाँव कहता है, वह तो अब तहसील हो गया है। पहले मैं क्लीनर का काम करता था, हर रोज बस लेकर वहाँ जाता था।'

'शादी पर बन्नी के घर पहुँचे, तो बरात आ चुकी थी। उत्तर भारत के रिवाजों की तरह बन्ने ने लटकती लड़ियों वाला सेहरा बाँध रखा था, मैंने उसका क्लोज-अप लिया, और पैनिंग शॉट लेता बन्ने के वालिद पर ले गया। वह फूलों का हार लिये बरात की खुशआमदीद के लिए खड़ा था। उसी के साथ बन्नी के मामा, मौसा, फूफा, चच्चा खड़े थे। इनके हाथ में दूध का गिलास और शगुन के रुपए थे। लड़की और लड़के के रिश्तेदारों में चाँदी जैसी चमकीली फूलमालाएँ पहनाकर मिलनी हुई, और बिलकुल उत्तरी भारत की शादियों की तरह, आम देसी शादी की तरह दूल्हे को एक शाही कुर्सी पर बिठा दिया, और एक कुर्सी लड़की के लिए छोड़ दी गई।

'शादी बिलकुल वैसी है, जैसे बॉलीवुड में होती है। क्यों न बाजार से पाकिस्तानी शादी का एक कैसेट खरीद लें, वहाँ उसे चलाकर स्टोरी बना लेना। स्टोरी की शुरुआत और उसे खत्म करने का माहौल तो तुम देख चुकी हो। स्टोरी तैयार कर किसी मुस्लिम दोस्त से पढ़ा लेना। यहाँ या वहाँ, आजकल सब जगह बॉलीवुड है, बाकी पैसे का खेल है, आतिशबाजी जितनी ऊँची उड़ाना चाहो, उड़ जाती है, पैसे का खेल है।'

'सुलक्षणी मान गई, वह भी भीड़ से बचना चाहती थी। कब क्या हो जाए वह शंकित थी, वह पाकिस्तान के शरीअत कानूनों से डरी हुई थी।'

'शशि, आज तुम इधर सोएगा, और मैं सामने तुम्हारे बिस्तर में। इधर साथ वाला कमरा में सारी-सारी रात ठक-ठक होता है।' मुझे मनाना कौन सा मुश्किल था। हमने अपने-अपने तकिए उठाए और पलंग बदल लिए।

'शशि बताओ, ठक-ठक हो रही है या नहीं?'

'अभी तो नहीं हुई।'

'करें न करें, हमें क्या! जब हुआ, तो हम आपको बोला। नहीं होगा, तो क्यों बोलेगा। अच्छा गुड नाइट!'

'वह तब तक डरती रही, जब तक वह सो नहीं गई, क्योंकि मैंने उसे गुड नाइट नहीं कहा था।

'लाहौर से इस्लामाबाद के लिए चेकइन हो गया। सिक्योरिटी चेक और जहाज में। जहाज थोड़ी देर उड़ा लेकिन फिर वापस लाहौर। लगभग एक घंटे पश्चात् जहाज फिर उड़ा, और फिर वापस। 'मुझे डर लग रहा है,' सुलक्षणी ने कहा, 'मैंने 'डिवाइड' की कहानियाँ पढ़ रखी हैं। पूरी की पूरी ट्रेन काट देता था।' 'देखो, अच्छा है कि उड़ान वापस ले आते हैं। खराब इंजन कहाँ तक ले जाएगा।' मैंने सुलक्षणी को सांत्वना दी। उड़ान फिर हुई और वापस। नीचे का दरवाजा खुल जाता है, मेरे साथ ऑयल के पार बैठे व्यक्ति ने बताया। 'जिन हजरात को मुश्किल लगे, वे बुकिंग खिड़की से टिकट के पैसे वापस ले सकते हैं।' जहाज में अनाउंसमेंट हुई। जहाज की सवारियों

में थोड़ी सी हलचल हुई लेकिन जल्दी ही सब यथास्थिति हो गया। उड़ान फिर शुरू हुई तो या अल्लाह कहकर कुछ एक ने रब से दुआ की, 'अब तो पहुँच जाएगी?' सुलक्षणी ने कहा, 'देखो, हम कुछ भी 'जजमेंट' नहीं दे सकते, क्योंकि हमारे यहाँ अभी पिछले ही हफ्ते भारतीय जहाज पवनदूत का तो पूरे का पूरा दरवाजा उखड़कर आसमान से जमीन पर आ गिरा था।' सबकी दुआओं ने असर किया, रात ढाई बजे जहाज इस्लामाबाद के हवाई अड्डे पर सही-सलामत उतर आया।

'शशि, इतना अँधेरा, हमको बहुत डर लगता है, अभी पीछे से कोई बन्दूक लेकर गया।' 'अपने पर काबू रखो सुलक्षणी, डर तो मुझे भी लगता है, पर डरता तो नहीं। तुम तो जानती हो, यहाँ के कानून बड़े सख्त हैं, जान के बदले जान।' वह सहमी हुई थी। सोचती होगी, पाकिस्तानी शादी कवर करते मैं कुंवारी मर जाऊँगी। अँधेरे में इसे अकेला छोड़कर टैक्सी कैसे ढूँढ़ू, कहीं कोई साइन नहीं। एयरपोर्ट की बत्तियाँ गुल थीं, क्योंकि 'डोमेस्टिक' पर बारह बजे रात की फ्लाइट ढाई बजे पहुँची थी। साथ लेकर जाऊँ तो पता नहीं आगे क्या माहौल होगा। एक जाते हुए व्यक्ति से पूछा, 'आप टैक्सी लेने तो नहीं जा रहे? इनायत होगी, एक हमारे लिए भी लेते आइएगा, होटल इस्लामाबाद जाना है।' भला आदमी था। अपनी टैक्सी के पीछे-पीछे एक और टैक्सी ले आया। होटल पहुँचे तो सुबह के चार बज चुके थे। होटल के कमरे पहुँचते ही सुलक्षणी अपना स्ट्रॉलर फेंककर पलंग पर चढ़ गई। दो डबल बेड थे। आपस में इतनी दूर कि पाकिस्तान के कानून को कोई दिक्कत न थी।

'मेरे जगने से पहले ही सुलक्षणी नहा-धोकर तैयार हो चुकी थी। 'शशि, आज का तुम्हारा क्या प्रोग्राम है?'

'मुझे विदेश विभाग में सेक्रेटरी मुनीर अहमद से मिलना है, और शाम को पी.पी.पी. के कार्यालय में जाना है, शायद मुझे अपनी स्टोरी के लिए वहाँ कुछ मिल जाए। तुम्हारी फ्लाइट चार की है। मैं तुम्हें दो बजे तक एयरपोर्ट भिजवा दूँगा।' उसने ओ.के. कह दिया।

'अजीब बसें हैं,' सुलक्षणी की प्रतिक्रिया थी। वे दोनों तरफ से कुछ गोल-गोल थीं। उन पर हरे, लाल, पीले, मूल रंगों से फूल-पत्ती की चित्रकारी की हुई थी। किसी-किसी पर तो फिल्म ऐक्ट्रेसों की भौंड़ी तसवीरें भी बनी हुई थीं, बिलकुल गन्ने के रस की दुकानों की तरह। जब पाकिस्तान छोड़कर गए थे, तब तो ऐसा नहीं था। बसें बस बसें होती थीं। तब इतनी भीड़ नहीं होती थी, न ही सवारी गन्ने की तरह पिसती थी।

हमने टैक्सी ली और सेक्रेटेरिएट पहुँच गए। मैंने रिसेप्शन पर दरख्वास्त की कि हमें जनाब मुनीर अहमद से मिलना है। मेरा नाम शशि है और मुझे दूरदर्शन से जनाब शरत दत्त ने भेजा है। हमें तुरन्त बुला लिया गया।

'खुशआमदीद कहते मुनीर साहब अपनी कुर्सी से उठे, और मुझसे हाथ मिलाया,

फिर सुलक्षणी से। 'क्या मसला आ पड़ा, जो इतनी मसरूफियत के बावजूद भी इतनी दूर आना पड़ा?' 'बस आज का पाकिस्तान देखने को मन कर आया।' 'और शरत भाई ठीक हैं न, उनकी महफिलें कैसी चल रही हैं?' 'ऊपर वाले की उन पर कृपा है। दरअसल मैं पिंडी भट्टियाँ में रहता था, अपने बचपन को याद करने चला आया। दूसरा, मैं चन्द एक मजाह निगारों से मिलकर जानना चाहूँगा कि हँसी क्यों आती है, यदि नहीं आती, तो क्यों नहीं आती। तीसरा, हाल ही में बँटी हुई जमीन की तकसीम की दीवार गिरा दी गई है, यहाँ हमारे बीच बनी ऐसी दीवार को गिराने के बारे में अवाम क्या सोचते हैं। मेरे साथ आई मोहतरमा को यहाँ की शादी के बारे में एक लेख लिखना था, इसका काम पूरा हो चुका है।'

'मेरे एक दोस्त हैं सय्यद चन्योटवी, उन्हें लेकर शाम को आपके होटल पहुँच जाऊँगा, बाकी जो देखना है, वह तो आपको देखना है, जो अवाम से पूछना है, आपको पूछना है, हम तो उन्हीं का हिस्सा हैं। आजकल आपके यहाँ तो बारिशें हुई हैं, पर हमारे यहाँ तो सूखा है,' मुनीर साहब ने विषय बदल दिया। 'हाँ जनाब, आती दफा हवाई जहाज से जब नीचे देखा, तो अमृतसर और लाहौर के बीच खिंची 'रेड क्लिफ' लाइन के एक तरफ गीला और दूसरी तरफ सूखा पाया,' और दोनों हँस पड़े।

'सिर दुपट्टे से ढके, एक लड़की आई और 'अल्लाह ताला आपको भाग लगाए,' कहते, कुर्सी की साइड से आकर उसने दोनों अपने हाथ ऊँचे किए और दुआ माँगी। फिर बोली, 'डिपार्टमेंट में एक छोटी सी पार्टी रखी है...हमारे ही कमरे में। आपकी शिरकत के लिए दरखास्त करने आई हूँ।'

'चलो भाई चलते हैं,' कहते मुनीर साहब उठ खड़े हुए। 'इन्हें नहीं दावत दोगी, पाकिस्तान के मेहमान हैं,' कहते उन्होंने मेरे कन्धे पर हाथ रखते चलने का इशारा किया।

'चार मेजों को जोड़कर दस्तरखान सजाया हुआ था। कई तरह के पकवान थे जिनमें मांस की गंध आ रही थी। सबने प्लेट उठाई, और चम्मच से भरने लगे। मैं और सुलक्षणी भी आगे बढ़े, और एक-एक कटोरे का परीक्षण कर आखिर तक पहुँच गए।

'मोहतरमा सारा गोश्त ही है, या कोई सब्जी भी है?' मुनीर साहब ने उस लड़की से पूछा। 'तौबा मेरी, आपकी दावत हो, और मैं खिलाऊँ आपको घास-फूस। सारा खाना मैंने अपने हाथों से तैयार किया है।'

'इस पर मुनीर साहब ने कहा कि 'चौक से पिंडी वाले शफरू से छोले मँगवा लो। कह देना मुनीर साहब के मेहमान आए हैं, तड़का-वड़का लगाकर दे।'

'जो वहाँ से आया वह काफी बड़ा प्लास्टिक का डोंगा लाया। अभी परोसने ही लगा था कि एक मोहतरमा आईं और बोलीं, 'वाह! शफरू से मँगाए छोले लगते हैं,' और एक चम्मच मुँह में डालते बोलीं, 'रान के गोश्त का तड़का लगाता है वह। अगर कभी छुट्टी तक इसका माल बचा हो तो मैं जरूर ही दस रुपए का ले जाती हूँ। खान

साहब को खुश करने के लिए तो बस शफरू के छोले ही काफी हैं।'

'मैंने मुनीर साहब से कहा, 'आप फिक्र न कीजिए, हम होटल ही जा रहे हैं। वहाँ हमारा वेजिटेरियन खाना तैयार होगा। बस वीजा पेपर पर मोहर लगवानी है, उधर से निकल जाएँगे।'

'जब हम वीजा के काम के लिए उसके ऑफिस पहुँचे तो वहाँ का अधिकारी बोला, 'साहब का फोन आया है, सुनाओ शशि साहब, आपकी क्या खिदमत करें?'

'आपकी दुआ है, बस सिर्फ दो ठप्पे लगा दीजिए,' मैंने अपना और सुलक्षणी का पेपर आगे बढ़ाते कहा।

'कहाँ-कहाँ हो आए?'

'वीजा में यही दो-तीन जगहें लिखी थीं, बस पिंडी भट्टियाँ जाना बचा है, वहाँ हमारा घर था।'

'पाकिस्तान शर्मिन्दा है, आपको ठीक खाना भी नहीं खिला सका,' ठप्पा लगाते उसने कहा।

'हम होटल जा रहे हैं, वहीं खाएँगे, वह भी तो आप ही का है।' हम कमरे से बाहर निकल रहे थे, तो लिफ्टों के सामने टाट-पट्टियाँ बिछ रही थीं, नमाज का वक्फा होने वाला था।

'होटल पहुँचते ही खाना खाया, मेन्यू में तीन-चार सब्जियाँ थीं। उनमें से दो मँगवा लीं। लजीज थीं। ढाई बज चुके थे, सुलक्षणी को एयरपोर्ट शटल पर बिठाकर मैं उसकी खिड़की के पास गया और कहा, 'अब जाकर जो चाहे करना, वहाँ के कानून काफी नरम हैं।' पहले तो वह चुप रही, जब बात समझ में आई तो हँस पड़ी।

'बेनजीर की पी.पी.पी. पार्टी के दफ्तर पहुँचा, तो वहाँ एक छोटा सा इजलास होने वाला था। इससे पहले कि इजलास शुरू होता, मौलवी साहब ने कुरान से कुछ आयतें पढ़ीं। कुरान पढ़ने का मुझे कभी मौका नहीं मिला था, सो कुछ समझ नहीं आया। मजहबी किताबें थोड़ी मुश्किल होती हैं, चाहे फारसी में हों या संस्कृत में।

'भाषण शुरू हुआ, जो उनके अन्दरूनी मामलों का था। भीतर पाकिस्तान के जाने-माने कार्टूनिस्ट लोधी साहब की कार्टून प्रदर्शनी चल रही थी। देख ही रहा था कि लोधी साहब खुद वहाँ पहुँच गए। मैंने अपना परिचय दिया और कुछ बातचीत के लिए उन्हें अपने होटल आने का न्योता दिया, ताकि हँसी जैसे गम्भीर विषय पर बैठकर संजीदगी से बातचीत की जा सके।

'होटल पहुँचकर मैं मुनीर साहब का इन्तजार करने लगा, और वह आ गए। उनके साथ उनके एक बुजुर्ग कॉलमिस्ट थे, जिनका नाम मुझे याद नहीं था। उनका कहना था कि लिटरेचर के बारे में बात करनी है, तो इतनी शानो-शौकत में बैठकर नहीं, किसी नजदीकी ढाबे पर चलते हैं, चाहे वह हजरू मियाँ का ही क्यों न हो। वह तो बगल में है। यहाँ के मुलाजिम वहीं चाय, नाश्ता करते हैं। हम पहुँच गए।

मैंने अपना परिचय दिया, उनका परिचय जाना। फिर उन पर एक प्रश्न 'हँसी क्यों आती है?' दागा। आधा कप चाय पीने तक वह चुप रहे। 'अगर नहीं आती, तो क्यों नहीं आती?' मैंने पहले प्रश्न के साथ जोड़ दिया। 'देखो बरखुरदार, हमने हमेशा आम को जाना है, और खाया है। लेकिन कहाँ से आए हैं, और जिस नस्ल के हैं, उस नस्ल की तवारीख क्या है, कभी जानने की कोशिश नहीं की।' मुनीर साहब भी हँस दिए और बोले, 'ऐसा नहीं कि पाकिस्तान में किसी चीज में दिलचस्पी कोई कमी है। कमी है तो टाइम की। आपकी अभी पिंडी भट्टियाँ भी जाना है।'

'ओह, पिंडी भट्टियाँ, इसकी भी एक तवारीख है। दुल्ला भट्टी हिन्दू राजपूत परिवार का वंशज था। लाहौर से दिल्ली तक इसका दबदबा था। इसने जहाँपनाह अकबर के खिलाफ मोर्चा खोल लिया था। जंगबाज और हर दिल अजीज भट्टी ने अकबर की नींद उड़ा रखी थी। उससे निपटने के लिए अकबर को दिल्ली को छोड़, लाहौर किले में राजपाट जमाना पड़ा। दुल्ला की वीरता पर कई लोकगीत लिखे गए। इसी तरह दुल्ले के जंगल, जहाँ उसका ठिकाना था, और जहाँ से वह विद्रोह को अंजाम देता था, उनका जिक्र भी उन लोकगीतों में है। दुल्ला रावल जैसल सिंह राजपूत का वंशज था। जैसल सिंह, जिसने शहर जैसलमेर बसाया था,' उस बुजुर्ग ने अपनी याददाश्त को खरोंच-खरोंच कर बताया। इससे पिंडी के इतिहास का पता चल गया।

'ठीक नौ बजे लोधी साहब अपने एक दोस्त के साथ होटल पहुँच गए। 'भाई खाना खाएँगे, आपने कहीं खा तो नहीं लिया?' उन्होंने पूछा और उन्हीं ने फ्लोर मैनेजर को बुलाकर अपने और मेरे लिए ऑर्डर दिया। जल्दी ही मैं विषय पर आ गया, तो लोधी साहब ने कहा 'हाँ, शशि साहब, अभी-अभी मैं टैक्सी में यही सोच रहा था कि हँसी क्यों आती है? यार सच पूछो तो यह हास्य की परिभाषा के आसपास का एक एकेडमिक विषय है। अब हम ठहरे कार्टूनिस्ट, और आपकी दया से मैडम ने आबकारी महकमा भी दे दिया है। पिछली हुकूमत के खिलाफ बनाए कुछ कार्टून मैडम को पसन्द आए थे। अब इन दो बड़ी चुनौतियों के बावजूद इन मसलों पर कौन सोचे। हँसी आए तो हँस दो। न आए तो चुप करके बैठे रहो। शशि जी, सच कहूँ तो इस होटल की कुल्फी-फालूदा स्पेशल है। उसे जरूर खाएँगे। और अब हँसी का क्या कहिए, मन की एक स्थिति है, किन्हीं-किन्हीं में अल्लाह ताला जन्म से पैदा कर देता है, और किसी-किसी में यह स्थिति लेख लिखकर, कार्टून दिखाकर, चुटकुले सुनाकर भरी जाती है। भाई हम तो सालों से कार्टून बना रहे हैं, कोई हँसा या नहीं, इसके बारे में कुछ नहीं सोचते।' इतना कहकर लोधी साहब हँसने लगे।

तभी उनके साथी ने इस विषय पर बहस में शिरकत की। हम सब उम्रजदा थे इसलिए उन्होंने कहा, 'देखिए सालों से हम हमबिस्तरी करते आए हैं अपनी बीवी से। मुझे गलत न समझना, जो भी मजा मिलता है, ले लेते हैं। पर यह कितने सोचते

हैं यह सुख क्यों आता है, और नहीं आता, तो क्यों नहीं आता? ये सब इन्द्रियों के सुख हैं। कुछ बयान किए जा सकते हैं, कुछ नहीं। बेशक यह बात मैं सामाजिक मान्य रेखा से बाहर ले गया हूँ पर सच मानिए इससे सटीक मुझे कोई उदाहरण नहीं मिला।'

'मैंने बिल अदा करने के लिए बटुआ निकाला, तो उन्होंने मेरा हाथ रोक लिया। 'मैं आपके फॉरेन ट्रैवल अलाउंसेस से वाकिफ हूँ, इसलिए बिल देना मेरा हक है,' कहते उन्होंने कई नोट बेयरे को थमा दिए। बेयरे के चेहरे से साफ मुस्कराहट झलक रही थी। जाहिर है शहंशाही अन्दाज में जब कोई बिना गिने नोट उछाल देता है, तो मुँह से उसके लिए दुआ खुद-ब-खुद निकल जाती है।

'कभी कार्टून नुमाइश के आदान-प्रदान की बात चले तो बताइएगा,' कहते लोधी साहब विदा हो गए।

26

ओए ठाकरा, टिकट

'**अगले** दिन मैंने रावलपिंडी के लिए बस ली। रावलपिंडी के बारे में इतना सुन रखा था कि मेरे लिए पिंडी भट्टियाँ और रावलपिंडी में कोई फर्क नहीं रहा। बस की पिछली और आखिरी सीट मिली, जिस पर चिपककर हम सात लोग बैठे थे। दरअसल जो पाकिस्तान मैं देखना चाहता था, वह उनमें घुल-मिलकर ही देखा जा सकता था। जब भी धक्का लगता, सवारियों का एक रेला हमारे ऊपर आ गिरता—कुछ ही मिनटों में खड़ी सवारियाँ बस की सीटों में समा गईं।

'ओए ठाकरा, टिकट' कंडक्टर मुझ पर चिल्लाते बोला। मैंने नोट आगे बढ़ाया, उसने चिल्लर और टिकट मुझे थमा दिया। मैं हैरान था कंडक्टर की पहचान पर कि उसने पूरी बस की सवारियों में से मुझ अकेले ठाकुर को कैसे पहचान लिया? हालाँकि मेरी पोशाक, और बोलने के लहजे में कुछ भी ऐसा नहीं था, जिससे मैं पहचाना जाता। बस से उतरा तो सदर बाजार के लिए रिक्शा लिया। दाएँ-बाएँ, ऊपर, आगे देखता मैं सदर बाजार में चल रहा था। बाजार काफी खुला था, उसके आखिरी सिरे पर रोज टॉकीज थी, जिस पर पुरानी फिल्मों के बेतरतीब पोस्टर चिपके थे। बाजार में ग्राहक कम नजर आ रहे थे। शायद थोक मंडी हो। शेक की एक दुकान भीड़ से लबालब थी। बाकियों की तरह मैंने भी दस का नोट आगे करके हिलाना शुरू कर दिया। मुझे भी एक गिलास शेक मिल गया। भीड़ से बाहर निकल एक घूँट भरा, पर पता नहीं शेक के नाम पर वह क्या था। मैंने नजरें बचाकर गिलास जूठे बरतनों में रख दिया। तीन घंटों के लिए रावलपिंडी गया था, तसल्ली हो गई।

सवा चार बजे लाहौर के लिए बस ली। खिड़की के साथ वाली सीट मिल गई। थोड़ी ही देर में बगल वाली सीट पर लगभग तीस साल का एक युवक आ बैठा। उसने एक दूसरे लड़के का बैग पकड़कर उसे भी बिठा लिया, यही कहकर कि बैग के साथ पीछे आकर उतरना मुश्किल हो जाएगा। थोड़ी देर में बस चल पड़ी।

'कहाँ से तशरीफ ला रहे हैं?' उसने मुझसे मुखातिब होते पूछा।

'इस्लामाबाद से, रावलपिंडी में थोड़ा काम था, वापस लाहौर जा रहा हूँ,' मैंने चेहरे पर मुस्कान लाते कहा। यहाँ मेरी मुस्कान मेरे डर को छिपा रही थी।

'आपका असबाब देखकर लगा कि आप कहीं बाहर से आए हैं।'

'आते-जाते रहते हैं,' मैंने मुस्कान को और बढ़ाते हुए कहा, और खिड़की के बाहर देखना शुरू कर दिया। कहीं कोई और प्रश्न न कर बैठे, इसलिए मैं क्षितिज से भी पार देखने लगा। फिर भी तसल्ली नहीं हुई, तो मैंने क्षितिज के आगे की गहराइयों में नजर टिका दी।

'आप कहाँ से आ रहे हैं?' उसने अपने दूसरे बगल वाले व्यक्ति से पूछा।

'कराची से,' उसका संक्षिप्त उत्तर था।

'पहली दफा लाहौर जा रहे हैं, या पहले भी आए-गए हैं?'

'मैं पहली दफा जा रहा हूँ!'

'आते-जाते रहा कीजिए। लाहौर भी आपका अपना शहर है, और हर पाकिस्तानी का उस पर उतना ही हक है, जितना लाहौरियों का। पंजाबी आपके भाई हैं, यकीन मानिए ये पंजाबियों और सिन्धी भाइयों में जो झगड़े हो रहे हैं, सब हिन्दू करा रहे हैं। एक-दूसरे में दरार डालकर भड़का रहे हैं।'

'मुझे पसीना आ गया। कहीं पंगा हो गया तो मुझे इन बीस करोड़ मुसलमानों में बचाने वाला एक भी नहीं।

'बस लाहौर पहुँची, उतरते ही मैंने होटल गुलिस्तां के लिए रिक्शा लिया। मन में मैं अभी भी हनुमान चालीसा का पाठ कर रहा था।

'सुबह आठ बजे मैं बस अड्डे पहुँच गया। चन्योट जाने वाली बस लगी थी। समय हो जाने के बावजूद वह हिल नहीं रही थी। मेरे बैठते ही चल पड़ी। हमारा घर, मेरा घर, मेरे दादा का घर...मन में घंटियाँ बज रही थीं। प्यार से मन में जो आकृति उभर रही थी, वह गुलाबी रंग के मोतियों जड़ित घर की थी, जिसे फख्र से मैं हीरे जड़ित भी कह देता तो मुझे कोई हैरत न थी। बयालीस साल पहले जिस घर से बिछड़ा था, आज फिर वहीं। मेरी छत से आधी पिंडी दिखती थी। भट्टियाँ का काले रंग का झंडा, कॉटन मिल की भक-भक-भक। बाईं तरफ, और दाईं तरफ बड़ी मजिस्द की मीनार, खिड़की खोलो, तो चाची का घर। मेरा स्कूल, प्राइमरी स्कूल, मेरा मास्टर। अब तो बूढ़ा हो गया होगा, क्या जानूँ चला ही गया हो, ताल्लुकात

जो नहीं रहे, वरना खबर मिलती रहती। स्कूल के पास बड़ा सा कुआँ, कितना बड़ा रेहट था, हम वहाँ पड़े लोटे से पानी पी लेते थे। अपने आँगन में जो पेड़ था, अब तो उसने सारे आँगन को घेर लिया होगा। छतरी बन गई होगी। सारा दिन चारपाई बिछी रहती होगी, उसके नीचे। मेरे सहपाठी तो दादा बन चुके होंगे, कैसे नहीं, उनकी शादियाँ तो छोटी उम्र में हो जाती हैं। शौकत अली भी शायद नहीं होगा, बयालीस साल कम नहीं होते एक पीढ़ी के बदलने में। गली के दूसरे नुक्कड़ वाले चमारों ने बूटों की दुकानें खोल रखी होंगी। सड़कें पक्की बन चुकी होंगी। अब तो भिश्ती की जरूरत ही नहीं होगी, केवल झाड़ू लगने से काम चल जाता होगा। सोच ही रहा था कि बस ने जोर से ब्रेक लगाया। 'आगे कुत्ता आ गया था,' एक ने बताया। 'पिंडी भट्टियाँ अभी कितनी दूर है?' मैंने अधीर मन से उसी व्यक्ति से पूछा। 'यह कुत्ता पिंडी भट्टियाँ का ही तो था,' पीछे से आवाज आई और सभी हँस पड़े।

'बस से उतरा, और एक चौराहे पर खड़ा हो गया। चौराहे के बीच एक खम्भा था, जिस पर कई दिशाओं के संकेत लगे थे, वे पिंडी की पहचान थे। उस चौराहे से एक सड़क वजीराबाद जाती थी, दूसरी चन्योट, तीसरी सरगोधा और चौथी लाहौर। मुझे कस्बे का फाटक नहीं दिख रहा था। 'फाटक आकल शाह किधर है?' मैंने वहाँ खड़े एक रेहड़ी वाले से पूछा। उसने दुकानों के झुंड की तरफ इशारा किया। गौर से देखा तो मुझे भी आभास हो गया कि उसी के बीच से ही तो सड़क जा रही है। जितने बड़े फाटक से निकले थे, वह उससे छोटा लग रहा था। भीतर गया और कुछ देर के लिए रुक गया। यही जगह ही थी, जहाँ बशीर अहमद का ट्रक लगा था और ओंकारा और गणेशा, सिर पर सामान उठाए, छिपते-छिपाते, जहाँ से निकले थे। तीनों बहनों ने मैली चद्दरें ओढ़ रखी थीं, माँ ने किनारे पर बारीक लेस लगे डबल दुपट्टे से सिर और कान ढके थे। माँ तब तक हनुमान चालीसा पढ़ रही थी, जब तक चन्योट कैम्प में नहीं उतरी। मैं आगे बढ़ा उसी सड़क पर, तीसरी गली का कोने वाला घर, जिसकी खिड़कियाँ सड़क की ओर खुलती थीं, और नीचे दुकानें। गली में घुसा, पहला मकान, मैंने उसे पहचानने के लिए उसका दरवाजा देखा, फिर गली देखी, दाएँ देखा, बाएँ देखा, फिर उसी दरवाजे पर नजर टिकाई। दरवाजे के मेहराब से भुर-भुर कर टाइलों की लाली नीचे गिर रही थी। मेरे सामने थोड़ी और गिरी। चौखट का पत्थर बिलकुल घिस चुका था। कहीं-कहीं से शीशम के दरवाजे की कीलें निकल चुकी थीं। दरवाजे के बाहर दाईं कुर्सी की सीट का पत्थर आधा टूट चुका था। गली की टाइलें सड़ांध मार रही थीं, मैं मायूस हो गया।

'गली को देखने आगे बढ़ा, तो दो मिनट में ही गली खत्म हो गई। यह वही गली थी, जिसे पार करने में मुझे दस मिनट लगते थे। मेरे नौ-नौ इंच वाले कदम बढ़कर ढाई-ढाई फुट के हो चुके थे। नुक्कड़ वाले चमार बयालीस साल के बाद भी

खालें पॉलिश कर रहे थे। गली मुड़ा तो आगे सब्जी मंडी में वही सड़ी-गली सब्जियों की सड़ाँध आ रही थी। वही कीचड़। बाहर सड़क पर आया तो फ्रूट की जहाँ चार रेहड़ियाँ लगती थीं वे बीस हो चुकी थीं। अपनी दुकान पर गया तो उसकी गहराई जो पहले पच्चीस फुट थी, कम होकर आठ फुट रह गई थी, और उस पर बच्चों की चीनी की गोलियाँ, जिन्हें अब कैंडीज कहा जाता है, थोक में बिक रही थीं। सामने की गली में चाचे के घर पर नजर पड़ी, जहाँ से आखिरी रात हम छिपकर भागे थे। छब्बी मेहतरानी की याद आई, जो हर रोज कोई न कोई डराने वाली खबर सुनाती थी। लेकिन ऊपर आसमान देखा, तो अब वह इतना भयानक नहीं लग रहा था, जितना तब लगने लगा था। आज मैं फिर अकेले, खुद चलकर एक हिन्दू की हैसियत से यहाँ खड़ा हूँ, बेशक बिना बताए कि मैं हिन्दू हूँ। दुकान से जुड़े मन्दिर की हालत तो देखी ही नहीं जा रही थी। उसकी पहली मंजिल की खिड़कियाँ लकड़ी के फट्टे ठोंककर बाहर से बन्द कर रखी थीं। शिवालय जर्जर था। मन्दिर के बाहर बनी यति की मूर्तियाँ खंडित थीं। सफेदी कई तरह के नक्शे बना चुकी थी, और काली काई के निशान साफ नजर आ रहे थे। लेकिन बड़ी मस्जिद वैसी की वैसी सुन्दर थी।

'स्कूल गया, वह वैसे का वैसा था। न उस पर कुछ नया लगा था, न कुछ उखड़ा था। वैसे ही पेड़ के नीचे टेबल लगा था, जिसके पीछे ब्लैक बोर्ड, आगे टाट-पट्टियों पर बच्चे बैठे थे। मास्टर जी वैसे ही 'प से पपीता' बच्चों को सिखा रहे थे, और उनके हाथ में डंडी भी थी, बिलकुल वैसी, जिससे मौलवी जी हमें पीटते थे। स्कूल से सटा कुएँ का चक्का आधा मिट्टी में छिपा था, और आधा दिखाई देता था। इसी कुएँ का पानी सिख राजा रणजीत सिंह पीते थे।

'स्कूल से लौटते समय देखा कि सड़क के किनारे लकड़ी के रंगीन खराद का काम वैसे का वैसा चल रहा था, एकाध दुकान का इजाफा जरूर हुआ था। खाद्य मंडी और घी मंडी में पहले से ज्यादा भीड़ थी। कमी थी तो सफेद कुरते-धोती, और कुल्ले पर सजे तुर्रे वाली पगड़ियों की। उस सँकरी गली से भी निकला जहाँ कभी एक सफेद चिकन की फ्रॉक वाली पाँच साल की बच्ची को देखा था, जो कच्छी को हटाकर अपने किलर से खेल रही थी। अब उस दरवाजे के आगे एक बुढ़िया की खाट बिछी थी।

'बाजार से निकल रहा था कि पीछे से एक मुल्ला जी की आवाज आई, 'अजी सुनिए।' मुल्ला जी की दाढ़ी लाल रंग से रँगी थी, और वह पटरी पर पीढ़ियाँ, मधानियाँ, कंघिया, परान्दे इत्यादि बेच रहे थे। मैं उन्हें नहीं जानता था, सो आगे चल दिया। 'अमा...आपसे मुखातिब हूँ, जरा सुनिए तो।' की आवाज फिर आई। मैंने फिर मुड़कर देखा। इस बार वे हाथ के इशारे से मुझे बुला रहे थे। उनके पास पहुँचते ही उन्होंने उर्दू का अखबार मेरे हाथ में दिया, और बैठने का इशारा करते बोले, 'जनाब, आप मुसलमान हैं, या काफिर?' काफिर शब्द सुनते ही एक डर की लहर मुझमें दौड़

गई। बैठने के लिए मुश्किल से आधा ही झुका था कि अपने लिए वह उपमा सुन मैं वापस खड़ा होने लगा। तब मेरे मुँह से सिर्फ यही निकला, 'जरा जरूरी काम से जा रहा था, फारिग होकर आता हूँ तो गुफ्तगू... ।' इसी बीच मैं उन्हें वह उर्दू का अखबार लौटा चुका था, और निकल लेने का मौका ढूँढ़ रहा था। जब चला, तब भी वह 'अजी सुनिए तो...' आवाज पीछे से आ रही थी।

'तेज चलते-चलते मैं डाकघर पहुँचा। इसी जगह को मैं अधिक सुरक्षित समझ रहा था। सोचा, चलो उन सभी को यहीं से चिट्ठी लिखूँ, जिनका इस घर से वास्ता रहा है। मैंने चार पोस्टकार्ड खरीदे। इसी बीच मैंने टिकट बेचनेवाले को बताया कि बगल वाला घर तकसीम से पहले हमारा हुआ करता था। यहाँ लाहौर एक कॉन्फ्रेंस में आया था, तो सोचा घर को देखता चलूँ। क्या मेरा परिचय उनसे, जो अब रह रहे हैं, करा सकते हैं ?' 'अभी तो लड़के डाक बाँटने गए हैं, दो बजे लौटेंगे। शायद उनमें से कोई इन्हें जानता हो,' उसका जवाब था, 'आप इत्मीनान से अन्दर बैठिए।'

'मैं भीतर पड़ी खाली कुर्सी पर जा बैठा, और ओंकारा भाई साहब, श्वेता दीदी, मझली और छुटकी दीदी को वहाँ से उर्दू में चिट्ठी लिखी, और वहीं रखी डाक पेटी में डाल दी। खत का मजमून इस प्रकार था : प्यारे भाई साहब, यहाँ पिंडी भट्टियाँ का मौसम ठीक है, और आप वहाँ दिल्ली में बसन्त ऋतु का आनन्द ले रहे होंगे। यहाँ मैं अपने घर से सटे पोस्ट ऑफिस से लिख रहा हूँ, ताकि सनद रहे कि मैं कभी यहाँ दुबारा आया था—आपका भाई, शशि।

'डाकघर में ज्यादा काम टिकटों और पोस्टकार्डों का था। बीच-बीच में कोई लाइसेंस बनवाने या लाइसेंस की अवधि बढ़वाने भी आता था। लाइसेंस की फीस के ऊपर सौ का नोट तय था इसलिए बिना हील-हुज्जत के काम चल रहा था। हाँ, एक अड़ियल जरूर आ गया था। 'चार महीने से धक्के खा रहा हूँ,' वह बार-बार चिल्ला रहा था। 'जो सबके लिए है वही तो माँग रहे हैं,' तीन-चार कर्मचारियों ने कोरस में कहा। 'तुम्हें जन्नत नसीब नहीं होगी। एक गरीब को सताकर तुम काली सुरंग से कैसे निकलोगे,' बेबसी से उसने कहा। 'तू गरीब नहीं, कंजूस है, हमारी यह बात याद रखना,' एक ने धमकाते कहा। उन्होंने तीन बटा चार चाय मँगवाई। एक गिलास मुझे भी दी।

'चिट्ठियाँ बाँटकर डाकिया लौट आया। डाक क्लर्क ने उसे मेरा मसला समझाया। 'उस घर की कभी चिट्ठी आई तो नहीं। पर चलो फिर भी देखते हैं,' कहते वह आगे-आगे चलने लगा। दरवाजे की साँकल खड़काई, तो 'कौन है ?' भीतर से एक मर्द की आवाज आई। फिर काली और सफेद दाढ़ी वाला, लगभग पचास-पचपन की उम्र का व्यक्ति बाहर आया। डाकिये ने उससे मेरा परिचय करवाया। उसका नाम सिकन्दर था और मैंने उसे अपना नाम बताया। वह तेजी से मेरी ओर बढ़ा और गले लग गया, बदले में मैंने भी उसकी पीठ थपथपा दी।

'कहाँ से तशरीफ लाए हैं ?' उसका पहला प्रश्न था।

'दिल्ली से, तकसीम के बाद हम वहीं चले गए थे। एक कॉन्फ्रेंस के सिलसिले में लाहौर आया था, सोचा पिंडी भट्टियाँ का भी चक्कर लगा आऊँ। इस घर से हमारी कई यादें जुड़ी हैं।'

'क्यों नहीं जी, क्यों नहीं, आओ अन्दर तशरीफ रखो।' मैंने डाक्यूमेंट पर्स से एक कैमरा निकाला, और घर के दरवाजे के दो-तीन शॉट लिए। फिर उसे दरवाजे के आगे खड़ा करके एक-दो शॉट। फिर मैं दरवाजे के आगे खड़ा हुआ और डाकिए से इल्तजा करके उसे फोटो लेने को कहा। और एक-दो शॉट, फिर दोनों दरवाजे के आगे खड़े हुए और एक-दो शॉट। 'अब मैं चलूँ' कहकर डाकिए ने कैमरा मुझे लौटा दिया।

'अन्दर घुसते ही देखा कि ड्योढ़ी में एक ईंटों का चक्का लगा हुआ था। मैंने ऊपर की ईंटों से एक ईंट उठाई, उस पर आर. के. 39 उभरा हुआ था। सन् उनतालीस की ईंटें, अभी नब्बे तक इस्तेमाल नहीं हुईं। मैंने ईंट रखकर हाथ झाड़ लिए। आर.के. मेरे पिता का नाम था, और सन् उनतालीस में अपने ही ईंटों के भट्ठे से ये घर आई थीं। सन् चालीस में मेरे वालिद चल बसे, और काम रुक गया। इधर इनकी कभी जरूरत ही नहीं पड़ी। मकान खुला है, गुजर-बसर हो रही है। आगे बढ़ा तो बाईं ओर बड़ा सा सहन था, जहाँ गाय बाँधी जाती थी। वह जगह खाली पड़ी थी। उस सहन के बाद मकान की दीवार थी, जिसके साथ गाय को चारा खिलाने वाली खुरली बनी थी, वह वहीं थी पर उसकी ईंटें कहीं-कहीं से उतरी हुई थीं।

'मुझे वहीं रुकने का इशारा कर वह सीढ़ियाँ चढ़ गया। जाहिर था वह बीवी और बच्चों को पर्दे में करने गया होगा।

'वह लौटा, और मुझे ऊपर पहली मंजिल पर ले गया। सब कुछ वैसे का वैसा, वहाँ कुछ नया नहीं था। वह भीतर बैठक में ले गया, जहाँ लकड़ी की अलमारियाँ तो थीं, पर उन पर पॉलिश नहीं हुई थी। मकान के नवीकरण के सिलसिले में काम शुरू हुआ था। इस बैठक के पलस्तर का काम दादा जी ने करवाया, बाद में फर्श का काम मेरे वालिद ने, और उन्हीं दिनों उनका इंतकाल हो गया। बाद में उस ऐतिहासिक बैठक की अलमारियाँ मेरे भाई ओंकार ने बनवानी शुरू कीं तो विभाजन की गाज गिर गई। मुझे याद है अलमारी बनाते वक्त हर चूल से लकड़ी के दो चौकोर टुकड़े बचते थे, जिन्हें मच्छीगोंद से जोड़-जोड़ कर गुल्लक बनवाते थे। माँ उससे रोटी बेलने वाला चकला बनवाने के लिए जब भी कहतीं तो उसका एक ही जवाब रहता था, 'शाहनिए, अबकी बार जब लकड़ी चिराने जाऊँगा, तब एक तख्ता चिरवा लाऊँगा, तब चाहे जितने चकले बनवा लेना।' वैसे चकले तो बाजार में मिल जाते थे, पर उनके नीचे लगी गिट्टियाँ उखड़ जाती थीं, जिसके कारण हर रोटी खट-खट की आवाज के साथ बेली जाती थी।

'शाह जी, आपकी अमानत है, मैंने अभी तक कपड़ा टाँगने के लिए कील तक नहीं लगाई,' वह बोला।

'ऊपरी मंजिल पर मेरी दादी का कमरा था। उसमें दादा जी ने अंग्रेजी स्टाइल में अँगीठी बनवाई थी। उसकी चिमनी ऊपरी छत के पार खुलती थी। बेशक उसे एक बार भी सुलगाया न गया, पर उसका मेटल सजावटी सामान के तौर पर इस्तेमाल जरूर होता था। जिनके घर में ऐसी चिमनियाँ होती थीं वे उन पर गुलदस्ते और परिवार की फ्रेम की हुई तसवीर रखते थे। बाकी जब कभी मेरा फुफेरा भाई हमारे घर आता था, तो हम पतली चिक की सीकों के टुकड़े कर-कर के चिमनी में जब उन्हें ऊपर से डालते थे, तो वे नीचे कमरे में आ गिरते थे। उन्हें समेटकर फिर हम ऊपर ले जाते, और फिर चिमनी में डालते। हम सारा-सारा दिन यह खेल खेलते रहते थे। दादी को मुझे खीर खिलाने का बड़ा शौक था। ज़ब स्कूल से लौटता था तो मुझे बाजू पकड़कर ऊपर ले जातीं और खीर खिलाती थीं।

'दादी के कमरे के सामने दो कमरे थे, जिन्हें बिस्तर, चारपाइयों, और मेहमानों के सोने के लिए इस्तेमाल किया जाता था। पिंडी भट्टियाँ में हाईस्कूल होने की वजह से फूफी, मौसी के बच्चों में से कोई न कोई पढ़ने के लिए हमेशा रह ही रहा होता था।

'ऊपर छत पर, बिना छत वाली लैटरीन होती थी, जहाँ से उठती बदबू ऊपर से ऊपर चली जाती थी। इससे पर्यावरण दूषित नहीं होता था। मैं छत पर गया, वहाँ से आधी पिंडी नजर आती थी। सामने चाची के मकान पर बिना कसी, झीनी सी दावन वाली कुछ चारपाइयाँ पड़ी थीं। कोई पतंग आसमान में नहीं थी। 'पतंगें तो अब ईद के आसपास ही उड़ाई जाती हैं। चन्द लोग योमे आजादी वाले दिन भी उड़ाते हैं। पिंडी न तो कस्बा रहा, न शहर बन पाया। हफ्ता-हफ्ता तो दिहाड़ी ही नहीं लगती, लोग घर पर ही पड़े रहते हैं,' उसने मुझे बताया। दुल्ला भट्टी का काला झंडा हवा के साथ वैसा ही झूल रहा था, और भक-भक की आवाज भी बनी हुई थी, उसी ताल में।

'कुछ नया बना है क्या तुम्हारी पिंडी में?' मैंने बेतकल्लुफी से उससे पूछा तो उसने बताया, 'नया तो कुछ नहीं, हर दस दिन के बाद घरों में दीवार डालने का काम मिल जाता है। सिर्फ तुम्हारी ही दुकानें हैं, जो छह की चार हुई हैं, दो दुकानदारों ने साथ वाली दुकानें खरीद लीं। कस्टोडिन की जायदादें हैं। इनका क्या होना है, अभी तो कोई खबर नहीं। दुकानें, मकान, टब्बरों में तकसीम होते जा रहे हैं, हस्पताल में जरूर कमरे जुड़े हैं। दो कॉलेज खुल गए हैं, एक लड़कों के लिए, एक लड़कियों के लिए। यह तो अच्छी बात हो गई है। आगे पढ़ने वालों को लाहौर नहीं जाना पड़ता। रेहड़ियाँ बढ़ने लगी हैं, बाजार तंग हो गए हैं। पिंडी तहसील बन जाने की वजह से हद से बाहर कुछ नई आबादी भी जुड़ गई है। हिन्दुओं के कुल मिलाकर दस-बारह घर रह गए हैं। मन्दिर खुलवाने की बात कर रहे थे, पर कौन खुलवाने देगा। अभी

पिछले दिनों उब्बावेजों के बेटे ने कलमा पढ़ लिया है। सैयदों की बेटी से उसके निकाह की बात चल रही है।'

'नीचे ले जाकर उसने गोदाम का दरवाजा खोला, तो देखा फर्श कई जगहों से खुदा था। उसने जल्दी से दरवाजा बन्द कर दिया। कहीं कुछ दबा न छोड़ गए हों, शायद यह खोद-खोद कर देखता रहा होगा।

'कुछ दबा है... ?' उसने झिझकते धीमी आवाज में पूछा।

मैं मुस्करा दिया।

'दरअसल यह मकान बहुत बाद में मुझे अलॉट हुआ है। पहले किसी पिंडी वाले ने ही इस पर कब्जा कर लिया था, जो कानूनन जायज नहीं था। जब मिला तो खाली था, कुछ कूड़े को छोड़ गए थे वे, झाड़ू जो नहीं दे पाए थे।'

'शायद बशीर अहमद...।'

'आपको कैसे मालूम?'

'यहीं से जब गए तो किसी की जुबानी सुना था,' मैंने रहस्य को खारिज कर दिया।

'कहता था कि शाहनी मुझे खुद मकान और दुकान की चाबियाँ दे गई हैं, पर कितना सच है, और कितना झूठ कौन जाने।'

'सिकन्दर, किसी को कौन अपने हाथ से भरे-भराए कारोबार और घर दे जाता है?' मैंने उदासी से कहा।

'उसे तो गए हुए भी आठ-नौ साल हो गए हैं। किसी को तो हिसाब देना ही पड़ता है।'

'पानी तो हमारे घर का आप पिएँगे नहीं,' कहते वह मुझे घर से बाहर ले आया। चलते-चलते हम दुकान पर पहुँचे। सफेद पाकिस्तानी पोशाक में एक व्यक्ति चीनी से बनी बच्चों की टॉफियाँ और लॉलीपॉप बेच रहा था। दुकान पर भीड़ थी। तौल-तौलकर बेचने से जाहिर था कि वह थोक की दुकान थी। हो सकता है आसपास के गाँवों के रेहड़ी-पटरी, छाबड़ी वाले ग्राहक लगे हों। तराजू पर रखा लिफाफा तौलते, उससे सिकन्दर ने मेरा परिचय कराया। उसने एक छोटा, दो सौ ग्राम वाला लिफाफा उठाया, उसमें कुछ चीनी की गोलियाँ डालीं और मेरी ओर बढ़ा दीं। मुझे लगा बारह-पन्द्रह होंगी, मैंने लिफाफा पकड़ लिया। वह दूसरे ग्राहक का सामान तौलने लगा, और नोट लेता और देता रहा कभी-कभी गल्ला खोलकर चिल्लर भी निकालता और नोटों पर रखकर दे देता। हम कुछ देर रुके, फिर 'मेरी बस का टाइम हो गया है,' मैंने कहा, और हम वापस आकलशाह के दरवाजे, यानी कि अपने घर की सड़क पर आ गए।

सिकन्दर बोला, 'मैं अमृतसर से लगे गाँव से आया था, राजगीरी का काम करता हूँ, इतने बड़े घर के रख-रखाव करने की मेरी कहाँ हैसियत है। मैं तो पिछले बयालीस

सालों में इसकी सफेदी भी नहीं करा पाया। घर आपका है...जब हुकुम हो...।'

'नहीं सिकन्दर, अब यह घर तेरा है। मैं जहाँ गया हूँ, बेशक जद्दोजहद के बाद पर ठीक-ठाक हूँ। अल्लाह तुम्हें राजी रखे,' कहकर कदमों को तेज करता, आकलशाह के दरवाजे से निकलकर बस स्टॉप पर आ गया। लाहौर के लिए बस खड़ी थी। मैं उसमें सवार हो गया। थोड़ी देर में बस चल पड़ी।

'उस बाप-दादा के मकान से एक ईंट ही ले आता, तो यहाँ किसी मकान की नींव रखते उसे चुनवा देता, मैं बार-बार सोच रहा था तो यह भी याद आया कि 'दही जमाने के लिए खटास की तरह ईंटों से इतना प्यार न करो, ये यहीं रह जानी हैं,' संत पुरुष बार-बार समझाते हैं। मैंने अपने आपको समझा लिया क्योंकि जानता था कि ईंटें जड़ें पकड़ लेती हैं।

'सिकन्दर परेशान लग रहा था। बार-बार फर्शों की खुदाई करना, और बयालीस सालों में इतनी हैसियत न होना कि मकान की पुताई भी करा पाता। कहीं वह कुछ मदद तो नहीं चाहता था? मुझे ग्लानि होने लगी। क्यों न आठ-दस सौ पकड़ा देता, चाहे बाल-बच्चों को खिला देता, या घर की सफेदी करा लेता...।

'लेकिन जब निकट सम्बन्धी पत्नी से पूछते कि शशि साहब अब पाकिस्तान क्या करने गए थे, तो क्या यह जवाब देती कि अपने पिंडी भट्टियाँ वाले मकान की सफेदी कराने गए थे।

27

दिल तो सलामत हैं

'**सुन** रखा था कि पाकिस्तान में चिलगोजे, खूबानियाँ, अखरोट, ब्रांडेड कपड़े, ओनेक्स के डेकोरेटिव प्रोडक्ट्स और अरब देशों की शॉलें, कालीन इत्यादि सस्ते और अच्छे मिलते हैं। पाकिस्तानी स्टाइल के मर्दाना सलवार-कमीज, बैठे-बैठे आपके नाप के सिल देते हैं। मैंने सोचा पाकिस्तानी हास्यकार ओमर शरीफ से भी मिला जाए, और हँसी क्यों आती है, इस विषय पर उसका नजरिया जाना जाए। पर मैं अकेला था। कोई मेरी जेब में दो तोले हिरोइन दबाकर हमेशा के लिए पाकिस्तानी न बना ले। सुलक्षणी की याद आई, यहाँ के कानून काफी सख्त हैं। पता नहीं ओमर लाहौर की किन गलियों में रहता होगा। पुराने लाहौर की कई गलियाँ अन्धी हैं। किसी का दोष न होते भी अपनी किस्मत ही दगा दे जाए तो क्या होगा? बस एक कागज का वीजा है मेरे पास, कुछ हो जाए तो किसी की जिम्मेदारी नहीं। अपने आपको इतनी लाइट में नहीं लाना चाहिए। कई फर्जी जासूस पाकिस्तानी जेलों में सड़ रहे हैं। सुरक्षा बरतो, सुरक्षित रहो, जीवन का यही नारा होना चाहिए।

'माल रोड से लगती गली में एक ओनेक्स की दुकान मिल गई।'

'इंडिया ले जाना है, कोई अच्छा सा लैम्प दिखाओ,' मैंने दुकानदार से कहा।

'इंडिया! कहाँ से आए हैं?' उसने पूछा।

'दिल्ली से।'

'पिछले साल दिल्ली वाली नुमाइश में हमने स्टॉल लगाया था, इंडिया गेट के पास। अच्छी बिक्री हुई, हम तो सभी ट्रक खाली वापस लाए थे। आपने तो सुना होगा कि हमारी तरह जर्मनी का भी विभाजन हुआ था, और दो टुकड़ों के बीच एक दीवार बना दी गई थी। आज के बदले हालातों के कारण, अब वह दीवार तोड़ दी गई है, जिससे दोनों जर्मनी फिर से एक हो गए हैं। हमारे बीच में भी बनी विभाजन की दीवार अगर हटा दी जाए तो आपकी क्या प्रतिक्रिया होगी?'

'आपने मेरे मुँह की बात छीन ली है, बाऊ जी। अगर दोनों मुल्क फिर से एक हो जाएँ, तो यहाँ से कन्याकुमारी तक हमें काम करने की मंडी मिल जाएगी। हमारे कारोबार की मंडी में सौ करोड़ ग्राहकों का इजाफा हो जाए तो कुछ हमारे हिस्से में भी आएगा,' यह सब कुछ वह इतनी जल्दी कह गया, मानो इस विषय पर वह पहले चिन्तन कर चुका हो।

'आप हमारे मेहमान हैं, आपसे मुनाफा लेना हराम है,' कहते उसने टेबल लैम्प की कीमत बताई। मैंने पैसे अदा कर दिए। लैम्प पैक करते उसने ओनेक्स की तराशी एक चिड़िया और डाल दी, 'यह हमारी तरफ से,' कहते उसने एक मुस्कान दी। दुकान से निकल, मैंने ड्राई फ्रूट मार्केट के लिए रिक्शा लिया। रिक्शा के चलते मेरा ध्यान नार्वे के ओस्लो शहर जा पहुँचा, जहाँ मैं सुप्रसिद्ध चित्रकार एडवर्ड की स्टडी करने गया था। वहाँ एयरपोर्ट से निकलते ही मैंने बलिन्द्रन के लिए ट्रेन ली। भाषा तथा उसके उच्चारण से परिचित न होने के कारण मैं ट्रेन के आखिरी स्टॉप सिंगस्वान पहुँच गया। ट्रेन से उतरते ही मैंने एक नार्वेजियन से बलिन्द्रन के बारे में पूछा तो उत्तर मिला, 'आपको वापस जाना होगा, ऐसा कीजिए, ट्रेन का ड्राइवर पाकिस्तानी है, वह आपकी ही भाषा में दिशा-निर्देश दे देगा।'

'अस्सलाम वालेकुम,' ड्राइवर के पास पहुँचते मैंने विश किया।

'कहाँ से आए हैं?' उसका तुरन्त प्रश्न था।

'अभी तो दिल्ली से, लेकिन जन्म से पिंडी भट्टियाँ का हूँ।'

'ओह, तो हमारे नजदीकी हुए, मैं सांगले से आया हूँ, यहाँ कैसे आना हुआ?'

'ओस्लो यूनिवर्सिटी में पढ़ाई के सिलसिले में आया हूँ।'

'सफर ठीक रहा?'

'सफर तो ठीक रहा, पर मेरा असबाब नहीं पहुँचा।'

'पहुँच जाएगा। फ्रैंकफर्ट में लगेज ट्रांसफर में अक्सर ऐसा हो जाता है।' थोड़ी ही देर में उसके चेहरे पर चिन्ता की लहर दौड़ आई। 'ओ, हो, आपको तो पैसों की

जरूरत होगी,' कहते ही उसने पैंट की पिछली जेब से पर्स निकाला और उसे खोलते मुझे देखा।

'नहीं, पैसे तो मेरे पास हैं, अटैची के बारे फिक्र हो रही है, इसलिए अपनी परेशानी आपसे साझी की है।'

'मिट्टी के लोग सीधे होते हैं, लेकिन महानगरों की पेचीदगियाँ उन्हें रहस्यमयी बना देती हैं।'

'मेवा मंडी आ गई, खासी बड़ी एक दुकान नजर आई।' मैं मुस्कराता दुकानदार के चेहरे की ओर देखता, 'चिलगोजा क्या भाव है?' वाला एक्सप्रेशन लाया।

'दो सौ रुपए सेर,' उसने अदब से जवाब दिया।

'चिलगोजे अच्छे थे, न काले न सख्त। एक तोड़ा तो उसकी गिरी भी सफेद थी, चखा तो स्वाद भी सही। चिलगोजों जैसा था, जिन्हें बयालीस साल पहले खाते थे। भारत में भी कहीं-कहीं दिखते थे, भाव और स्वाद पर सन्देह ही रहता था। जो फ्रूट कम बिकता हो, उसके सही मिलने में शक तो रहता ही है।

'मैंने एक सेट देने को कहा, 'ओए, ठाकुर नू एक सेर नैजे तौल देना, अन्दर से नया कट्टा खोलकर,' दुकानदार ने कहा। 'अन्दर से नया कट्टा' मैं तो डर ही गया था, लेकिन दुकानदार के चेहरे से लग रहा था कि अब उसके मन में कोई बैर नहीं।

'नैजे अब दिल्ली में नजर नहीं आते, क्या वहाँ आपकी तिजारत नहीं?' मैंने बात को अपने असली मुद्दे के निकट लाते पूछा।

'जी जनाब, इंडिया से तिजारत बन्द है, बहत्तर की जंग के बाद रिश्ते ऐसे बिगड़े कि सुधरे ही नहीं,' उसे अफसोस था।

'दोनों मुल्कों में जो नफरत की दीवार बन गई है, जर्मनी के दीवार की तरह, क्या यह टूट नहीं सकती?' मैंने धीरे-धीरे अपना हर लफ्ज उसे समझाते पूछा।

'कोई नफरत नहीं जनाब, यह सब लीडरों की चाल है, पब्लिक को बेवकूफ बनाकर उनकी राय अपनी तरफ मोड़ लेते हैं। ये चाहें तो दीवारें भी खत्म हो जाएँ, और ईद और दीवाली फिर से एक जैसी मनाई जाएँ।'

'पत्नी के लिए शॉल खरीदनी है, कहाँ से खरीदूँ?'

'अनारकली बाजार में धींगड़ा क्लॉथ हाउस, कपड़ा भी बढ़िया, और दाम भी एक।'

'मैं वहीं चला गया।'

'एक शॉल चाहिए, अफगानी मेवा स्टोर वाले ने आपकी दुकान पर भेजा है।'

'दुआ है उनकी, मिलनसार हैं।'

'ज्यादा कीमती भी न हो, पर पाकिस्तान की नुमाइंदगी करती हो।'

'बाऊजी को शॉल दिखाना, दिल्ली से आए लगते हैं, दाम वाजिब लेना। मैंने जरा बैंक जाना है, एक चेक आने वाला है,' कहकर धींगड़ा साहब तेजी से निकल गए।

'मुलाजिम ने आठ-दस शॉलें दिखाईं, एक पसन्द आ गई। उसके कहने के मुताबिक मैंने साढ़े पाँच सौ दिए और शॉल पैक करवा ही रहा था कि धींगड़ा साहब लौट आए। 'आज तो अशहूरा की छुट्टी थी, मैं तो भूल ही गया था। बाऊजी को कौन सी शॉल दी?' धींगड़ा साहब ने सेल्समैन से पूछा।

'शामली सत्रह।'

'ठीक है, और क्या खिदमत करूँ?'

मैंने कहा, 'कुछ नहीं।'

उन्होंने, 'ओए मुंडिया, बाऊजी को सैयद पहलवान के कतलमें खिला,' कहते उसे दस-दस के दो नोट पकड़ाए।

'धींगड़ा साहब, यहाँ सब ठीक चल रहा है न?' मैंने जरा धीमी आवाज में पूछा।

'अपने आप को आपे में रखो, तो क्या लाहौर, और क्या लुधियाना। देखो सियासत हमने करनी नहीं, बच्चों को सरकारी नौकरी दिलवानी नहीं, लड़कियाँ हमारी पर्दे में रहती हैं। बाहर निकलती हैं तो हिजाब करके जाती हैं। बड़कें हम मारते नहीं। किसी से टकरा जाएँ, तो 'भाई माफ करना' कहकर निकल जाते हैं। आधा हमारा माल अमृतसर से आता है। लड़के ने जो शॉल आपको दी है, वही शॉल आपको अमृतसर चौड़े बाजार में पाँच सौ की मिलेगी। इंडियन करेंसी के हिसाब वहाँ से चार सौ में चली है। ट्रांसपोर्टर को, गधे वाले को, मुलाजिमों को खिलाकर यहाँ साढ़े चार सौ की उतरती है। बाकी करेंसी का फर्क, आपसे बहुत कम कमाया है, आम तौर पर छह सौ की बिक जाती है।'

'धींगड़ा साहब, आपने तो अखबारों में पढ़ा ही होगा कि दोनों जर्मनियों में सुलह हो गई है, फिर से एक हो गए हैं। अगर यहाँ भी...'

'बॉर्डर कौन से बाऊजी, जिन्हें जाना है आते-जाते हैं, समझौता एक्सप्रेस चल रही है। व्यापारी व्यापार जमकर कर रहे हैं। अठन्नी गज पर काम हो रहा है। आढ़ती सब कुछ करा देते हैं। रुक्के, हुंडियाँ, हवाले चल रहे हैं। बॉलीवुड की सीडी वाया दुबई आ जाती है, कॉपियाँ बनती हैं, और शुक्रवार लगी फिल्म इतवार को पचास रुपए में बिक जाती है। भारत से पान का व्यापार बन्द है, पर सारी गलियाँ पान की पीक से पटी पड़ी हैं। मरीज मौसी से मिलने हैदराबाद जाते हैं, और दिल्ली से बाईपास करा आते हैं।'

'नौकर कतलमें लेकर आ गया। घी से लबालब कतलमें, हलवे से घी टपक रहा था। मोटे-मोटे कतलमें किसी पहलवान द्वारा बनाए गए हैं, साफ झलक रहा था।

'अटारी बॉर्डर के लिए बस पर बैठा। खिड़की के बाहर 'अटारी...अटारी...की आवाजें आ रही थीं। 'चाय...चाय' चिल्लाते कोई आगे निकल जाता, कोई 'पकौड़े... पकौड़े' कहते खिड़की नजदीक आ जाता। 'लस्सी...लस्सी' वाला भी आया। बस लाहौर-अमृतसर वाली सड़क पर चल पड़ी।

‘बस रुकी तो अपना सामान उठाता, मैं बॉर्डर की तरफ चल रहा था कि एक पाकिस्तानी लड़का आया। ‘सामान मुझे दे दो, साहब,’ उस नन्हे कुल्ली ने फरमाइश की। ‘नहीं दोस्त, मैं आखिरी पाकिस्तानी रुपया भी होटल के रूम ब्वाय को दे आया हूँ, करेंसी खत्म हो गई है, खुदा हाफिज।’

‘छोड़ो साहब, करेंसी ही तो खत्म हुई है, दिल तो सलामत है,’ कहते उसने शोल्डर बैग खींचकर सिर पर उठा लिया, और मेरे साथ कदम से कदम मिला चलने लगा।

‘दिल्ली की गाड़ी में मैं आँखें बन्द कर सोचने लगा, ऐसा क्या था पिंडी भट्टियाँ में जो मुझे दिन-रात परेशान कर रहा था। अगर पुरानी दिल्ली के छह टुकड़े कर दें तो ऐसी छह पिंडी भट्टियाँ बन सकती हैं। यहाँ भी मुस्लिम, वहाँ भी इस्लामी। यहाँ भी पकौड़े, वहाँ भी पकौड़े। वही मुर्गे, वही मांस-मछली...पटरी पर नकली सी.डी., यहाँ भी वहाँ भी। यहाँ भी पान की पीकें, वहाँ भी। सँकरी गलियाँ, नंगे बच्चे, वैसी खिड़कियाँ, वैसे झरोखे।

‘मन से उत्तर मिला। तुम्हें पिंडी नहीं, तुम्हारा अतीत तुम्हें परेशान कर रहा है। वह पिंडी में अटक गया है, और उसने वहीं की मिट्टी में अपनी जड़ें जमा ली हैं। जो पिंडी तुमने देखी है, भोगी है, तुम्हारे अतीत की जड़ें वहीं तक सीमित हैं। जो पिंडी तुमने देखी नहीं, उससे तुम्हारा कोई लगाव नहीं। लगाव अतीत का अंग है, और लगाव का अर्थ ही जमी हुई जड़ों से जुड़ा है, जो ट्यूमर का रूप भी ले सकता है। जिसे पूर्णतः न कीमो बहा सकता है, न रेडिएशन बहा सकता है। जिलोटा भी इसे नहीं सुखा सकता। वह आत्मा का हिस्सा बन आत्मीयता प्रदान करता है।

28

शान लौट आई

‘**उस** दिन जॉन हॉपकिन्स के रेडियोलॉजी डिपार्टमेंट में स्टमक स्कैनिंग के लिए मेरा अपॉइंटमेंट था। मुझे न्यूकलर ड्रिंक पिलाकर डेढ़ घंटे के लिए बिठा दिया गया था ताकि दवा मेरे पूरे शरीर में फैल जाए। मुझे टहलने की इजाजत थी। मैं वहाँ से निकल बाहर धूप में एक बेंच पर आ बैठा। मेरे सामने वाले बेंच पर एक महिला बैठी थी, जिसके सफेद बाल उसके चेहरे के गिर्द उसे दिव्यता प्रदान कर रहे थे। वैसे बाल पहले मैंने दिल्ली की एक पब्लिशर महिला के देखे थे, जिनकी तुलना मैं हमेशा सैबल वूल से करता था। लगती तो नहीं थी, पर जरूर सत्तर पार कर चुकी होगी, ऐसा मेरा सोचना था।

‘क्षण भर के लिए उसने मुझे देखा, और नजर हटा ली। सत्तर पर सत्रह की

अदा, मुझे भा गई। उसने सफेद, खुले पाँयचे का पाजामा पहन रखा था, जिस पर सफेद रंग से कढ़ाई थी। सफेद मलमल का दुपट्टा, चर्ख चढ़ा जिसकी किनारी कढ़ी हुई थी। बिलकुल टिनोपाल के विज्ञापन जैसी।

'देसी है?' मैंने अपने मन से पूछा, 'तुम्हारा अन्दाजा सही है,' मन ने उत्तर दिया। अगर मेरी होती, तो भारत से मैं इसे यहाँ लाता। इलाज के लिए, या यह मुझे लाई होती, मेरी देखरेख के लिए।

'शान आहूजा,' नर्स ने आवाज लगाई। उसके हाथ में भी वही गिलास था, जिसे मैं थोड़ी देर पहले पीकर आया था।

'योर बर्थ डेट?'

'जनवरी सेवन, नाइनटीन फोरटी टू।'

'सात जनवरी तो शान का जन्मदिन है...तो नर्स ने क्या बोला था...लेकिन उसने तो आहूजा कहा था, जबकि शान तो जुनेजा हो गई थी।

'जब नजर उठाकर शान की तरफ देखा, तो उसने नजर घुमा ली। नर्स ने उसकी कलाई पर लगा बैंड स्कैन किया, और वह पेय उसे दे दिया। मेरी नजर उस पर जमी थी। इस बार जब उसने मुझे देखा, तो 'शशि' उसके मुँह से निकल पड़ा।

'शान, मैं तुम्हें ही पहचानने की कोशिश कर रहा था, कैसी हो तुम?' मैंने हैरानी के स्वर में पूछा।

'ट्रीटमेंट ले रही हूँ।' उसके स्वर में हैरानी और उत्साह दोनों थे, पर पीड़ा से सने थे।

'क्या हुआ?' मैं तब भी हैरान था।

'तुम्हें क्या हुआ?' मेरा प्रश्न उसने मेरी ओर मोड़ दिया।

'इंट्राहेप्टिक क्लौंजी कारसीनोमा ऑफ द बाइल डक्ट्स।'

'तुम नहीं बदले, बदलना भी नहीं, तुम्हारा भोलापन ही तो मुझे पसन्द था।' इस बार उसके स्वर में वात्सल्य था। इन चार-पाँच शब्दों ने मुझे ऐसी ठंडक दी, जैसी मेरी माँ के शब्दों में होती थी।

'अब क्या बदलना...बदलने का समय ही कहाँ बचा है!'

'ऐसा नहीं कहते। उम्मीद ही जिन्दगी की कुंजी है। जितनी सहनशक्ति तुममें है, मुझमें नहीं, इसीलिए परेशान रहती हूँ। बीती जनवरी मेमोग्राम करवाया था, ब्रेस्ट कैंसर डायग्नोज हुआ। दस 'कीमोथेरैपी' ली। सारा-सारा दिन उल्टियाँ, हाथ, पाँव, मुँह, सब सूज जाता था। हर वक्त उलटी की इच्छा उठती थी। सारी-सारी रातें जागकर काटी हैं।'

'लेकिन तुम्हारे बाल तो पहले से भी सुन्दर होकर बाल-बाल बच गए हैं।'

'तुम्हें बालों की पड़ी है, मैं फुटबाल हो गई थी,' उसने हँसते-हँसते कहा। यहाँ किसी नई दवा का क्लीनिक टेस्ट चल रहा है। उस प्रोग्राम में हिस्सा लेने के कारण इलाज लगभग मुफ्त चल रहा है। मेरा भांजा, निसार रिजवी, इसी हस्पताल

में डब्ल्यू.एच.ओ. के किसी प्रोग्राम में काम कर रहा है। उसने लाहौर से पी–एच.डी. करी थी। उसी की जिद थी, खालाजान, बस तुम यहाँ आ जाओ, इलाज की जिम्मेदारी मेरी।'

'शान, तुम अभी भी एक पहेली हो।'

'टेंशन न लो। तुम मुझे पचास साल के बाद मिले हो, इसलिए तुम्हें मुझे समझने में समय लगेगा, लेकिन मैं तुमसे लगातार मिलती रही हूँ। जब तुम्हारा प्रोग्राम हर संडे को टी.वी. पर आता था, तो मैं शनि को ही मायके चली जाती थी। बच्चे तुम्हारी प्रोग्राम में चलती उँगलियों की तारीफ करते थे, मैं चुप रहती थी। नॉर्थ पोल से लौटकर तुमने टी.वी. पर एक इंटरव्यू दिया था, उसे मैंने अपने परिवार के साथ बैठकर देखा था। शशि, मैं जीवन में कुछ ज्यादा नहीं कर पाई, केवल समाजशास्त्र की क्लासों में इंटीरियर पर लेक्चर देती रही।

'तुम्हें याद होगी, मेरी बड़ी बहन सत्या, जो लाहौर रहती थी। उसने एक मुस्लिम लड़के हिदायतुल रिजवी से शादी कर ली थी, जो डब्ल्यू.एच.ओ. के लिए पाकिस्तान में काम करता था। 'चैलेंज्ड चिल्ड्रंस' की स्टडी के लिए वह अक्सर सत्या के स्कूल आता–जाता था। जान–पहचान इस कदर बढ़ गई कि उन्होंने शादी करने का इरादा बना लिया। निसार उसका बड़ा बेटा है। निसार मेडिकल के बाद बी.एम.ए. करने यहाँ पैंसिलवेनिया आ गया। अब इसी हस्पताल में डब्ल्यू.एच.ओ. के क्लीनिक स्टडी प्रोजेक्टों को कोऑर्डिनेट करता है। चौदह–पन्द्रह सर्जनों का काम मॉनीटर करता है। यही बाल्टीमोर में सत्या के साथ मिलकर रहता है। सत्या भी बाल्टीमोर में फिजियोथैरेपिस्ट है, बच्चों के लिए काम करती है। निसार के साथ यू.एस. आ जाने से हमारे सारे परिवार को बड़ी राहत मिली है। अब हमें ताने तो नहीं मिलते कि बेटी को पाकिस्तान छोड़ आए हैं। बेफिक्र बैठे हैं, निसार अपनों से बढ़कर अच्छा है। कहता है कि जब तक डॉक्टर पूरी तसल्ली न दें, इंडिया वापस नहीं जाने दूँगा।'

'तुम्हारा जुनेजा से आहूजा बन जाना?'

'वह एक लम्बी कहानी है। दुखद भी है, और सुखद भी। जुनेजा साहब शक्की खोपड़ी के एक शरीफ इनसान थे, या हैं, अब मुझे कोई फर्क नहीं पड़ता। उन्हें शक किन्नी अंकल और तुम पर था। किन्नी अंकल से डरते थे, इसलिए बात साफ नहीं करते थे। पर तुम्हारा तो नाम लेते थे। कहते थे फैक्टर एक्स मुझे परेशान कर रहा है या तो शशि खुद आकर मुझे तसल्ली दे, वरना वह दोषी है, जो सामने नहीं आता। मेरे दो लड़के हैं, लव और कुश। लव जर्मनी में है, और कुश बाप के बिजनेस में हाथ बँटा रहा है।'

'मैं सुना था, मेरी वजह से...?'

'शशि तुम्हारा बचाव मुश्किल था। उसकी कल्पना ही उसकी सचाई थी। आखिर एक दिन जुनेजा साहब से मैंने साफ कह दिया, यदि तुम चाहो तो हम अलग हो

सकते हैं। मैं वापस झाई जी के पास आ गई, वहीं कूचा लच्छूराम, जहाँ तुम अक्सर आते थे। उन दिनों मैंने पढ़ने में अपना मन लगा लिया, दिल्ली पब्लिक लाइब्रेरी में जाने लगी। तुम्हारी एक किताब हाथ लग गई, जिसमें तुम्हारे परिचय की आखिरी लाइन में लिखा था, पत्नी एक, पुत्र दो। हालाँकि उन दिनों तुमसे बात करने का बहुत मन चाहता था, पर मैं संकोच कर गई। कहीं मेरी वापसी तुम्हारे जीवन में तूफान न खड़ा कर दे। मैं अपने आप में डूबने लगी। तुम्हारी ही तरह बच्चे रविवार को मेरे पास आते, और एक-एक समोसा खाकर चले जाते। तलाक नहीं लिया था, यह सोचकर कि शायद समय पाकर रिश्ते सुधर जाएँ...।

'मेरी शादी के पन्द्रह साल बाद तक सभी बहनों की शादी हो गई थी। चाहती थी प्रीतो की शादी तुमसे हो जाती, पर तुमने उसमें कोई रुचि नहीं दिखाई। घर में रौनक थी, कोई न कोई बहन अपने बच्चे साथ लेकर आ जाती थी। लेकिन झाई जी के चले जाने पर वह भी सब खत्म हो गया।

'डोमेस्टिक हेल्प के नाम पर जुनेजा साहब ने एक विधवा को घर बिठा लिया। यह उन्होंने कुछ नया नहीं किया था। पहले भी वह 'मालिन' के दर्जे की किसी को घर ले आते थे, जबकि घर में एक तुलसी के अलावा कोई पौधा नहीं था।

'एक दिन तलाक की फरमाइश ले घर आए थे। मैंने कहा, तलाक में अब रखा ही क्या था। मेरे बच्चे तुम्हारे वारिस हैं। मैं तुमसे कुछ माँग नहीं रही। कमाओ, खुद भी खाओ और अपनी डोमेस्टिक हेल्प करने वाली को भी खिलाओ। आमदनी बढ़ जाए तो एक सेक्रेटरी भी रख लेना।'

'लव हार्डवेयर इंजीनियर हो गया था। जर्मनी चला गया। बाप की तरह उसने भी वहाँ अपनी डोमेस्टिक हेल्प वाली से शादी कर ली। जहाँ झूठ बोलना होता है, माँ की कसमें खाता है। जब बच्चों के लिए कोई बेबी सिटर रख लेगा तो मुझे फोन लगाएगा और कहेगा—माँ फॉरगिव मी।

'अपने आपको अकेला पा मैंने आहूजा स्टेट्स में साइट सुपरवाइजर की नौकरी ले ली। आहूजा साहब, मेरे बॉस, पचहत्तर के थे। एक दिन उन्हीं के बेटे ने हँसते कहा, 'आंटी, तुम्हारी डिमोशन करा दें। तुम पापा के साथ शिफ्ट करके हमारी बहन का दर्जा ले लो।' आहूजा साहब ने मेरे सिर पर हाथ फेर दिया, और म्यांमार जाकर वहाँ के कानून अनुसार मुझे अडॉप्ट कर लिया : डाटर विद लिमिटेड राइट्स।

'बाऊजी ने हमारी खातिर एक शॉर्ट रूट लिया था, पर पूरे परिवार को न खत्म होने वाली एक लम्बी ट्रेन पर चढ़ा दिया।'

'उस केस का क्या हुआ?'

'होना क्या था, पुलिस ने अपनी तीन आना पत्ती रखकर मामला रफा-दफा करा दिया। एफ.आई.आर. ही नहीं बनाया। नई बाँट में बाऊजी की पत्ती दो आने से घटकर तीन पैसे रह गई।

'बाऊजी को पिला-पिलाकर उन्होंने मार डाला, और उन्हीं के साथ उनकी पत्नी भी चली गई।

'और किन्नी अंकल?'

'अखबार में पढ़ा तो होगा, उनकी मौत पुलिस कस्टडी में हो गई। लेन-देन में हिसाब की गड़बड़ी बताकर...।'

'शान, तुम्हें मुझसे कोई गिला तो नहीं?'

'शशि, तुम ईमानदार थे रिश्तों में भी और लेन-देन में भी। दूसरों की भावनाओं की कद्र करते थे। लालची नहीं थे, और न किसी की मजबूरी का फायदा उठाते थे। दिल और दिमाग दोनों पर कंट्रोल था तुम्हारा। तुम्हारी कुछ मजबूरियाँ थीं, जो मुझे बाद में समझ आईं।'

'शान आहूजा,' नर्स ने आवाज लगाई।

'शशि, तुम वापस कैसे जाओगे। पाँच पैंतालीस पर निसार को मुझे पिकअप करना है। तुम्हें भी ड्रॉप करा दूँगी।'

'ओ.के. मैं बेटे का फोन लगा देता हूँ, ताकि वह मुझे लेने न आए।'

'नर्स मुझे भी ले गई। स्टमक स्कैन ही तो था। तीस-चालीस मिनट में यथास्थान लौट आया, और सीट पर बैठ गया, जिसके सामने शान बैठी थी। थोड़ी देर में शान भी लौट आई।'

'तुम अपनी सुनाओ शशि, तुम्हारी कैसे कटी?' शान की आँखों में चमक आ गई।

'शान, मैं तो सिर्फ जड़ें जमाता रहा, उन्हें सींचता रहा और उनकी पीड़ा सहता रहा। इसके सिवा मैं कुछ कर नहीं पाया। तुम्हें याद होगा, मैं अपने कस्बे पिंडी भट्टियाँ के कितने किस्से सुनाता था। वहाँ मेरी जड़ें जमी थीं। दिल्ली बैठा मैं उन जड़ों को सींचता रहा, जहाँ से मुझे खदेड़ा गया था।

'तुम्हारे प्रति प्यार ने मेरे दिल में जड़ें जमा ली थीं। उन जड़ों को सींचते मैंने बड़ी पीड़ा सही। हालात के हाथों मैं वहाँ से भी खदेड़ा गया। उन्हीं के खिंचाव में मैंने तुम्हें कितने ही निमंत्रण भेजे। हर समारोह में मेरी आँखें दरवाजे पर टँगी रहीं। मगर तुम नहीं आईं। हर खुशी मुझे उदास कर जाती थी।

'अब इस कैंसर ने जड़ें जमा ली हैं। अनजाने में ही सही, पर मैं खुद इसे सींचता रहा। अब भी मेरे ही खून से यह पल रहा है। ट्यूमर का साइज सुनोगी तो डर जाओगी।

'अब नेशनल पार्क में जड़ें जम गई हैं, इसलिए यू.एस. में भी सिटिजनशिप नहीं ले पाया, क्योंकि यह सोचता रहा कि कहीं नेशनल पार्क से राबता न टूट जाए।' मन में जो कुछ आया, मैं कहता गया।

'तुम सच्ची में मुझे मिस करते रहे...? तुम्हारे मुँह से सुनने से मुझे तसल्ली हो जाएगी।'

'किस पल मिस नहीं किया, अब तो यह खोज का विषय बन गया है!'

'शशि, कल मेरी मैपिंग है, और परसों सर्जरी। मेरे दोनों...' कहकर वह रुक गई। 'उसी के साथ मेरी आधी मौत हो जाएगी, क्योंकि उन्हीं के साथ मेरी पत्नी और माँ बनने की पहचान बनी हुई है।'

'ठीक हो जाएगा, डॉक्टर हमेशा ढाढ़स बँधाते रहे। पूजा-पाठ भी सभी कर लिए, आज भी सत्यनारायण का व्रत रखा हुआ है। पता नहीं, वह रेडिएशनयुक्त पेय व्रत में पीते हैं या नहीं। घर जाते ही सत्यनारायण की कथा पढ़ूँगी,' पर्स से कथा पुस्तिका निकाल, उसे हिलाते उसने कहा।

'लाओ, तुम्हारे लिए मैं पढ़ दूँ, तुम्हारा व्रत तो टूट जाए,' कहते मैंने उसके हाथ से वह पुस्तिका ले ली, और बूटों को उतार उसी कुर्सी पर पद्मासन मुद्रा में बैठ, पुस्तिका पढ़नी शुरू कर दी :

पूर्व काल में उल्कामुख नाम का एक महान बुद्धिमान राजा था। वह सत्य वक्ता और जितेन्द्रिय था। उसकी पत्नी कमल के समान मुख वाली और सती साध्वी थी। भद्रशीला नदी के तट पर उन दोनों ने श्री सत्यनारायण का व्रत किया। उस समय वहाँ साधु नामक एक वैश्य आया। राजा को व्रत करता देख उसने विनय के साथ पूछा—हे राजन्! भक्तियुक्त चित्त से आप यह क्या कर रहे हैं, कृपया आप मुझे बताइए। महाराज उल्कामुख ने कहा—हे साधु वैश्य, मैं बन्धु-बान्धवों के साथ पुत्रादि की प्राप्ति के लिए महाशक्तिमान सत्यनारायण भगवान का व्रत और पूजन कर रहा हूँ। तब साधु नामक वैश्य ने कहा—राजन् मेरी भी कोई सन्तान नहीं, मुझे विश्वास है इस व्रत करने से मेरी भी निश्चय ही सन्तान होगी।

वैश्य ने अपनी पत्नी को उस सन्तान देने वाले व्रत का समाचार सुनाया और प्रण किया कि जब मेरी सन्तान नहीं होगी, मैं इस व्रत को करूँगा। एक दिन उसकी पत्नी लीला देवी आनन्दित होकर सांसारिक धर्म से प्रवृत्त होकर श्री सत्यनारायण भगवान की कृपा से गर्भवती हो गई...गर्भवती कहते ही इस बार फिर मेरे मुँह से चि...चि निकल गया। मैंने उधर नजर उठाई तो शान हँस-हँस के पागल हो रही थी, और उसके साथ खड़ा निसार भी हँस रहा था।'

'अब बस करो...' हँसती शान ने कहा और फिर हँसने लगी। 'बाकी घर पर...' कहती वह फिर हँसने लगी। मैंने पुस्तिका को बन्द कर आदर सहित उसे पहले आँखों से फिर माथे से लगाया, और कथा-पुस्तिका शान को लौटा दी। निसार को पार्टी पर जाना था, लेकिन उसके पास समय था, उसे सिलवर स्प्रिंग जाते हुए रास्ते में मुझे लारेल छोड़ना था।

'शशि, मुझे बहुत डर लग रहा है, परसों के ऑपरेशन से।'

'होप, उम्मीद...यह शल्य तुम्हारा नहीं तुम्हारे शरीर का हो रहा है, जो केवल वस्त्र मात्र है। हम केवल मैले वस्त्र त्यागकर नए वस्त्र पहनते हैं। ये रिश्ते केवल यहाँ

भर के हैं। हमारा एक–दूसरे से यूँ अकस्मात् मिलने का एक ही कारण था कि यहाँ के गिले–शिकवे यहीं दूर कर, ग्लानिरहित भावना हम अपनी--अपनी आत्मा में अंकित कर लें। अगर तुमसे आखिरी बार न मिलना होता तो गत महीनों में ही मैं कभी शरीर त्याग देता।'

'जो शाश्वत है, पुरातन है, जिसमें मेरा विश्वास है, वह मैंने शान के साथ साझा कर लिया, पर अभी भी उम्मीद नहीं हारी। आखिरी दम तक लड़ते–लड़ते मैं कुछ कर जाना चाहता हूँ, हर क्षण की कीमत क्या है, मुझे इन्हीं दिनों पता चला है।

'शान का क्या हुआ
मेरा क्या होना है
मैं नहीं जानता,
पर जो होना है, मेरे अच्छे के लिए होना है
उठ पिंडी पुत्र युद्ध कर,
भाग्य सभी परिभाषाओं से ऊपर है
तू क्षण मात्र भी कर्म किये बिना नहीं रह सकता
तेरे गुण तुमसे काम करवा लेंगे।'

✪✪✪